高木芳德——著　周若珍——譯

解決問題‧創意湧現‧高效表達的

3 × 3

系統思考法

日本跨國企業、東大、頂尖發明家……
都愛用的「TRIZ九宮格」，讓你工作和生活得心應手

トリーズの9画面法 問題解決・アイデア発想
＆伝達のための[科学的]思考支援ツール

Discover

目錄 CONTENTS

Part **1** TRIZ九宮格厲害在哪裡？

第 **1** 章　什麼是3×3系統思考法？

Part **2** 認識九宮格思考法

第 **2** 章　了解TRIZ九宮格的豐厚效果

第 5 章 九宮格：透過時間軸×空間（系統）軸延伸思考

Part 3 利用九宮格思考法進行溝通

第 6 章 九宮格思考法的各種應用

好評推薦

「在講述管理課程的觀念時，我會帶著大家垂直思考，但是談到案例的運用變化，又必須用到水平思考。正當思維的轉換令我困擾時，看到書中來自蘇聯解密的『TRIZ 九宮格思考法』，可以同時『垂直且水平』的 3×3 思考，頓時有種相見恨晚的感覺。」

—— 李河泉，知名百大企業顧問、

「新世代領導」千萬首席講師、

商周 CEO 學院課程王牌引導教練、

台積電「跨世代溝通」共創課程指定講師

「透過適當的思考框架，可以幫助我們順利產出好點子，並且還能藉由框架的具體視覺化，讓我們能把腦中的想法清楚的說給別人聽。如果你常困擾沒有好點子，或是不知道該怎麼表達自己的創意，這本書會是你的好選擇！」

—— 林長揚，簡報教練

「TRIZ 九宮格思考法，是以『空間』與『時間』兩個向度來描述事物與探索關係的工具，也是一種依照『包含關係 × 時間順序』來排列資料的思考工具，運用的範圍十分廣泛，是 TRIZ 很早時期就發展出來的工具，而被許多人廣泛使用。本書將 TRIZ 九宮格思考法理論做詳細介紹，配合許多舉例，讓讀者容易理解與使用，可以幫助需要構思與表達的讀者，增加工作效率，因此樂於推薦本書。」

—— 林永禎，明新科技大學企業管理系教授

　　「身為第一線的創意發想者，如何快速地評估與傳達腦海中一個粗略的輪廓？作者提供了一個系統性的架構，可以清晰地呈現整體的概況，也可以檢查是否有一些面向是被忽略的。最有幫助的部分是可以讓其他人快速了解整體想法的輪廓，並在這個基礎上加入更多有建設性的幫助。」

—— 林厚進，賽先生科學工廠創辦人

　　「奧坎剃刀定律（Occam's Razor）就是如何將複雜轉化成簡單，高木芳德大師將奧坎剃刀理論轉換成大家都可以輕易上手的『3×3系統思考法』。更重要的是只要利用所謂的4條線，就可以把複雜的『垂直性思考』（Vertical Thinking）、『水平性思考』（Lateral Thinking）、『時間』及『空間』融入到整個創意思考的過程，並可以簡單、快速、有效地解決生活中各種的問題，真是太值得拜讀的一書本。」

—— 陳俊成，台北城市科技大學資工系副教授兼系主任

　　「還在拍著腦袋等待創意、靈感降落嗎？善用框架讓思考可視化，透過排列組合打破盲點，讓你的問題迎刃而解，你需要的只是一個紙上的思考模式，而『TRIZ九宮格』正是你不可或缺的最強外掛。」

—— 邱奕霖，圖解力教練

　　「在職場上我們每天都需要想點子解決問題，然而想點子最常遇到的兩大問題：(1) 臨時想不出來；(2) 想出來後不知如何傳達。這本書用淺顯易懂的工具告訴你如何克服這兩大問題，非常值得推薦給每一位職場上班族。」

—— 劉恭甫，創新管理實戰研究中心執行長

推薦序
讓思考立體化，跨越抽象與具象間的障礙

—— 胡雅茹，台灣學習力訓練師、心智圖天后

　　科技瞬息萬變，AI 的技術已經可以讓語音、影像以假亂真，如果工作能力僅在於複製前人經驗，缺乏創意、創造、創新能力，那麼被 AI 取代工作的那一天很快會來到。見過很多對此焦急卻無能為力的上班族，很是讓我心疼。

　　然而，多數上班族在工作中，說到創意就會想到腦力激盪；說到表達就會想到簡報。這都只答對了一半。有時創意太前衛，讓對方無法聽懂你的創意，而拒絕了你的創意。所以發揮創意與表達必須視為一體，這時「3×3 九宮格思考法」是很好入門的手法。

　　職場上能常為公司解決問題的人，必是公司眼中的人才，要讓自己從追隨別人想法的平庸者，晉級成能獨立解決問題的人才，必須有一定的洞悉能力與想像力，能洞察與想像出時間脈絡的**過去→現在→未來**，能解構與分析出階層脈絡的**超系統→系統→子系統**，整合並交織這兩種脈絡的就是「TRIZ 九宮格思考法」。

　　除了心智圖，九宮格思考法也是我常用來鍛鍊邏輯、發揮想像、解決問題的思考工具。能幫助我快速以微觀和巨觀的角度去掌握事實，也能以見樹又見林的立足點去分析問題，更能以理性與直覺並陳的方式來解決問題。

　　日本 Sony 靈感創造師高木芳德的《解決問題、創意湧現、高效表達的 3×3 系統思考法》教我們以 TRIZ 九宮格思考法來處理下列事務，可讓思考立體化，更讓我們的思考不斷地跨越抽象與

具象間的障礙，茲將我的個人心得筆記附於下方：

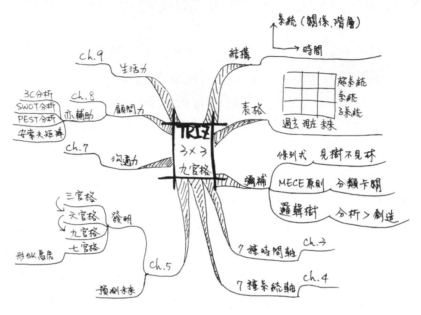

胡雅茹閱讀本書後的心得筆記

前言
畫出 4 條線，解決問題從沒想法到有辦法

「眼看發表在即，卻完全沒有靈感！」

「難得想出一個嶄新的解決方案，卻無法讓主管和團隊成員理解我的創意！」

各位讀者是否也曾有過這樣的經驗呢？

無論是準備新事業或新專案的資料、撰寫新產品的企劃書、在公司或學校進行簡報，或是學生提出論文題目、在求職時自我行銷……，從職場、學校乃至於日常生活的各種情境中，我們都需要以下能力：

- 提出新的創意。
- 以淺顯易懂的方式（透過書面資料或口頭報告）傳達自己的創意。

但很多時候，我們即使想到了新點子，卻無法在開會討論時順利傳達，有時甚至令人懊惱得忍不住埋怨對方為何不懂這個點子有多好。

過去我也有同樣的困擾，然而**自從開始運用本書所介紹的「TRIZ*九宮格思考法」，狀況就出現了極大的改變，我的大多數工作和提案都變得極為順利，令人不敢置信。**

---

* 「TRIZ」台灣一般音譯為「萃思」，本書統一以「TRIZ」表示。

大多的創意發想工具未設想「如何傳達」

「創意明明很棒，卻無法傳達給他人」這種棘手的問題，除了出現在職場上，在其他大大小小的情境中，也都可能發生，實在令人恨得牙癢癢。

一個（用於解決問題的）創意，若無法傳達給他人，就等於毫無價值。因為「單靠一個人想出的創意」，是沒有辦法在這個複雜而多樣的現實社會中創造出價值。

在構思創意時，除了思考內容，更必須一併思考該如何傳達給別人。然而，許多為了創新或解決問題的思考法，都著重於提升創意的「量」。

大家都說創意是「先有量再有質」（當然這也是事實），因此，每當我們為了解決問題而搜尋能激發創意的技巧時，出現的總是教我們如何提升創意「量」的方法。

各位耳熟能詳的「腦力激盪法」（Brainstorming），就是其中之一。

腦力激盪法由2個階段構成：第1階段是「發散」，此時禁止批評別人提出的想法，以「盡可能提出大量的想法」為第一優先；第2階段則是「收斂」，也就是從大量的點子中進行「篩選」。

除此之外，還有發明上述腦力激盪法的奧斯本（Alex Faickney Osborn）先生所提出的「奧斯本檢核表」（Osborn's Checklist），以及號稱6個人不用花1小時就能想出108個點子的「腦力書寫法」（Brainwriting）等。

不過，累積了大量點子之後，又該怎麼「傳達」呢？

目前的確有不少能幫助傳達的技巧，諸如簡報技巧或快速原型設計（Rapid Prototyping）等，然而這些技巧的概念與創意發想

不同，並不適合用來傳達創意。

倘若使用了不適合的方法，會遇到什麼問題？

正如我在開頭所說的──當你的創意愈新穎、愈獨特，就愈難傳達給對方，也就是會面臨必須權衡得失（trade-off）的難題。

創意必須傳達出去，才有價值

「激發創意」與「傳達創意」的關係，就好比「發電廠」與「輸電線」。

在構思創意時，假如「輸電線」採用的是非輸電專用的銅線，那麼無論我們多努力提升「發電廠」的發電效率，在輸送電流時都會產生巨大的能量損耗。

尤其是近年來許多問題都變得複雜而多樣化，鮮少有問題單純到只靠一個點子，或自己一個人埋頭苦思就能解決。當自己的創意確實傳達給他人，便會激盪出新的創意。在未來，勢必會有愈來愈多場景需要這種「創意的連鎖反應」，因此我們必須確保一條能穩定輸送電流的「輸電線」。

過去那種「先不管能不能用，反正先提出一大堆點子，之後再慢慢過濾」的方法，已經派不上用場；「在說得出每個創意為何誕生的前提之下量產創意」的方法，將日漸重要。

可是，真的有這種方法嗎？

當然有，那就是本書介紹的「TRIZ 九宮格思考法」！

利用 TRIZ，就能「構思 × 傳達」創意

接下來請容我做個自我介紹。我叫做高木芳德，任職於 Sony 集團，待過研發、新創事業等部門，現在主要負責人力資源開發。從 2017 年起，我也在東京大學擔任兼任講師。

長期處於一個必須規劃各種新事業、提出創意並傳達出去的環境下，我平常習慣使用的，就是這個名為「TRIZ」的方法。

我的上一本著作《創意不足？用 TRIZ 40 則發明原理幫您解決！》，可說是 TRIZ 的入門書，書中介紹了 TRIZ 的基本概念——發明原理。非常榮幸，這本書在日本亞馬遜的發明專利類書籍暢銷排行榜上蟬聯冠軍寶座長達半年以上。

TRIZ 源自俄國，意思是「發明性問題解決理論」（Theory of Inventive Problem Solving），TRIZ 分別取自俄語「Teoriya」（理論）、「Resheniya」（解決）、「Izobreatatelskikh」（發明）、「Zadatch」（問題）等 4 個詞的首字母縮寫。

TRIZ 是 1950 年代，由前蘇聯專利審查官 G・阿奇舒勒（Genrich Altshuller）及其學生在專利研究基礎下提出的理論，現在已廣傳全世界，並且不斷進化發展。

TRIZ 理論最獨特的地方，就是考慮到了「跨領域的共通性」。阿奇舒勒與學生使用超過 200 萬件的專利進行科學驗證，並不斷改良，藉此創造出這個獨一無二、極其優異的問題解決理論。

在蘇聯尚未瓦解之前，TRIZ 是一種不外傳的祕密 Know-how，受到蘇聯嚴密的保護，不讓西方國家知道。1991 年蘇聯瓦解後，擁有 TRIZ 知識的專業人士一流入西方國家，便造成了極大的震撼。

到了現在，歐洲已成立專門研究 TRIZ 的機構，市面上也出現

一套要價數百萬日圓的 TRIZ 授權軟體，專業 TRIZ 顧問也成為一份高收入的工作。

　　TRIZ 理論在課題設定上最重視的基本概念，就是我們將在本書中學習的「TRIZ 九宮格思考法」。

　　九宮格思考法是 TRIZ 理論中最重要的觀點。目前市面上介紹 TRIZ 最詳盡的書籍，當屬達雷爾‧曼恩（Darrell Mann）所著的《系統性創新手冊（暫譯）》（Hands on Systematic Innovation），為了讓九宮格深植於讀者的腦海，書中每一頁上都印著九宮格的圖示，顯見九宮格的重要性。

　　九宮格思考法在教育訓練課程中也廣受好評。Sony 集團共有約 300 種以上的基礎技術研習課程，而我負責的九宮格思考法講座，在參加者的綜合評價中排名第一（2018 年度）；參加過講座的人，也開始在公司教同事九宮格思考法。我在東京大學任教的課程，同樣年年大受歡迎。

　　這全是因為 TRIZ 九宮格思考法實為一種歷史悠久且成效卓越的工具。

　　雖然我將它描述得很了不起，不過 TRIZ 九宮格思考法的運用方法其實非常簡單，也不需要特別的工具。

　　首先，請在紙上用 4 條線畫出一個「井」字，就像小時候玩井字遊戲一樣，區隔出 3×3，共計 9 個格子。

　　接著，請替每個方向（軸）命名。

　　橫向是時間順序，也就是過去→現在→未來。

　　縱向是具包含關係的系統，也就是超系統（Super-system）／系統（System）／子系統（Sub-system）。

　　這樣就完成了。

　　「超系統」、「系統」和「子系統」等用詞，對各位而言可

能有點陌生，不過在目前的階段，各位只要先記得這裡所謂的「系統」，是指「各種互相關聯的要素，為了達成某個目的所形成的集合體」，同時，「這些集合體具有包含關係（階層關係）」（細節將在 Part 2 詳述）。

　　若以人體來比喻，人體中最大的系統，就是「身體（人體）」。身體裡的細胞和組織，各自擁有延續生命所需的不同功能。

　　而人的身體又是由什麼組成的呢？答案是各種器官。通常我們會用「○○系統」來統稱身體的器官，例如，攝取食物並將其分解與排出的器官稱為「消化系統」、讓血液在全身流動的器官稱為「循環系統」。這些器官是規模較小的集合，屬於人體的一部分，而它們都是系統。

　　消化系統和循環系統又分別由各種更小的器官匯聚而成，例如胃、腸、心臟、血管等。

	過去	現在	未來
超系統			
系統			
子系統			

　　如前所述，為了達成某個目的，而由許多彼此具有關聯的要素集合而成的「身體」、「消化系統」、「腸」等，就是所謂的系統。這三者之間的關係是「身體＞消化系統＞胃、腸」，也就是階層關係（包含關係）。

　　除此之外，與車輛相關的「交通系統」、「汽車」、「驅動系統」，或是在家中聽音樂、看影片時使用的「家庭劇院」（以及附屬的「組合音響」、「影音播放器」）等，也都是系統，且與人體一樣，彼此具有包含關係。現階段請各位先掌握這個概念即可。

　　利用「包含關係 × 時間順序」來整理資訊，便能激發創意與企劃的靈感，並能更順利地傳達。

超系統	人體	家庭劇院	交通系統
系統	消化系統	組合音響	汽車
子系統	腸	影音播放器	驅動系統

九宮格思考法有何威力？

我在開頭提到的「創意或企劃（若包含愈多要素，就愈）難以順利傳達」，其實是我本身也經歷過的煩惱。

但是，自從我學會了本書所介紹的「九宮格思考法」，我便懂得如何一氣呵成地「整理」→「構思」→「傳達」資訊。於是我完成了許多從未有人完成的工作，也能與工作夥伴一同構思較艱澀的探索性提案，並且付諸實踐。

其中令我印象最深刻的事，就是我曾主動推銷由公司新事業部門剛研發出來的功能，並順利拿到了藥廠的訂單。

這件事牽涉到3個難關，分別是「新事業」、「業界前所未有的新功能」，以及業務員本身「非相關領域」，因此要說服客戶可謂極為困難。再加上製藥是一種攸關人命的產業，面對新事物時更是格外謹慎。

在重重難關下，我竟拿到了兩間藥廠的訂單，這全都要歸功於九宮格思考法。而談成這件案子，也讓我當時負責的新事業得以存續。

此外，我也曾在某個夏天的10天內，順利舉辦了超過2,000人次參加的親子發明課程，至今多次通過專利範圍擴大的審查，也在當時的電子媒體「日經Business Online」撰寫連載專欄。利用九宮格思考法來整理，我便能更輕鬆地向人們傳達企劃和報告的意義。

現在的我，除了在Sony集團負責人力資源開發，同時也擔任「多樣化成長空間──PORT」的企劃暨營運主管。「PORT」這個充滿探索性的企劃，絕不可能單憑一己之力完成。參與企劃及活動的成員來自十多個公司，極為多元。**再加上現在的社會已截**

然不同於以往，我反覆利用九宮格思考法整理各種資訊，提出假設，傳達構想，並在實施後進行檢討。

2020 年，在新冠肺炎疫情肆虐下，我迅速地將各種工作轉換為線上模式。多虧了工作夥伴的多樣性及主體性，即使受到疫情影響，這個「持續互相學習的場域」也能夠在探索的同時不斷成長。一位採訪過許多類似活動的朋友，很驚訝地表示「你們領先其他團體太多了」，更開心地讚賞「真不愧是 Sony」。這些評語對我們團隊是莫大的鼓勵。

「這麼簡單又強大的方法，應該讓更多人知道才對」── 這就是我提筆寫下這本書的初衷。當然，在出版這本書的過程中，九宮格思考法也發揮了極大的效用！我能說服責任編輯出版這本書、責任編輯能在會議上說服其他人採納這本書的出版企劃，全都要歸功於這項工具。

似乎有不少人認為，提出創意並用簡單明瞭的方式傳達，是需要天分的，甚至把這件事視為管理顧問專屬的特權，但事實並非如此。**因為，只要使用這個名為「九宮格思考法」的工具，每個人都能輕輕鬆鬆發揮創意，並且互相傳達！**

世上已有無數的人透過團隊合作，用這個只以 4 條線構成的九宮格創造出各種價值。但願各位也能學會這個方法，打造更美好的世界。

本書架構及預期收穫

本書由 3 個部分組成。正如賽門・西奈克（Simon Sinek）著名的 TED 演講，我將以 Why、How、What 的順序來進行說明，幫助各位理解 TRIZ 九宮格思考法，並且學會如何運用。

- 為什麼要學九宮格思考法？（Why）
- 九宮格思考法的理解與練習（How）
- 九宮格思考法的應用與實踐範例（What）

首先，在 Part 1「TRIZ 九宮格厲害在哪裡？」中，我將大略介紹九宮格思考法的優點和魅力。

在現代社會裡，無論於公於私，人們的生活都變得非常多樣化，在與他人合力創造價值時，也必須意識到彼此既有知識的落差。此外，隨著科技的進步，這個時代的環境也時時刻刻都在變化。在這樣的時空背景下，過去的傳統問題解決方法很可能再也派不上用場。

這個時候，就輪到 TRIZ 九宮格思考法上場了。**為什麼九宮格思考法能在上述情境中發揮功效呢？關鍵就在於 3×3 分割法及軸的設定。**

只要釐清九宮格思考法和過去在商務場合中經常使用的框架有哪些異同，並理解九宮格思考法的優勢，相信各位就能明白——

九宮格思考法可以取代許多傳統工具。

在 Part 2，我會依據軸的要素，以 3 個章節來說明九宮格的製作方法。我將舉出幾種常見且便於運用的範例做為例題，讓各位像做測驗題一般，透過「做中學」的方式學會如何完成九宮格。

在第 3 章裡，我們會透過 7 個例子，來學習比較容易掌握的「時間軸」概念，也就是劃分為「過去→現在→未來」的橫向三宮格。

在第 4 章裡，我們會再透過 7 個例子來學習「系統軸」概念，也就是劃分為「大／中／小」的縱向三宮格。當然，這一章也會說明「系統」這個用詞的意義，幫助各位理解得更透澈。

在第 5 章裡，我會介紹 7 個將各軸結合之後所形成的六宮格～九宮格範例。

在各章的結尾，我準備了以企業分析為主題的「實踐練習」，讓各位實際動手畫出多個三宮格或九宮格，體驗以不同角度來看待一件事物。

在最後的 Part 3 裡，我希望能藉由 TRIZ 九宮格思考法的實際應用範例，加深各位對九宮格的了解。只要掌握各種應用範例，以及可激發創意的九宮格內容，必能學會如何利用九宮格思考法整理自己的思路。

學會「TRIZ 九宮格思考法」的預期收穫

			預期收穫
Part 1 的預期收穫	Part 2 的預期收穫	Part 3 的預期收穫	
為什麼要學九宮格思考法？（Why）	九宮格思考法的功能與使用方法（How）	九宮格思考法的實例（What）	
了解九宮格思考法的優點	了解九宮格思考法的要素與填寫方法	了解九宮格思考法的實例及應用方法	
Part 1 的主題	Part 2 的主題	Part 3 的主題	主題
TRIZ九宮格厲害在哪裡？	認識九宮格思考法	利用九宮格思考法進行溝通	
Part 1 的課程內容	Part 2 的課程內容	Part 3 的課程內容	課程內容
● 什麼是九宮格思考法？ ● 九宮格思考法的威力 ● 九宮格思考法與傳統方法的異同	● 橫向三宮格（時間軸） ● 縱向三宮格（系統軸） ● 六宮格～九宮格（時間軸×系統軸）	● 用於溝通的九宮格思考法 ● 用來解決問題的九宮格思考法 ● 各種九宮格	

Part 1 　　　　Part 2 　　　　Part 3

本書應用一覽表
對症下藥解決問題

　　本書篇幅雖將近 490 頁，但原則上各種應用方法都整理在 4 ～ 10 頁左右，以利各位從自己想學的部分開始學起。

　　讀完「Part 2 的預期收穫」之後，各位可依照自己想發揮的主題，直接跳到以下列舉的頁碼，繼續閱讀。假如你的目的是學會九宮格的使用方法，建議從頁碼數字較小的部分開始依序閱讀；假如你想先了解九宮格思考法的特徵，請從各欄中以粗體表示的頁碼開始閱讀。

▼ 我想立刻實際運用！

「整理」各種資訊 企業九宮格路線 pp.91～97、188～192、**269～**	「發想」創意企劃 鳥居路線 pp.182～187、237～**246**～**258**、425～	「傳達」業務內容 報告・聯絡・商量 九宮格路線 pp.197～203、309～320、**360**～

▼ 我想透過九宮格讓自己成長！

用九宮格思考法提升 「創造力」 發明九宮格路線 pp.177～181、**220**～**236**	用九宮格思考法提升 「企劃能力」 企劃九宮格路線 pp.**107**～**112**、193～196、 **263**～**268**、390～	用九宮格思考法提升 「分析能力」 谷歌（Google）剖析路線 pp.121～134、**204**～**216**、321～346

▼ 我想了解什麼是九宮格！

九宮格思考法的「特長」 與傳統思考法比較路線 pp.39～50、217～218、**406**～	九宮格思考法的「概要」 九宮格概要路線 pp.**28**～**67**、219～236、474～	九宮格思考法的「理論」 空間・系統路線 pp.34～45、**136**～**176**、296～308

TRIZ 九宮格厲害在哪裡？

第 **1** 章

什麼是 3×3 系統
思考法？

01 | 劃分成 9 格，
你的點子人人懂

　　我們的企劃或創意為什麼無法讓他人理解？

　　是因為創意本身難以理解？還是創意所代表的價值觀難以理解？抑或是對方根本不感興趣？各位的心中可能會浮現各種原因。

　　假如對方對我們想傳達的內容抱有某種程度的興趣，就算我們表達得不夠清楚，或是內容與對方的價值觀、預期有落差，相信對方仍然願意聽到最後。此外，假如對方能評斷一個創意是否好懂，就代表對方多多少少已經理解了一部分。

　　也就是說，如果你覺得對方絲毫無法理解自己的創意，其實**並不是因為你的「創意本身」難以理解，而是對方無法理解這個創意形成的背景（你所設定的課題），也無法理解你分析、比較後的結果（你想要做什麼）。**

　　這時，你需要為對方準備的，就是「第 3 個資訊」，也就是提出這個創意的背景，或你所規劃的未來藍圖。

　　本書所介紹的 TRIZ 九宮格思考法，以橫軸為時間軸，縱軸為系統軸，並將兩個軸分別劃分成 3 格，再利用這 3×3 的九宮格來記錄、整理必須解決的問題及相關資訊。

　　關鍵就在於「劃分為 3 格」。

　　如果你已經掌握現狀，同時已經有假設或提案，就必須告訴

對方這個創意的背景；如果你已經知道過去的事實和現在的狀況，就必須讓對方明白你所規劃的未來或假設。

　　增加一個可以填入「第 3 個資訊」的空間，便能向對方說明背景，或指出未來的方向。只要妥善運用這個空間，我們便能更有系統地構思點子。

　　在 Part 1 裡，我將說明這個工具的概要及優勢。

　　首先，我想從外部環境的變化與九宮格思考法的縱軸——「系統軸」的關係切入，說明為什麼這個方法今後將成為人人必備的能力。

　　接著，我會簡單說明九宮格思考法的概要，讓各位對它有個粗淺的認識。

　　最後，我會說明九宮格思考法為什麼威力如此強大，並且比較它與傳統方法的異同。

Part 1 的預期收穫

	理解大環境的變化	九宮格思考法與傳統方法的共同點	九宮格思考法與傳統方法的差異	
超系統〈環境・前提・背景〉	這個世界已變得VUCA*，我們必須擁有超系統的觀點 ➡ 有什麼好辦法？	以時間與空間為軸的表格，淺顯易懂 ➡ 但我不會，因此想要學怎麼製作表格	傳統方法著重「要素」，沒有機會學習時間與空間思維 ➡ 欠缺的正好就是九宮格	系統軸
系統〈主題〉	需要更強的假設能力 ➡ 這時九宮格思考法就能派上用場	利用「包含關係×時間順序」來整理欲傳達的資料，整體和細節都能一目了然	傳統方法只討論「要素」 ➡ 時間與空間思維無須天分，人人都學得會	
子系統〈具體要素〉	● 氣象相關的例子 地震→餘震 ● 業界發生大地震 ● 具備超系統的觀點	● 時程表 ● 管理顧問的資料 ● T&S Canvas	● 條列 ● 分割 ● 邏輯思考	

時間點1（pp. 31～38）　時間點2（pp. 39～45）　時間點3（pp. 46～50）

---

* VUCA 是「Volatility」（易變性）、「Uncertainty」（不確定性）、「Complexity」（複雜性）、「Ambiguity」（模糊性）的縮寫。

02 ｜ 未來必備的思考能力

有思考大環境的必要性

　　你我都生活在環境之中。不過，由於大多時候環境並不會突然產生劇烈變化，因此，即使沒有特別意識到它的存在，我們也可以如常生活。我們無需杞人憂天地擔心空氣中的氧氣會突然消失，或是突然有什麼物體從空中掉下來。

　　正因為大多數的時候「環境不會變化」，所以我們也沒有必要特別在意「變化」這件事。例如，房子裡有電力、自來水等民生基礎建設，因此，天黑了只要開燈即可，轉開水龍頭便隨時有水可用。

　　然而，在 2011 年的日本 311 大地震時，核電廠停擺了。為了因應電力短缺，當時我所居住的厚木地區採取輪流停電的措施。如此一來，我們不得不好好掌握「自己所處的供電區域與供電情形」（環境）。

　　如上所述，在因為發生自然災害，或如這幾年因疫情蔓延而使環境產生劇烈變化時，我們就必須整理過去發生的事與未來可能發生的事，並留意環境的變化。

要因應職場上的環境變化

在職場上，我們也同樣必須掌握大環境。

為什麼非得掌握環境變化不可呢？因為這樣一來，我們才能掌握自己身處的狀況，整理出必須與團隊成員、部下或主管分享的資訊。

假設你在業界規模最大的企業裡擔任業務員，而你在渾然不知公司發生了什麼事的狀態下，工作內容出現了以下的變化，你是否會感到不安，並且頓時充滿壓力呢？

- 以前在跑業務時，客戶第一個問的問題都是「能不能穩定供貨？」
- 但是最近客戶卻要求我提供我們公司和業界第二大企業的比較表
- 下個月開始，我的工作將變成和業界第四大、第五大企業的窗口接洽，而不是面對客戶

然而，假如你知道公司發生了下述的環境變化，相信你就能理解並接受工作內容的調整，也可以決定提案的方向。

- 一直以來，我們公司都是業界第一大企業
- 然而最近業界第二大企業與第三大企業合併，導致我們公司的地位退居第二
- 因此現況是我們要趕緊設法併購業界第四大、第五大企業

將影響力較大的因素放在上方，便可整理出圖表 1-1。

　　如前所述，只要掌握自己無法預料的環境變化，就能理解自己目前身處的狀況，連帶明白自己為什麼會被分派到這樣的工作。如此一來，不但能減輕壓力，也更容易進行創造性思考。

　　企業併購固然是比較大的例子，除此之外，包括團隊的狀況、部門的狀況等自己身處的環境，也一樣會成為創意發想的前提或制約。

　　只要像上述例子一樣整理現狀，便能掌握背景，進而釐清各種資訊、發揮創意；除了自己的業務，當需要向團隊或部下說明目前的任務時，這個方法也同樣有幫助。

業界穩定 名次沒有改變	業界發生大地震 第2名和第3名合併	業界重組 是否進入兩巨頭時代？	業界
公司定位 ➡ 業界最大 　供貨穩定，可以 　拿到訂單	公司定位 ➡ 業界第二大 　與其他公司比較 　後，可以拿到訂單	公司定位 ➡ 合併案頻傳 　尋找有機會合併 　的企業	公司
製作預計供貨量的資料	製作與其他公司產品比較的資料	製作公司整體財務狀況的資料	自己
過去	現在	未來	

圖表 1-1　分析公司環境變化

03 ｜ 什麼是 TRIZ 九宮格思考法？

　　各位在上一頁看見的 3×3 矩陣，其實就是 TRIZ 九宮格。橫軸是時間軸，以現在為中心，整理出「過去」的事實、「現在」的狀態，以及「未來」的變化。縱軸是系統軸，把「公司」擺在中間，再將比公司大的環境（超系統），也就是「業界」擺在上方，將要素（子系統），也就是「自己」擺在下方。

　　正如各位所見，TRIZ 九宮格就是透過：

- 以縱軸為系統軸、橫軸為時間軸
- 將兩個軸各劃分成 3 格，構成 9 個區塊，用以整理資訊的框架

九宮格的畫法

　　九宮格的畫法很簡單，正如我在前言所做的說明，只要像玩井字遊戲一般畫出 4 條線，劃分出 9 個區塊，再替每個區塊定義標籤即可。

　　橫向的 3 格，由左至右分別表示「過去→現在→未來」。只

要將過去發生的「事實」、現在的「狀況」、未來的「預測」劃分清楚，便能明確區分事實與推測，也更容易掌握過去發生的事實，也就是背景。

在規劃專案時程或訂立人生計畫時，我們常會考慮到時間順序，因此許多讀者應該已經很熟悉。

而九宮格思考法的特徵，正是「過去→現在→未來，這 3 個格子各堆疊三列」（見圖表 1-2）。

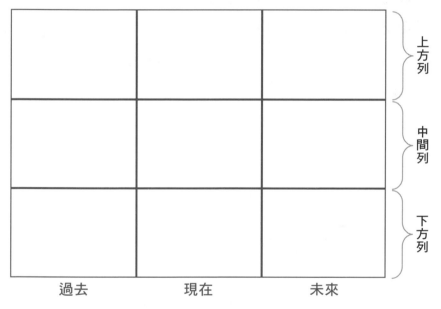

圖表 1-2　九宮格基本架構

縱向以相對的大小或包含關係（系統）來劃分，較大的團體或環境放在上方列，構成整體的各個要素或較小的概念則放在下方列。

如此一來，**我們就能掌握甚至預測環境變化所帶來的影響，也可以釐清哪些部分是自己可以改變的，哪些部分是無法改變的。**

換言之，也就是同時以宏觀與微觀兩種觀點來思考。

九宮格的特徵

九宮格思考法的特徵在於：

❶ 軸的設定（系統軸 × 時間軸）
❷ 將每個軸劃分成 3 格（見圖表 1-3）

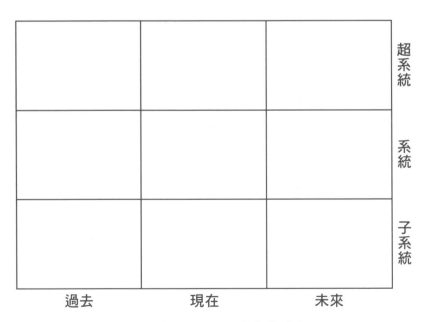

圖表 1-3　設定九宮格每格特徵

❶ 軸的設定（系統軸 × 時間軸）

　　首先來談談如何設定軸。這種「系統軸 × 時間軸」的呈現方法，正是最符合科學，也是與一般商業框架不同的地方。

　　事實上，以「空間的 3 維（系統的一部分）× 時間變化」為兩軸，在科學領域中可說是理所當然的設定方法。請各位回想一下，在國、高中的物理課上畫圖時，是不是非常自然地就使用了空間（x-y-z 軸）及時間（t 軸）為軸呢？

　　其實，世上一般的現象，都可以用（空間上的）大小和彼此的關聯等「包含關係」及「時間變化」來呈現。只要以這兩者為軸，就不用改變基本的標籤屬性，同時也能提升創意發想的重現性。

　　順帶一提，我們出了社會之後，在職場上似乎就很少看到圖表採用上述的軸了。這是為什麼呢？

　　其實只是表面上看不出來而已。各位耳熟能詳的 3C、4P 分析等框架裡，其實都隱藏著「系統」的概念。在商務場合中，為了方便給予標籤，我們習慣用 3C、4P 等名稱來稱呼這些框架，但事實上，這些框架的基本概念也同樣是系統 × 時間。關於這一點，我會在 Part 3 的第 8 章詳述。

❷ 將每個軸劃分成 3 格

　　九宮格思考法的另一個特徵，就是把每個軸分成 3 格，填入 3 種資訊。

　　透過設置第 3 個空間，我們可以補充做為背景的資訊，或根據已知的資訊建立假設，而非單純比較兩者之間的差異。

　　除此之外，將 3 個資訊並排，也能幫助我們釐清各個資訊之

間的關係，有利於更新資訊或構思更多點子。

　　接下來，我會藉由比較九宮格思考法與一般常用的商業框架，
更詳細地說明九宮格思考法的特徵。

04 │ 「關係 × 順序」 讓你掌握全貌與細節

在前一節裡，我說明了 TRIZ 九宮格思考法這個工具的特徵，也就是「軸的設定」與「劃分成 3 格」。

而正因為這個框架的結構非常簡單，不知道各位是否覺得有點眼熟呢？

接下來，我會舉出幾個眾所皆知的創意發想手法，以及大家經常在商務場合中運用的框架，來與九宮格思考法進行比較，並說明它們之間的異同。

首先從共同點開始。

最容易傳達資料的就是「包含關係 × 時間順序」

九宮格思考法是一種依照「包含關係 × 時間順序」來排列資料的 TRIZ 思考工具，不但「易於傳達」，同時富有「創造性」。如上所述，以這兩個概念為軸，有助於我們爬梳資訊內容。

「包含關係 × 時間順序」的概念，其實在許多框架裡都能看見，我們在不知不覺中早已深受其惠。接下來我會以幾個框架、工具為例，仔細說明。

▶ 時程表

　　如圖表 1-4 所示，所謂的時程表，就是「依照時間順序列出待辦事項的資料」。

　　世界上有兩種企劃書，一種是「載明時程表的企劃書」，另一種是「沒有時程表的企劃書」。當我們將企劃書交給主管或老師的時候，相信各位應該至少有一、兩次經驗，劈頭就被問：「時程表在哪一頁？」

　　時程表上一定有時間軸。一般而言，多是以橫軸為時間軸，由左至右依照時間順序列出資料。相反地，如果沒有這種「可以依照時間順序概觀待辦事項的資料」，就會非常不方便。所以，主管要求我們在企劃書裡附上時程表，可說是天經地義。

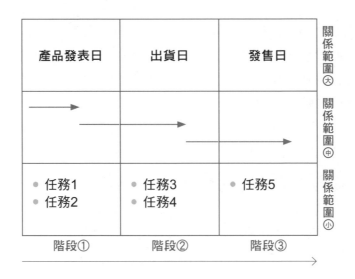

圖表 1-4　時程表架構

　　其中最令人一目了然的呈現方式，就是將「涉及最多人的活動」放在上方列，例如，需要其他部門支援的產品發售日或出貨

日，同時先提示「整體大致的流程」，再將各自的任務一一列出。

　　各位或許聽過，有些人會將這種呈現方式稱為「依照（問題的）粒度大小排列」。

　　請各位站在縱向的角度，將「問題的粒度」視為「相關人員的多寡」，亦即以「相關人員所占的空間」來思考。如此一來，應該可以看出其排列順序為「大空間→小空間」。

▶ 甘特圖

　　甘特圖是將時程表更詳細地呈現，以「前工程→後工程」的順序來排列任務的方法。

　　甘特圖看起來就像是將大大小小的任務混在一起，依照時間順序排列，因此乍看之下，可能會覺得它並沒有「大→小」的規律（見圖表 1-5）。

圖表 1-5　依任務順序排列

　　不過，請各位想想每個任務的影響程度大小。如此一來，便可以看出由上至下，依序是影響力「大→小」（見圖表 1-6）。

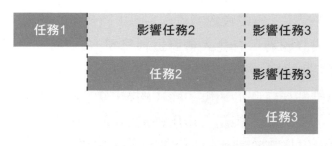

圖表 1-6　任務的影響力

　　任務的影響程度，就是相關人員的人數多寡。以「相關人員所占空間」的角度來看，這也同樣是「包含關係 × 時間順序」。

▶ 包括箭號圖示的「大項目」、「小項目」圖

　　在國家政策資料或民間研究機構所製作的大型專案資料中，相信各位一定看過與圖表 1-7 相似，以「箭號→大項目→小項目」呈現的資料。

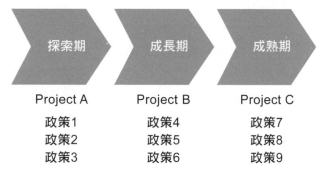

圖表 1-7　以箭號呈現大方向

　　一般而言，假如一份文件開頭就以此種格式呈現資料，那麼這項專案通常能確實掌握大方向，並依照計畫進行。

這種形式可以同時呈現整體輪廓以及詳細內容，如果用這種方式將現狀整理清楚，接下來的討論通常也都能有豐碩的成果。

而這也是因為這份資料是由系統 × 時間軸構成的。只要仔細觀察資料裡的每一個要素，便能發現以下內容：

- 箭號：有關社會、環境、時期等屬於大空間的內容
- 大項目：重點
- 小項目：更瑣碎的細節（小空間）

這些內容其實是依照時間順序排列的。換言之，這正是以包含關係 × 時間順序，也就是「九宮格思考法的概念」來整理的。

▶ T&S Canvas

最後我要舉的例子，是暢銷書《讓你 1 天只須工作 3 小時就能安穩生活的思考法（暫譯）》（PRESIDENT 出版社）的作者山口揚平先生所提出的「T&S Canvas」。

「T&S」是「Time-Space 思考法」的縮寫，這個概念基本上與「時間─空間思考法」如出一轍。

將高階概念擺在上方，低階概念擺在下方，再把時間上相當於過去的「原因」擺在左邊，時間順序在後的「結果」擺在右邊──這種呈現方式，也與九宮格思考法相同（圖表 1-8 ～ 1-9）。

綜上所述，這些能讓人同時掌握全貌與細節的資料，其共同點就是皆以「空間軸 × 時間軸」所組成。

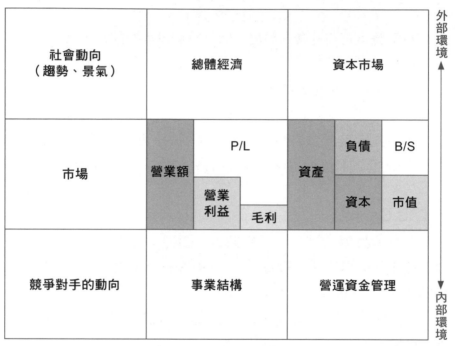

圖表 1-8　概念的高低階排列

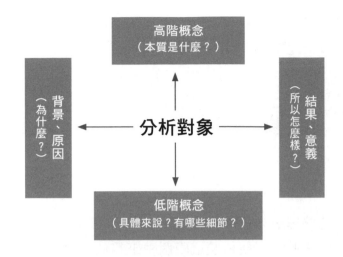

例：英語學習

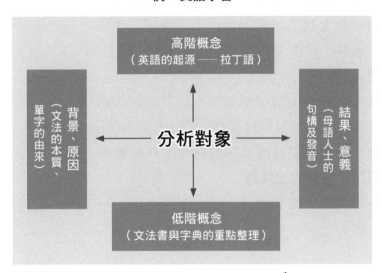

圖表 1-9　高低階概念架構舉例[*]

---

* 圖表 1-9 參考山口揚平著作《讓你 1 天只須工作 3 小時就能安穩生活的思考法（暫譯）》製圖。

05 ｜ 傳統方法無法解決的「問題」

　　用於傳達想法的資料，大多會以「包含關係 × 時間順序」的形式呈現，因此，只要依照這兩個軸來整理資料，便能更輕鬆地傳達。

　　不過，先不論簡單的時程表，像箭號資料或 T&S Canvas，各位有自信能立刻畫出來嗎？是不是感覺要花很多時間才能學會怎麼畫？而且，有些人可能一直以為想畫出這種「一目了然」的圖，是需要天分的。

　　各位或許也有這樣的經驗，認為時程表雖然好畫，但也正因為太過簡略，因此當資料太過繁雜時，反而無法有效運用。

　　事實上，我們目前常用的思考工具，都有一個問題 ── 簡單的太簡單、複雜的太複雜。

　　在學習九宮格思考法之前，讓我們先整理一下各種傳統工具的優缺點。

❶ 條列：有效率，但太過簡略

　　當我們在聽取簡報、做筆記時，第一個想到的方式通常都是

「條列」。如果把字寫潦草一點，或用符號來取代文字，便更有效率。

這種不斷換行的條列式筆記方法極為簡便，連小學生都會用。但是，倘若只是單純以條列方式將內容羅列出來，往往會產生一個問題 —— 有的部分記錄得十分詳細，有的部分卻太過簡略。

假如沒有原始資訊，我們就會疏於思考接下來可能產生的狀況。**因此，條列式筆記方法最大的缺點就是「沒有文字紀錄，就不會有知識產出」。**

另外，愈容易想到的內容，就愈容易列舉，所以我們很容易將時間全都花在容易想到的細節上，導致視野變得狹窄。

❷ 分割：易於比較，但難建立假設

為了避免條列常見的疏漏或極端集中在某部分的情形，我們可以選擇其他的方法，那就是依照規模大小來切割整體的內容，也就是一開始就先劃分好範圍，再進行思考。這就是分割成 4 格或 2 軸的思考法。

例如，以 MECE（Mutually Exclusive Collectively Exhaustive，即指不重複也不遺漏）的方式來劃分狀況，分析「是否達到標準？」「屬於外部因素或內部因素？」「是事實還是推測？」等。

此外，也可以透過繪製 2×2 的矩陣，或設定 2 個軸來思考。因為只要將空間加以區隔，便能比較兩者之間的異同，進而帶來新發現。

不過使用這種方法時，往往僅停留在比較、檢討過去，鮮少能達到「建立假設」的階段。

❸ 邏輯思考：效果卓著，卻難以學會

最近，許多企業紛紛在員工訓練中，安排以建立假設為前提的邏輯思考課程。

所謂的邏輯思考，就是先繪製邏輯樹（金字塔），接著反覆詢問「Why So?」（為什麼會這樣？）、「So What?」（接下來會變成怎樣？）的方法。

這些問題的答案，可能是確認事實，也可能是提出一個需要驗證的假設。**因此，當具有邏輯思考能力的成員一同進行討論時，知識生產性就會非常高。**

不過，邏輯思考最大的難處，就是不容易學會。儘管許多企業都會舉辦研習活動，但當然不可能只靠一天的課程就變得熟練。唯有在耗時數個月的專案執行過程中，自始至終都使用邏輯思考，直到達成目標，才有可能融會貫通。

然而，除非身為管理顧問團隊的一員，否則有機會接觸這種工作模式的人，可說少之又少。換言之，這是一種「效果卓著，卻難以學會」的思考方式。

如上所述，傳統的「條列式筆記」與「分割資料」的方法，各有其優缺點。

「條列」雖然簡單，卻容易將視野局限在細節，整體而言容易出現疏漏。「分割」雖然較易掌握整體輪廓，卻很難進行到建立假設或提出具體方案的階段。

在我上一節所舉的幾個「包含關係 × 時間順序」圖中，條列和分割都是相當重要的要素，但若想學會畫出可幫助我們建立假設的圖，光靠它們是不夠的。

而「邏輯思考」固然是一種強力的工具，卻較難融會貫通。

然而，九宮格思考法卻能讓我們直接學會「包含關係 × 時間順序」的概念，培養出「建立假設」的能力，更能用「簡單易懂」的方式傳達給別人。

原本就有能力提出高品質創意或假設的讀者，也請試著利用九宮格思考法來報告，我可以保證，當你傳達自己的想法時，一定會順暢得出乎意料。

在 Part 2 裡，我們將透過各種例題來學習如何實際運用九宮格思考法。

傳統的知識產出方法與其特徵

使用者眼中的特徵	使用者眼中的特徵	使用者眼中的特徵
● 雖然簡單，但容易漏掉資訊，也難以比較 ● 容易把時間花在細節上，視野過於狹窄	● 雖然有新發現，卻僅止於比較和檢討	● 雖然可以建立假設，但要花很多時間才能熟練
傳統方法 條列	**傳統方法** 分割	**傳統方法** 邏輯思考
上述方法的 組成要素 ● 水平位置（換行並對齊） ● 符號（■／▼／・）	上述方法的 組成要素 ● MECE（事實與推測、外部因素與內部因素） ● 2×2矩陣 ● 設定2個軸來思考	上述方法的 組成要素 ● 樹狀（金字塔）結構（Why So?So What?）

難度　低　　　　　難度　中　　　　　難度　高

使用者觀點（使用者觀點）　方法（方法）　要素・功能（要素・功能）　系統軸

Part **2**

認識九宮格
思考法

第 2 章

了解 TRIZ 九宮格的豐厚效果

06 | 站在巨人肩上，別與巨人戰鬥

If I have seen further, it is by standing on shoulders of Giants.
「如果我看得比其他人遠，是因為我站在巨人的肩膀上。」
—— 艾薩克・牛頓（Isaac Newton），英國物理學家

無庸置疑，谷歌可謂網路界的巨人。想要和巨人戰鬥、打倒他們，是一件極為困難的事。而對方當然也沒有想要戰鬥的意思，他們只是不斷透過自己的方法，努力讓這個世界變得更好。

面對巨人時，我們該做的不是和他戰鬥，而是應該站在他的肩膀上。而且巨人其實也有自覺，他正站在名為科學或網路的「巨人」的肩膀上。

那麼，我們究竟應該如何站在巨人的肩膀上呢？

為了從谷歌的歷史中學習，我們可以利用九宮格筆記，從各種面向來描寫谷歌。

正如德國鐵血宰相俾斯麥（Bismarck）的名言：「愚者從經驗中學習，智者從歷史中學習。」

溫故知新：以歷史為鑑，學習呈現「龐大的創意」

「谷歌為什麼會成功？」

世上已有很多人試著找出這個問題的答案，他們的答案如：

- 著眼於網頁之間連結／被連結關係的網頁排名
- 在搜尋結果中夾帶廣告的關鍵字（AdWords）

縱然我們可以列舉出許多單獨的創意，但這些都是該領域特有的技術，不太能做為參考。

然而谷歌絕對不是只靠著一、兩個創意，就成為巨人。在他們發展至今的歷史中，想必經歷了幾千、幾萬次以上的錯誤嘗試（相信此時此刻，谷歌公司的 10 萬名員工當中，一定也有幾成正在繼續累積創意吧）。

當精心規劃出一個企劃案時，我們常深覺自己缺乏將「龐大的創意」傳達給他人的能力。不過，平時只要多留意「身邊的實例（尤其是典範實務〔best practice〕）」，思考如何從中找出對周遭有益的創意，並加以學習，就不用再煩惱自己的創意難以傳達了。

在 Part 2 的各章裡，我將說明賦予了各種標籤的三宮格～九宮格。掌握了基本概念之後，再藉由各章結尾的練習活動實際應用，利用各章所學的知識，切割出谷歌的部分要素。

07 ｜ Part 2 的預期收穫

　　在 Part 1 裡，我已經介紹了九宮格思考法的威力和特徵。

　　到了 Part 2，我們將學會利用 3×3 的九宮格，將「以時間軸及系統軸的觀點進行思考」這件事加以視覺化，並養成習慣。

　　在第 3 章裡，我們首先要學習的是橫向三宮格思考法，亦即利用橫向的 3 個格子「劃分時間並依序排列」。

　　接著，在第 4 章裡，我們要學習的是縱向三宮格思考法，亦即利用縱向的 3 個格子「劃分系統的大小並依序排列」。

　　最後，在第 5 章裡，我們要學習的是六宮格思考法～九宮格思考法，這裡結合了前兩章內容「劃分時間和系統並依序排列」。

　　請各位實際感受將內容劃分成 3 格，以及結合時間軸 × 系統軸的強大之處。

邁向九宮格之路❶：
劃分時間並依序排列（第 3 章）

　　時間是具有連續性的，不過，假如能在某一個時間點將時間區隔開來，便能幫助思考。例如：

「昨天發生的事」

「今天正在進行的事」

「明天的預定計畫」

　　比起全部同時思考，若能劃分為「昨天／今天／明天」再思考，一定會更清楚。

　　因為這樣一來，彼此之間的影響和關聯就會變得明確，讓事情變得更容易整理。假如昨天運動過度，今天就會很累；而今天可以睡多久，又會影響到明天會有多睏。換言之，今天的行動會受到昨天的影響，同時也會對明天帶來影響（見圖表 2-1）。

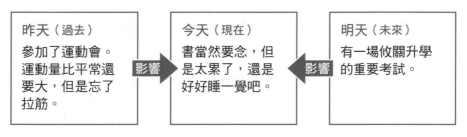

圖表 2-1　劃分時間並依序排列

　　這種「時間帶來的影響」，只要依照時間順序排列，就能幫助思考，同時也更容易傳達給別人。

　　在第 3 章，我們會先學習利用橫向三宮格劃分時間並依序排列的效果。

- 「無法改變的過去（既定的事實）」
- 「較為具體，可以依照自我意志採取行動的現在（事實＋自我意志）」

- 「尚未定案，必須見機行事的未來（推測＋自我意志）」

這一切的關鍵就在於上述三者的差異。當腦中浮現一個點子，或是順利傳達出自己的想法時，其實我們已經留意到這個關鍵，並不自覺地利用時間軸來說明，提升了解決課題的能力。反過來說，隨時隨地意識到這一點，正是解決問題的捷徑。

邁向九宮格之路❷：
依照系統的大小劃分並依序排列（第4章）

空間也是具有連續性的，但假如能以某個單位來劃分空間，就能幫助我們思考。

例如，若用日本的「都道府縣」來劃分，將「東海三縣」分為「三重縣、愛知縣、靜岡縣」，便能看出各縣的特色。

不過空間的劃分方法，會隨著劃分的基準而不同。上述日本的例子，也可以用其他基準來劃分，例如「國家＞都道府縣＞市町村」。

日本的河川也可以依照流域與重要性，分為由國家管理的「一級河川」、由都道府縣管理的「二級河川」，以及由市町村管理的「準用河川」。同樣地，道路也有國道、縣道、市道等類別。

此外，愛知縣有一個中部國際機場，入境時的證照查驗是「國家」層級的工作，但名古屋鐵路公司（簡稱「名鐵」）和公車，則由愛知「縣」管理。另一方面，由於地下鐵只在都市地區經營得下去，因此，屬於名古屋「市」的管轄範疇。

儘管主管機關不同，但河川、道路及大眾運輸工具之間，其

實是具有關聯性的。車站外不可能沒有道路，鐵軌也大多沿著河川設置，而當河川氾濫時，道路便無法通行。實際思考彼此的關聯時，若能以同等級的規模來看待各分析對象，思路就會變得比較清晰（見圖表 2-2）。

空間・大	以國家為單位：日本（一級河川、國道、飛機）
空間・中	以縣為單位：愛知縣（二級河川、縣道、私鐵・公車）
空間・小	以市為單位：名古屋市（準用河川、市道、地下鐵）

圖表 2-2　依「國家＞都道府縣＞市町村」劃分

　　再舉一個將空間的「大／中／小」套用在「個人日常生活行為」的例子。
　　在顧問諮詢服務中，經常有人用「空・雨・傘」的例子來說明邏輯。「當你抬頭望向天空，發現烏雲密布，就會帶著傘出門。」這句話的邏輯，呈現的正是彼此具有「大／中／小空間」的關聯性（見圖表 2-3）。

空間・大	天氣 ➡ 自己行動範圍上空的氣象狀態
空間・中	當天的**整體行動**（判斷） ➡ 是否會下雨？
空間・小	**行動之一** ➡ 帶傘、撐傘

圖表 2-3　依關聯性「大／中／小」劃分

　　隨著空間的大小不同，「影響自己的程度」也會改變，因此將空間劃分之後再思考，是在解決課題時非常重要的步驟（芭芭拉‧明托〔Barbara Minto〕提出的「金字塔原理」〔The Minto Pyramid Principle〕，大部分也是彼此具有關聯的空間，依照大＞中＞小的順序排列）。

　　在第4章，我們會利用縱向三宮格，學習依照大小來劃分空間和系統的效果。

邁向九宮格之路❸：
劃分時間與空間並依序排列（第5章）

　　如前所述，時間和空間雖然都是連續的，但只要將它們切割開來，就能幫助釐清思緒。

　　到了第5章，我們終於要學習縱軸和橫軸結合之後的效果。

　　在「環境隨著時間改變」的例子當中，最淺顯易懂的就是防颱措施了。請各位參考以下「設定」的內容，自己想想看。

> **設定**
>
> 　　本週一新聞報導颱風即將來襲，這個颱風不小，看起來明天應該是不能出門了。
> 　　昨晚清點了家裡的防災用品後，發現還缺少一些東西。那麼，今天應該採取什麼行動呢？

　　在這種情況下，毫無疑問，必須採取的行動是去買足家裡欠缺的東西（或隔天的食材等）。在這個例子裡，我們已經掌握了

前一天的行動，因此可以輕鬆地做出判斷（見圖表 2-4）。

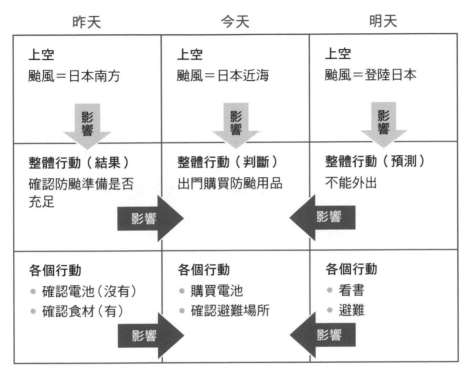

昨天	今天	明天
上空 颱風＝日本南方	上空 颱風＝日本近海	上空 颱風＝登陸日本
影響	影響	影響
整體行動（結果） 確認防颱準備是否充足	整體行動（判斷） 出門購買防颱用品	整體行動（預測） 不能外出
各個行動 ● 確認電池（沒有）● 確認食材（有）	各個行動 ● 購買電池 ● 確認避難場所	各個行動 ● 看書 ● 避難

圖表 2-4　防颱行動九宮格

　　在日常生活中，只要整理好自己身處的大環境及當下判斷的內容（要素），便能客觀地做出行動與決策，也能更清楚地傳達必須完成的工作，而不足的部分也會自然而然地浮現。

　　正如上述提到的，九宮格思考法能幫助我們整理已知的內容，釐清真正必須思考的部分（以圖表 2-4 而言，就是正中央的格子）。

　　除此之外，九宮格思考法也會繼續改良上述的要素以及明天（以後）必須做的事。

各章的特徵與應用方法

在各章裡，我們將搭配練習題，從不同的切入點學習九宮格思考法的應用方法。

我設計了一個「寫出已知的谷歌相關資訊」練習題，放在各章的最後，讓各位親身體驗九宮格思考法的威力以及自己的進步。

話雖如此，各位無須一次就把 Part 2 讀透。各章裡介紹的項目幾乎都是獨立的，彼此沒有關聯。

閱讀第 3 章時，可以依序挑比較好懂的項目來閱讀，較難理解的項目跳過也無妨。最後的練習題，亦可只挑自己會的部分挑戰。

閱讀第 4 章時，則無須拘泥於順序，請根據縱軸的內容，從自己最感興趣的項目開始閱讀。最後的練習題也是一樣。

至於第 5 章，則請各位挑選自己在第 3 章和第 4 章裡已經理解的橫軸與縱軸，優先閱讀。

也可以先大略瀏覽第 5 章，找出自己特別想學會的九宮格，再回頭去看第 3 章和第 4 章裡對應的說明。

Part 2 預設的學習過程範例

在 Part 2 裡，只要有一個能讓你覺得「我也想自己實踐看看」的九宮格，就非常足夠了。請先按照自己的想法劃分資訊，並填進 9 個格子裡，體驗九宮格思考法的功效。

請先製作幾個相同的九宮格，慢慢掌握橫軸和縱軸的感覺之後，再嘗試其他九宮格（的標籤）。

　　而第 149 頁的「系統的概念」，可以等到嘗試了幾種不同的九宮格，並開始想釐清縱軸的共通性之後，再閱讀也無妨。

　　正如同我在前言所說的，只要大致理解「分析對象的環境與要素」就可以了。

Part 2 的預期收穫

第3章的效果	第4章的效果	第5章的效果	
想要同時擁有長遠的眼光與行動力，最有效的方法，就是將時間劃分後再思考。 尤其是在釐清「過去」、推測「未來」後再行動，便能更有效率地運用「現在」的時間。	想要兼顧宏觀的視野與具體的討論，最有效的方法就是，依照分析對象的規模劃分後再思考。 尤其是依照空間的大小或相關要素的規模，「劃分出3種粒度再思考」，更能深入地分析。	為了激發創意，可行的組合固然愈多愈好，但卻難以整理。 這時只要將分析對象粒度一致的3個縱向三宮格依時間順序排列，組成九宮格後再思考，就能呈現時間順序，有助於建立假設或創意發想。	收穫
第3章的主題 將時間軸劃分，並依序排列而成的橫向三宮格。	**第4章的主題** 將系統或空間依規模大小劃分，並依序排列而成的縱向三宮格。	**第5章的主題** 將時間與空間劃分並依序排列，兼具多樣性與整合性的九宮格思考法。	主題
第3章的課程內容 <ul><li>事前→事中→事後</li><li>過去→現在→未來</li><li>歷史→現狀→將來</li><li>Before→After→預測</li><li>傳統→新創→推測</li><li>事實→抽象化→具體化</li><li>成就→贈與→目標</li></ul>	**第4章的課程內容** <ul><li>大空間／中空間／小空間</li><li>超系統／系統／子系統</li><li>使用者／發明物／發明要素</li><li>需求／熱銷商品／資源</li><li>環境／企業／技術要素</li><li>Who／What／How</li><li>Why／What／How</li></ul>	**第5章的課程內容** <ul><li>觀察·發明六宮格／九宮格</li><li>熱銷商品分析六宮格／九宮格</li><li>鳥居型七宮格</li><li>企劃筆記九宮格</li><li>企業筆記九宮格</li><li>空間九宮格、系統九宮格</li><li>預測未來九宮格</li><li>自我介紹九宮格</li></ul>	課程內容

第3章　　　　第4章　　　　第5章

08 | 親身體驗九宮格

　　接下來，我想請各位先親身體驗一下，學會了 TRIZ 九宮格思考法之後，將產生怎樣的變化。

　　在 Part 2 各章最後的練習（實踐練習）中，我們會分析名為谷歌的巨人。按照時間順序整理谷歌的環境和事業活動，就能預測企業未來的目標，有助於分析與理解。

　　現在，我們就以「谷歌企業分析」為例，來實際體驗看看吧！

　　我先不給各位任何提示，請各位用手機或電腦自己搜尋資料，計時 5 分鐘，把自己分析的結果寫在紙上或輸入電腦，整理出自己的「分析結果」。請開始行動！

　　各位覺得如何呢？儘管幾乎每天都用谷歌搜尋資料，但是對於谷歌這個企業，你是否仍有許多不知道的地方？另外，是不是有些讀者就算查到了企業資訊，也不曉得該怎麼整理，於是卡在這裡呢？

　　只要學會從 Part 2 開始介紹的九宮格思考法，我們就能製作如第 67 頁的九宮格。

　　在第 5 章的實踐練習中，我們將實際思考這個問題，讀完第 5 章後，請務必感受一下自己的變化。另外，對九宮格已經得心應

手的讀者，為了更進一步理解九宮格的手法，或是獲得新的觀點，也請務必一讀本書。

　　第67頁的九宮格，在目前的階段，各位就算不是實際應用，而是以讀取（分析）的角度來看，可能也會覺得資訊太多了。然而，隨著各位愈來愈熟練九宮格思考法，會漸漸出現「我想用這種密度的資訊和夥伴共創一番」的想法。

　　第67頁的範例是企業九宮格（「環境／企業／事業活動」×「歷史→現在→將來」），除此之外，後面也會介紹其他的九宮格標籤。

　　請各位從自己感興趣的地方開始閱讀，並且反覆讀透，動手實踐看看。

運用企業九宮格進行的谷歌企業分析

當時的環境 股東（創辦人）：賴利·佩奇（Larry Page）、謝爾蓋·布林（Sergey Brin） 競爭對手：雅虎（Yahoo）、Goo、Altavista 顧客：電腦使用者	企業的環境 股東：字母控股（Alphabet） 競爭對手：蘋果公司（Apple）、臉書（Facebook）、亞馬遜（Amazon） 顧客：安卓使用者等	將來的環境 股東：字母控股？ 競爭對手：（G）AFA、BAT、汽車製造商？ 顧客：＋汽車使用者	環境
企業的歷史（沿革） 「能幫使用者找出最想看的網頁」的搜尋引擎網站	企業的現在 全球最大的廣告公司谷歌（字母控股）	企業的將來（MVV*） 彙整全球資訊，供大眾使用，使人人受惠	企業
當時的事業活動 • 搜尋服務 • 網頁排名（PageRank）效能的提升 • 資料收集技術	事業活動 • 以搜尋為主軸發展的一系列服務 • 數量龐大的伺服器與節能措施 • 收集全世界的資料	將來的事業活動 • 以自動駕駛為主軸的行動服務（MaaS） • 能源效率服務 • 20%法則	事業活動

系統軸

歷史　　　　　現狀　　　　　將來

時間軸

* 為「Mission」（使命）、「Vision」（願景）、「Value」（價值觀）的首字母縮寫。

第 **3** 章

橫向三宮格：
先劃分時間序列
再思考

09 │ 養成劃分時間
並排列的習慣

　　TRIZ 九宮格思考法是用「橫向三宮格」與「縱向三宮格」組成的九宮格。

　　橫向三宮格以時間軸（時間的順序）來劃分，縱向三宮格則是以系統軸（觀點的大小）來劃分。

　　在第 3 章，我們將透過幾個範例，學習如何「利用橫向三宮格先劃分時間序列再思考」。

　　這一章的關鍵字是「左前右後」，以正中央的格子為基準，左方欄是之前的時間點，右方欄則是之後的時間點。

　　一般而言，在繪製時間軸時，愈靠左側，時間點就愈早，愈靠右側，時間就愈晚，因此非常符合直覺。接下來，我們會採用幾種不同的基準，來使用時間軸的橫向三宮格（見圖表 3-1）。

　　養成「把 3 個不同的時間點橫向並列再思考」的習慣，帶來的效果超乎想像。**這是因為，人類的大腦本來就有一種名叫「情節記憶」（episodic memory）的記憶形式，擅長依照時間順序回想**。在漫長的進化過程中，幾乎所有的環境都和過去相同，因此，儘管沒有一覽所有的時間序列，人們也可以一邊依序回想之前的事情，一邊思考。

　　然而，到了現代，人們周遭的環境可說瞬息萬變，特別是商

業領域。在思考自己必須採取什麼行動時，設法一覽不同時間點的狀況，「從未來逆向思考」（backcast；倒序推演），就變得十分重要。這好比在走一個複雜的迷宮時，若從終點往起點走，會比較容易抵達。

　　準備升學考試的時候，比起茫然地依照課本編排的順序念，若能根據自己心目中理想學校的考古題來推測「出題傾向與應考對策」，是不是更能釐清重點，準備起來也更有效率呢？參加模擬考時，隨隨便便的應考，和加強某一科目並好好準備才去考試，最後的落點分析和接下來的讀書計畫擬定，應該會截然不同。

　　請各位特別意識到「時間」，親身體驗透過劃分時間而提升的創造力。

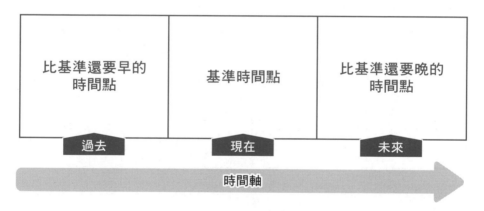

圖表 3-1　時間的劃分

常用橫向三宮格標籤

事前	事中	事後

→ 時間軸

過去	現在	未來

→ 時間軸

歷史	現狀	將來

→ 時間軸

Before	After	預測

→ 時間軸

傳統	新創	推測

→ 時間軸

事實	抽象化	具體化

→ 時間軸

成就	贈與	目標

→ 時間軸

10 ｜ 學習橫向三宮格的 目的和效果

無論在學校或職場，假如一開始就拿到「年度行事曆」，是不是更能掌握接下來的安排呢？

另外，相信各位一定不難想像，倘若因故必須半途加入某些活動（業務、工作、有志活動*等）時，需要花多少時間才能在活動中有所發揮，將取決於能否事先獲得以下說明：

- 到目前為止（過去）發生哪些事情？這件事是在什麼契機下開始的？
- 接下來（未來）的目標是什麼？
- 現在處於什麼情況？正在進行什麼？

如上所述，只要依照時間軸將事實一一列出，再找出它們的關聯性，那麼無論是向別人傳達現況或深入思考，都將更輕鬆。

因此，在本章裡，我們會學習將時間劃分後依序排列的「橫向三宮格」。

---

* 日本企業中由員工自發性組成的跨部門團隊，主要目的為舉辦內部研習、交流活動，或提出改善企業的創意企劃等。

橫向三宮格的目的和效果有下面3項：

(1) 將事情分成「過去・現在・未來」，便能讓彼此的共識更
　　為明確，並清楚區分事實與推測。

(2) 創造出3個空間，便能更輕鬆地掌握做為前提的事實，或
　　是對未來進行預測。只要釐清現在的狀態與未來想做的事，
　　就能補充為了達到此目標所需的既有事實；而只要理解事
　　實與現在的狀況，也就能夠針對未來提出假設。

(3) 將3個要素並排，便能綜觀全貌，同時提升創意、假設與
　　資訊的精準度。參照另外2格的內容，就可以將過去的資
　　訊梳理得更正確、更詳實，將現在的行動引導至更正確的
　　方向，對未來的假設也會變得更精準、更充實。

劃分「過去・現在・未來」的重要性

區分「過去和現在」是相當有幫助的，因為「過去＝不能改
變的事實」，「現在＝接下來可能改變的事情」；釐清「過去是
過去、現在是現在」，將使未來的行動產生變化。

話雖如此，倘若貿然採取行動，可能會重蹈覆轍，所以關鍵
在於必須針對過去仔細地進行分析。**只要養成將過去和現在同時
列入考量的習慣，就能兼顧分析和行動。**

因此，利用歷史和現狀、傳統和新創、Before和After等觀點
來進行對比，對思考也有莫大的助益。

此外，「兼顧事實與推測」也同樣重要。各位在剛出社會時，
應該都會學到一個進行簡報的鐵則 —— 一定要「把事實（fact）和

推測（guess）」分開。不過老實說，我一直到出社會第 10 年，才真正學會這個基本概念（感謝當時教我這個概念的部長）。

　　只要將 3 個格子橫向排列，就能清楚區分「過去（左方欄）與現在（中間欄）是事實」、「未來是推測」。當然，在進行簡報時也非常有幫助。

- 「無法改變的過去（既定的事實）」
- 「較為具體，可以依照自我意志採取行動的現在（事實＋自我意志）」
- 「尚未定案，必須見機行事的未來（推測＋自我意志）」

　　上述 3 點的不同，其實在職場上也劃分得很清楚。例如，在求職的時候會產生以下 3 個重點：

- 「過去」的經驗（學歷、經歷）
- 「現在」的狀況或平常較為重視、投注較多時間的事情
- 「接下來（未來）」希望從事的職務類別、職涯規劃

　　無論在填寫履歷表或面試時，一定都會被問到這 3 個問題，而企業通常也會將這 3 點擺在一起評價，不會只關注單項。

　　人的一生中也許不會有太多次求職的經驗，不過「認識新朋友，向對方自我介紹」的機會，應該不少。

　　這時，只要依照以下順序做準備即可：

- 「過去」的成就
- 「現在」可以對他人做出的貢獻（贈與）

● 「未來」的目標

每項各準備 10 秒的內容，便能組成「30 秒自我介紹」，隨時可以派上用場。

例如我的「30 秒自我介紹」，就如圖表 3-2。

成就 （過去）	贈與 （現在）	目標 （未來）
在公司內部超過300種的技術研習講座中，「TRIZ九宮格思考法」獲得綜合評價第1名。	能更深入地將自己艱澀的專業知識教給其他領域的人。	所有的人都能以對方喜歡的形式，與對方分享自己的問題解決方法。

圖表 3-2　高木芳德的自我介紹

我在 Sony 集團內部或其他講座上，都曾實施這個「30 秒自我介紹」活動。講座的人數通常是 20 人左右，在講座的尾聲，我會請所有學員輪流發表。

體驗過「30 秒自我介紹」的學員至今已超過 100 位，而這些學員一致表示「這是我聽過最棒的自我介紹方法」。

綜上所述，區分過去、現在、未來這 3 個要素，並釐清三者的關聯，能幫助我們更輕鬆地傳達現況，讓思考更簡單。

11 │ 構思橫向三宮格的訣竅

接下來介紹的各種橫向三宮格，它們的製作方法都相似。

　　書裡準備了空白的三宮格，但各位也可以參考下述方法，自己繪製表格。當然，想要實際應用在工作或生活中時，以下的繪製方法便能派上用場。

準備事項

- 準備筆、紙（筆記本或 A4 紙（橫放）皆可）
- 先畫出 2 條直線，區分出橫向的 3 個空間（三宮格）
- 左方欄代表過去，中間欄代表現在，右方欄代表未來
- 替每一格定義標籤

過去	現在	未來

實踐步驟

- 先從三宮格中最容易填寫的部分開始填寫
- 參考標籤，填寫剩下的 2 個格子
- 確認每一格都依照時間順序排列，繼續改良內容

使用便利貼也能製作三宮格

　　假如各個要素的時間順序未定，或還不習慣依照時間順序來思考，那麼使用便利貼會是個好方法。

　　使用便利貼進行的方式也很簡單，請將每一張便利貼視為一個格子，將 3 張便利貼橫向排列，分別賦予「過去・現在・未來」的「標籤」，就是「橫向三宮格」了。假如各使用一張便利貼還不夠，請自行增加（圖表 3-3）。

圖表 3-3　用便利貼做為橫向三宮格

　　在後面的第 5 章裡也會提到，若已經能熟練地區分「過去→現在→未來」，就可以準備不同顏色的便利貼，例如「黃色＝過去、綠色＝現在、藍色＝未來」，之後在回顧時將更為方便。

在電腦上繪製三宮格

利用 Word 或 Excel 的表格功能，便能輕鬆畫出三宮格。
只要建立一個 3 欄 1 列的表格，就能馬上開始進行。

12 ｜ 橫向三宮格❶：
時間軸

「事前→事中→事後」

各位在面臨重要會議或考試（如求職面試、推銷主力商品、入學考試等）的時候，會什麼都不準備就直接上場嗎？

我想這種狀況應該非常罕見。正常狀況下，我們一定會事先準備。如果要開會，就先製作資料；如果要考試，就會先念書。

假如事情的重要性非比尋常，一般還會在事後進行後續追蹤。假如是會議，會後可能會寄封電子郵件向對方致意，或是郵寄報價單或樣品給對方；假如是考試，則會核對答案、訂正、複習自己不拿手的科目。

確實地意識到上述一連串的流程，有助於「利用時間軸進行知識工作」。

在解決課題或進行邏輯思考的時候，經常可以聽見：「要用MECE 的方式思考，不重複、不遺漏！」

在尚未熟練之前，MECE 的思考方式是很難的。不過，任誰都能輕鬆做到的「MECE 式劃分法」，其實就是「劃分時間，依序排列後再進行思考」。

在以 MECE 概念劃分時間序列的方法當中，最簡單的就是「事

前→事中→事後」。

　　先區隔出一段「特定的時間」，將其設定為「事中」，在此之前便是「事前」，在此之後便是「事後」（見圖表 3-4）。

　　例如，假設在 2 月 1 日上午 9:00 ～ 12:00 要和其他公司開會（或是參加入學考試），將這段時間設定為「事中」，便可將時間序列區分如下：

- 事前：2 月 1 日上午 9:00 之前
- 事中：2 月 1 日上午 9:00 ～ 12:00
- 事後：2 月 1 日中午 12:00 之後

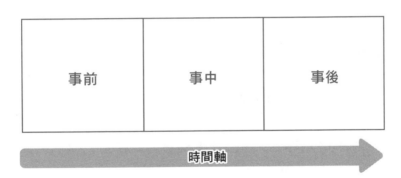

圖表 3-4　區分事前、事中、事後

問題 01　「事前→事中→事後」橫向三宮格

　　用「事前→事中→事後」的觀點，將時間軸分成 3 格來思考，不但可以整理現況，更能充分利用資源。

　　接下來，就讓我們利用身邊常見的例子，試著製作「事前→事中→事後」橫向三宮格吧！

　　如果你是學生，請想像即將到來的面試或考試；如果你是社會人士，請想像近日預計要談的生意。

- 事前：在這之前該做什麼？
- 事中：在考試或談生意的當下，該做什麼？
- 事後：結束之後該做什麼？

　　請思考事前、事中、事後該做的事情，條列式地填入圖表 3-5 的空白欄位。

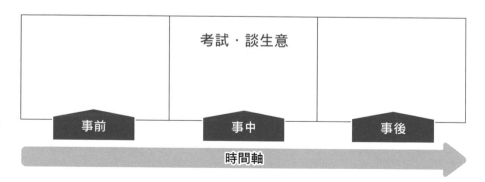

圖表 3-5 「考試或談生意」練習題

解答 01　思考過程與參考答案

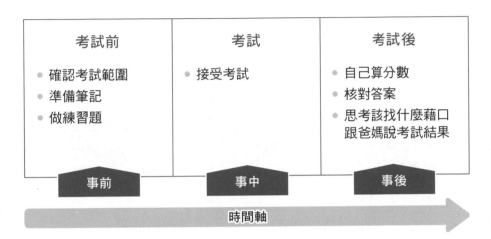

圖表 3-6 「考試」參考答案

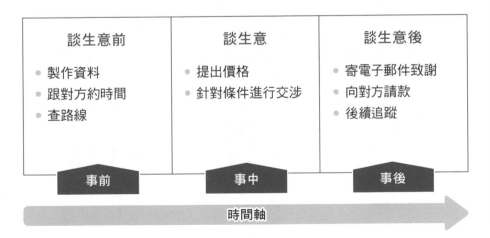

圖表 3-7 「談生意」參考答案

　　各位覺得如何呢？如果是在考試前，應該可以確認考試的範圍、準備筆記、做練習題等，進行各種努力。在考試後雖然能做的事有限，但自己算算看分數和核對答案很重要。另外，考差的時候，也可以填入「思考該找什麼藉口跟爸媽說考試結果」（見圖表 3-6）。

　　不過，實際畫出橫向三宮格，預測到這個可能的未來之後，若能發現「找藉口」會使自己良心不安，而且對考試也沒有任何幫助，就會更認真思考「事前可以做些什麼」。

　　在談生意的場合也一樣，事後寫信向對方道謝或請款，都是「沒有事先做好，日後會更麻煩」的事。為了避免疏漏這些地方，我建議各位事先利用「事前→事中→事後」橫向三宮格思考（見圖表 3-7）。

　　時間的粒度，可以依照自己聚焦的重點自由調整。

　　例如，若只聚焦在「吃早餐」這件事的前後，就可以簡單畫出圖表 3-8 上方的三宮格。如果把時間範圍再擴大一點，也就是將上述的 3 格視為「事中」，就會形成圖表 3-8 下方的三宮格。

　　在準備早餐之前，「起床、洗臉、刮鬍子（化妝）」等事情必須完成。而吃完早餐之後，則應該會有「換衣服、通勤上班（上學）、開始工作（上課）」等行動。

　　像這樣把時間軸切割開來，就比較容易思考出完整的行動（關於這一點的功效，將在第 5 章詳述）。

　　最後再舉一個不同的例子，以業餘發表會為主題的橫向三宮格，會如圖表 3-9，大家可以參考看看。

事前	事中	事後
準備	吃（早餐）	收拾善後

事前	事中	事後
起床 洗臉 刮鬍子 （化妝）	（準備）做早餐 吃（早餐） 收拾善後	換衣服 通勤上班（上學） 開始工作（上課）

圖表 3-8　時間粒度差異

事前	事中	事後
事前準備 練習 宣傳	帶位 發表會 安可	收拾善後 反省回顧 慶功宴

圖表 3-9　「業餘發表會」橫向三宮格

13 | 橫向三宮格❷：抽象的時間軸

「過去→現在→未來」

在上一節裡，我們以中間欄的「事中」為主軸，將時間劃分為 3 段。

不過，將時間軸分成 3 段的概念當中，最直覺的應該是劃分為「過去→現在→未來」（見圖表 3-10）。

例如，如果要思考 10 年前～ 10 年後這段期間發生的事情，與其全部一起思考，不如將它分為「過去→現在→未來」，才更容易整理。

此外，除了單純以時間做為標籤，也可以用「當時的狀態」為基準來劃分。

在遇到重大轉折而思考人生時，如果是社會人士，大概會以現在的自己當作基準，將視角擺在過去和未來，依序思考「身為少年／少女的過去→身為社會人士的現在→退休後身為活力銀髮族的未來」；如果是高中生，則應該會把時間範圍縮小一些，將「過去→現在→未來」分別劃分為「過去的國中生活→現在的高中生活→未來的大學生活」。

當然也可以將時間劃分得更細。

　　假設現在是中午，那麼早上就是過去，晚上就是未來。在思考過程中，我想各位應該會這麼區分：「今天早上在家，中午（現在）在公司，晚上有事要去某間店。」

　　又比方寫行事曆時，若想更鉅細靡遺地記錄，可以寫成「上午 9:00 ～ 10:00 ○○、上午 10:00 ～ 12:00 △△、下午 3:00 之後 ××」，也就是用分鐘或小時為單位來思考。

　　如上所述，其實我們早已不自覺地習慣將時間軸劃分再思考。

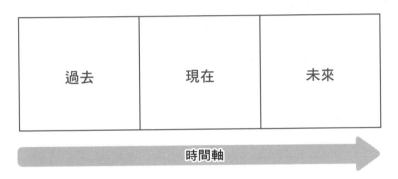

圖表 3-10　劃分時間軸

問題 02　「過去→現在→未來」橫向三宮格

　　我們平常在説話或思考時，已經不知不覺地將「過去」、「現在」、「未來」加以區分了。

　　想想看，下列的詞彙分別屬於「過去」、「現在」、「未來」的何者，並填入圖表 3-11 的格子裡。

詞彙：

昨天　今天　明天

速報　目標　歷史

預測　既有　現況

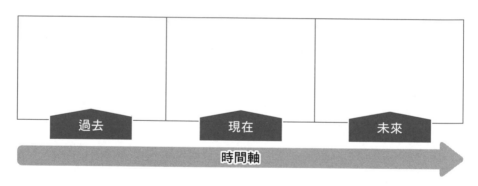

圖表 3-11　「詞彙分類」練習題

解答 02　思考過程與參考答案

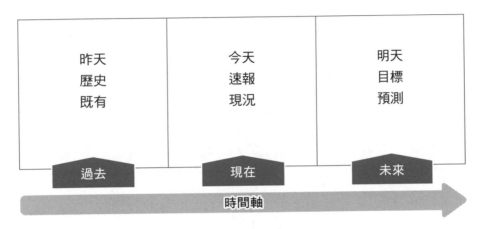

圖表 3-12 「詞彙分類」參考答案

　　就算沒有使用「過去」、「現在」、「未來」等字眼，我們平常在說話和思考時，其實就已經習慣把「過去的事情是過去」、「未來的事情是未來」這種概念放在腦中。

　　然而，我們卻鮮少意識到它們的關係是「過去→現在→未來」，並且將三者加以比較。因此，準備一個橫向三宮格，將內容依照時間順序填入格子裡，並賦予標籤，就能藉此區隔出不同的期間，提升思考時的創造力。

　　除了練習題舉出的例子，「過去→現在→未來」還有許多不同的劃分方式（見圖表 3-13）。

過去	現在	未來
10年前	現在	10年後

過去	現在	未來
少年／少女	社會人士	活力銀髮族

過去	現在	未來
國中之前↓義務教育	高中生↓高中生活	大學生↓自己住

過去	現在	未來
早上	中午	晚上

圖表 3-13　不同的「過去→現在→未來」規劃方式

14 | 橫向三宮格❸：較易運用的時間軸

「歷史→現狀→將來」

用「過去→現在→未來」這種將時間軸劃分為 3 段的觀點來看事情，可以讓眼界變得更宏觀。其中一個例子就是用「歷史→現狀→將來」的觀點來分析事物（見圖表 3-14）。

假設我們來到了一個陌生的地方旅行。比起只造訪觀光景點、漫無目的地散步，前往一些能幫助我們了解這塊土地「歷史」的地方，想必更能深入體驗當地的魅力。

因此，大部分的旅行團都包含參觀史蹟、博物館等行程，讓旅客能了解當地的歷史。倘若能更進一步了解當地自治團體或組織所提出的（針對將來的）目標或口號，便能更多層次地去思考這片土地。

這種在旅遊業界理所當然的 Know-how，其實也可以應用在工作上。應用的方法就是「依序排列企業的歷史→現狀→將來」。在日本上百萬家公司當中，能讓人們耳熟能詳的大企業，一定有其豐厚的歷史。而每個大企業的歷史中，一定存在某些熱銷商品。

例如，本田技研工業有一款名為「Super Cub」的超省油摩托車，號稱 1L 的汽油可以跑至少 100 公里以上。本田技研工業最早

推出的商品是「腳踏車輔助引擎」，創辦人是眾所皆知的本田宗一郎先生。

　　查詢企業的現狀時，可以參考企業針對投資人公開的資料。

　　這個以本田技研工業為核心的企業集團（以下稱 HONDA），2019 年的營業額為 15 兆日圓（約新台幣 3.3 兆元），營業利潤為7,000 億日圓（約新台幣 1,540 億元）。其中汽車（4 輪）為其主力商品，營業額為 11 兆日圓（約新台幣 2.42 兆元）。員工共有22 萬人，最暢銷的車款是「Freed」。

　　有關企業提出的目標及投資計畫等「將來的面貌」，可以聚焦於「MVV」。HONDA 的企業標語是「The Power of Dreams」。再填入主力商品等，右方欄便完成了（見圖表 3-15）。

　　用 3 個欄位、9 個項目來呈現，HONDA 這個企業的特徵在時間軸上看起來感覺更立體了。

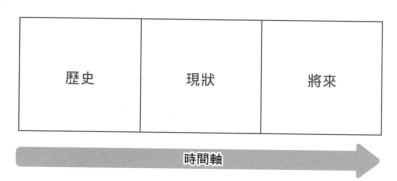

圖表 3-14　「歷史→現狀→將來」時間軸

歷史（沿革）	現狀	將來
熱銷商品 最早的商品 創辦人	營業額‧利潤 主力商品 員工人數	使命 開發中的產品 投資計畫

歷史（沿革）	現狀（2019年）	將來
Super Cub 輔助引擎 本田宗一郎	營業額15兆日圓 Freed 22萬人	The Power of Dreams ASIMO 二輪電動車

圖表 3-15　HONDA 的「歷史→現狀→將來」時間軸

問題 03　「歷史→現狀→將來」橫向三宮格

　　在說明某個企業時，如果能分成「歷史→現狀→將來」的敘述方式，便可讓聽眾更容易理解（用九宮格製作企業筆記的方法，將在第 5 章詳述）。

　　此外，這個格式除了用在旅遊和企業，在學校也可以使用。

　　現在，我們就分別以「旅遊・企業・學校」為主題，整理它們的歷史、現狀與將來。

　　我在圖表 3-16 準備了一個空白的三宮格，請各位查查看自己的出生地、任職公司、學校等的資料，依照「歷史→現狀→將來」的順序加以整理。

　　我舉出一些在思考上述主題時適合挑出來的項目，羅列於圖表 3-16，各位可以參考看看。

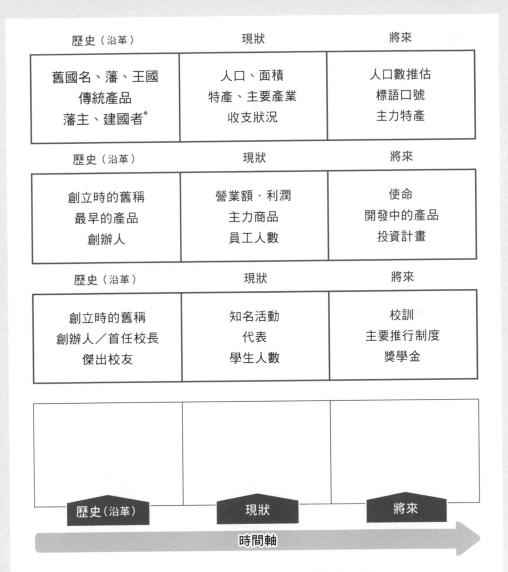

圖表 3-16 「旅遊‧企業‧學校」練習題

＊ 這裡的「國」乃指日本古代的行政區。

解答 03　思考過程與參考答案

以我的母校「開成學園」為例，可收集到的資料如下：

本校由<u>佐野鼎</u>創辦，創立時校名為<u>共立學校</u>。

首任校長為<u>高橋是清</u>，最具代表性的傑出校友為著名的俳句作家<u>正岡子規</u>。

目前國中部、高中部學生人數共計<u>2,100人</u>。現任校長為<u>野水校長</u>。雖然本校是因考上東京大學的畢業生人數眾多而打響名號，但事實上本校最重要的活動是<u>運動會</u>。

校訓是「<u>質實剛健</u>」。

<u>高中部校舍將在不久後竣工</u>。柳澤前校長除了曾任教於東京大學，也曾在哈佛大學執教鞭，因此自柳澤校長開始，本校設定的目標便是「讓更多畢業生赴<u>海外留學</u>」（見圖表3-17）。

另外，我在最後也附上了富士軟片股份有限公司的分析，做為以「企業」為主題的橫向三宮格範例（見圖表3-18）。

利用九宮格進行「企業分析」的方法，將在第188頁詳述。

開成學園

歷史（沿革）	現狀	將來
共立學校 佐野鼎／高橋是清 正岡子規	2,100人 校長　柳澤→野水 運動會	質實剛健 高中部校舍竣工 海外留學人數增加

圖表 3-17　「學校」參考答案

富士軟片股份有限公司

歷史（沿革）	現狀	將來
富士軟片 相機底片國產化	33,932人 古森重隆CEO 影像解決方案（Imaging Solution）	社會文化發展 異業技術結合 投資健康照護產業

圖表 3-18　「企業」參考答案

15 ｜ 橫向三宮格❹：
提升創造力的時間軸

「Before → After →預測」

提升創造力的第一步，就是提升「預測能力」。這一節要介紹的橫向三宮格，就是「Before → After →預測」的組合。

假設各位面前有一個體重 5,000 公克的小嬰兒，而我問各位：「一週後，這個嬰兒的體重大概會變成幾公克？」相信除非各位有育兒相關經驗，否則應該很難立刻回答出來吧。

不過，假如你知道這個嬰兒一週前的體重是 4,800 公克，那你就可以推測一週後，他可能會是 5,200 公克（見圖表 3-19）。

同樣是「計畫」，「對比現在的數值與之前的數值並進行預測」的計畫，和「只是喊喊口號」的計畫，成功率絕對有天壤之別。

因此，我們應該養成用 2 條直線把畫面分割成 3 格，填入 Before 與 After，再進行預測或計畫的習慣（見圖表 3-20）。

在教小學生製作圖表時，一般的指令多為「先畫出兩個以上的點，用直線將點連接起來，再畫出延伸的線段」，這正是相同的概念。

同樣是提出「讓營業額比去年提升 20％！」的目標，隨著去年的營業額比前年高 20％或 5％，抑或是減少 10％，接下來要採

取的行動也會截然不同。

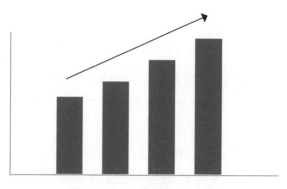

圖表 3-19　**預測數值趨勢**

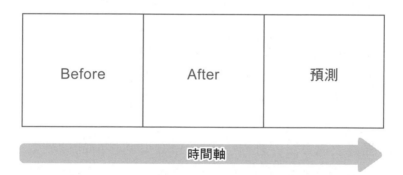

圖表 3-20　「Before → After →預測」時間軸

問題 04　　「Before → After →預測」橫向三宮格

　　接下來我們要用一個簡單的科學實驗,來練習如何進行預測。

　　水的溫度愈高,砂糖就愈容易溶解於水,這是我們在小學做過的溶解度實驗。

　　具體而言,40°C 的水 20cc,可以溶解 47 公克的砂糖,那麼當水溫變成 50°C 的時候,可以溶解幾公克的砂糖呢?

　　若不是對理化瞭若指掌的人,應該很難立刻回答出來吧?

　　此時,如果先掌握資訊,知道「加熱前(Before)的 30°C 水 20cc,可以溶解 43 公克的砂糖」,是不是就能進行預測了?

- Before(加熱前):30°C 時可溶解的砂糖量
- After(加熱後):40°C 時可溶解的砂糖量
- 預測(再加熱至更高溫後):50°C 時應該可溶解的砂糖量

　　請根據上述資訊,針對「水溫 50°C 時可溶解的砂糖量」,在圖表 3-21 寫下你的預測。

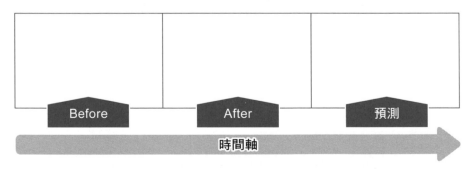

圖表 3-21　「水溫 50°C 時可溶解的砂糖量」練習題

解答 04　思考過程與參考答案

20cc 的水可溶解的砂糖量如圖表 3-22。只要畫出圖表 3-23 來
進行預測，便能一目了然。

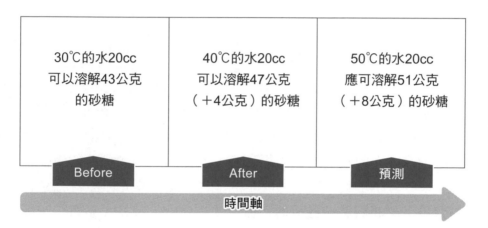

圖表 3-22 「水溫 50℃時可溶解的砂糖量」參考答案

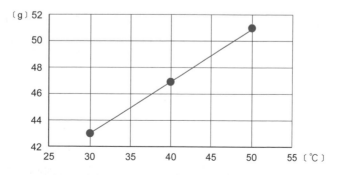

圖表 3-23　20cc 的水可溶解的砂糖量預測圖

16 | 橫向三宮格❺：
運用比較的時間軸

「傳統→新創→推測」

隨著深度學習（deep learning）的進步，許多需要判斷正確性或求出最佳參數的工作，現在只要交給 AI 來執行，就能比以往更迅速地完成，而且價格也大幅下降。於是，在人類剩下的價值創造中，「分析」與「提出假設」的能力，就愈顯重要了。**在這樣的背景下，我們必須養成的習慣，就是建立「傳統（事實）→新創（事實）→推測（分析）」的觀點（見圖表 3-24）。**

社會新鮮人剛進入職場時，一定會被前輩要求的基本事項就是「報告・聯絡・商量」。**在進行「報告・聯絡・商量」時，最重要的就是「清楚區別事實與推測」；若能把「事實」的部分區隔為「本來就知道的事情（過去）」與「新發生的事情（現在）」，便能更輕鬆地進行推測。**

就像衣物清潔劑廣告中常見的廣告詞：「舊產品無法洗掉的頑垢，只要使用新產品，就可以輕鬆洗淨，讓衣物潔白如新！」

例如，日本過去的數位無線電視畫質為 Full HD，水平方向的解析度約為 1920，也就是所謂的 2K。但是，最近 NHK 的「BS Premium」頻道已經開始播放 4K、8K 畫質的節目。此外，在 2002

年的世界盃足球賽時，無線電視幾乎都是使用相當於 1K 的類比訊號轉播賽事，唯有 NHK 已經推出「BS 數位高畫質頻道」來進行轉播。換言之，只要掌握「每次都是 BS 走在前面，無線電視緊追在後」這一點，就可以推測出「未來無線電視的畫質也會變成 4K、8K」。

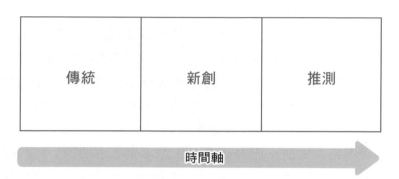

圖表 3-24　「傳統→新創→推測」時間軸

問題 05　「傳統→新創→推測」橫向三宮格

　　技術與環境的進步，使人們與電視節目的關係產生了劇烈的變化。

　　例如，在過去，絕大部分的電視節目都是「被動」的，但隨著網路社群軟體的問世與普及，現在主流電視節目裡不但會介紹熱門推特（Twitter）文章或影片，更會讓觀眾透過社群軟體投票或發表意見，直接參與。另外，透過社群軟體廣泛的觸及能力，電視節目也變得能間接對社會產生影響。

　　在我撰寫本書時，因為受到新冠肺炎疫情的影響，許多電視節目與連續劇的拍攝方式出現極大的轉變，線上錄影、拍攝的情況也漸漸增加。

　　在這樣的背景下，你認為電視節目的型態與拍攝方法，未來會有怎樣的改變呢？

　　請使用橫向三宮格想想看，並填入圖表 3-25。

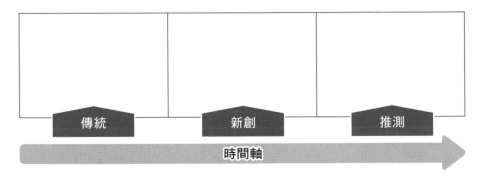

圖表 3-25　「電視節目的未來發展」練習題

解答 05　思考過程與參考答案

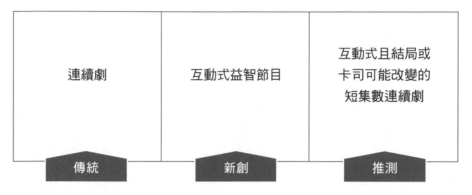

圖表 3-26 「電視節目的未來發展」參考答案

　　在傳統電視節目中，大眾會特別關心「戲劇節目」的收視率，尤其當中的「連續劇」。連續劇會找來多位當紅明星擔綱演出，每季分成 12 集，慢慢將劇情推入高潮，持續地帶動話題。

　　然而，在拍攝戲劇的過程中，勢必無法避免人與人的接觸，而這一點造成了製作上的困難，因此，包括 NHK 大河劇在內的許多戲劇皆宣布延期拍攝。

　　相對地，在疫情中逐漸增加的電視節目類型，則是「益智類節目」，尤其是具有互動性的節目。有別於連續劇，這種益智節目通常各集獨立，並在未來狀況不明朗的情況下，優先強調自由發揮。此外，整體而言，觀眾收看 YouTube 的機會也增加了。

　　未來疫情的變化仍難以預料，不過對製作團隊來說，拍攝時程當然愈短愈好。此外，觀眾在 YouTube 上表達「真想早點知道結局」、「希望能選擇自己喜歡的結局」等意見，也都成了理所

當然的趨勢。

　　據此，我們可以推測：未來可能會增加的節目是「應觀眾要求改變結局或卡司的短集數連續劇」，這樣的連續劇靈活運用與觀眾的互動性，會更吸引觀眾（見圖表 3-26）。

　　然而，若沒有更進一步的資訊，就無法進行推測，推測的內容也無法讓他人理解。在後面的第 5 章，我們將會學習如何進行「更好的推測」。

17 | 橫向三宮格❻：
提升企劃力的時間軸

「事實→抽象化→具體化」

　　接下來要介紹的，是將時間軸的概念更加靈活運用的 2 個標籤（見圖表 3-27）。讓我們想想看這個與「切割」有關的例子。

　　「越後製菓公司控告佐藤食品工業侵害其『在方形年糕塊側面刻劃切痕』之專利權，東京地方法院在 2015 年 4 月 10 日的判決中，判被告應賠償約 7 億日圓（約新台幣 1.54 億元）」——請以這則新聞報導為出發點，開始思考。除此之外，也一併思考「片狀巧克力一直都有方便剝開的凹痕」、「沒有凹痕設計的咖哩塊會賣不好」等日常生活的例子。

　　接下來，請將這些過去的事實加以抽象化。年糕、巧克力、咖哩塊的例子，可以產生一個抽象化的概念——在產品上設計凹痕，讓消費者稍微施力就能輕鬆剝開，非常方便，因而大為暢銷。

　　將抽象化後的知識，應用在自己面臨的課題或其他領域的問題上，便是所謂的具體化。

　　上面舉的例子都是食品，但在金屬上，當然也可以運用相同的概念。OLFA 這間公司將這種「方便剝開的凹痕」應用在美工刀片上，開發出「折刃式美工刀」。OLFA 的官網也提到「折刃式美

工刀」的靈感，正是來自於巧克力。

　　現在，折刃式美工刀已成為國際標準規格，OLFA 堪稱是成功將不同領域的事實加以抽象化、具體化，並藉此創造價值的企業（見圖表 3-28）。

圖表 3-27　「事實→抽象化→具體化」時間軸

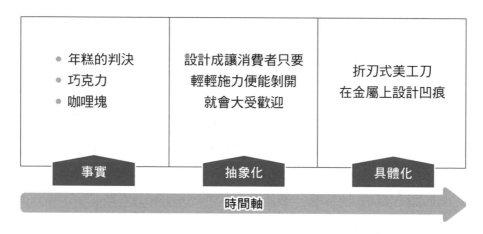

圖表 3-28　「事實→抽象化→具體化」舉例

問題 06 　「事實→抽象化→具體化」橫向三宮格

　　俄國的天才 G·阿奇舒勒在大量瀏覽各種跨領域專利中的「事實」時，發覺這些專利似乎存在著某種有助解決問題的共通性，於是提出了「TRIZ 九宮格思考法」。他將這些解決問題的方法稱為「發明原理」，並更進一步抽象化，使其產生共通性。

　　例如，第一個發明原理是「分割原理」，指「將問題分割（切）成小塊再解決」，也就是「抽象化」。

- 咖哩塊可以剝成小塊
- 在礦山會使用炸彈將岩石炸成小塊，再採取礦石
- 露營時要劈柴

(1) 將上述事實加以抽象化，會有什麼發現？乍看之下似乎毫無關聯的事物，彼此之間有什麼共同點？

(2) 在 (1) 當中抽象化的事物，有沒有其他的具體化事例？假如要將這個概念應用在工作或生活中，你會怎麼應用？另外，你能不能找出這本書在什麼地方應用了「分割」？

請將答案寫在圖表 3-29。

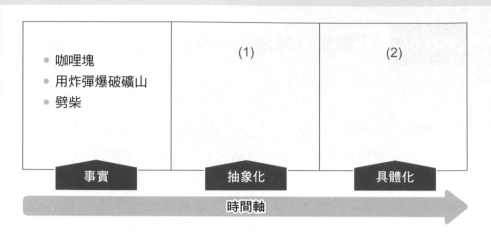

圖表 3-29 「分割原理」練習題

解答 06　思考過程與參考答案

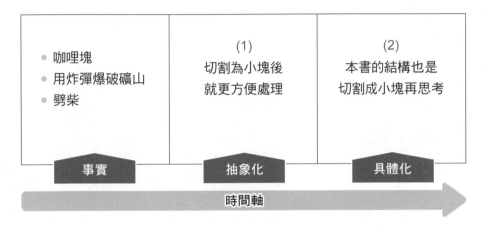

圖表 3-30 「分割原理」參考答案

　　煮咖哩時，我們一定會把咖哩塊剝成小塊後，再放進鍋裡；這是因為剝成小塊之後，咖哩比較「容易溶解」。

　　在礦山採礦時，會用炸彈將岩盤炸成小塊，以便「運送礦石」。現在大概只有在露營時才有機會劈柴，而把柴薪分割成小塊，能使木柴「更容易燃燒」。

　　如上所述，分割就是一種跨領域的問題解決方法（見圖表3-30）。

　　重要的是，各位必須根據上述的例子，思考自己面臨的問題能不能透過「具體的分割」來解決。

　　本書將內容的架構分割成「Part 1 ／ Part 2 ／ Part 3」，並為各部賦予特徵。而 Part 2 又分割出 3 章，分別說明「橫向三宮格」、

「縱向三宮格」、「3×3 ＝九宮格」。

在公開書籍內容時，也利用了「分割」的概念，例如，分冊或將部分內容刊載於 note[*]上等。

---

[*] 為日本的部落格平台。

18 | 橫向三宮格❼：自我介紹的時間軸

「成就→贈與→目標」

本章最後要介紹的是「30 秒自我介紹」。

請各位想想看，在目前的人生當中，你曾經做過幾次自我介紹？在這個「百歲時代」，未來還需要自我介紹幾次呢？

另外，在過去的自我介紹中，有幾次是事先做好準備？這個次數應該用一隻手就算得出來吧？例如，在找工作或開始演講之前等。

假如你認為「事先準備自我介紹，感覺很像自我意識過剩」，那麼請你想像一下，當別人自我介紹時，若始終沒有講到重點（尤其是態度過度自滿或自卑），又冗長地講了二、三分鐘，你會有什麼感覺呢？

人類在聽別人說話時，「30 秒」是一個指標。事先準備好一段簡單扼要，又能讓對方有所收穫的自我介紹，完全不是自我意識過剩，反而是體貼對方的善意表現。

下頁的「自我介紹初稿」，是 A 實際寫的自我介紹草稿。這段自我介紹的內容，幾乎集中在自己是專利代理人這一點上。除非對方剛好想提出專利，否則應該沒有人會想跟他多聊一些吧。

自我介紹初稿

　　我叫做 A，是個專利代理人。專利代理人的工作是協助人們提出專利申請。請各位多多指教。我最近很喜歡玩手機遊戲。（※ 細節省略）希望能讓更多人了解智慧財產權。

　　那麼，下面這段「改良後的自我介紹」，各位又覺得如何呢？如果聽到這樣的自我介紹，你會不會想去多跟他聊幾句呢？

改良後的自我介紹

　　我叫做 A。

　　說來汗顏，我到了這個年紀還在沉迷手機遊戲，半年就花費 15 萬日圓（約新台幣 3 萬 3,000 元）。每次說到這件事，大家都很驚訝，於是我試著把這件事畫成四格漫畫，結果大受好評。

　　最近我慢慢習慣用四格漫畫來表達想法，甚至能教別人如何透過四格漫畫傳達自己想告訴別人的趣事。如果各位有興趣，請來找我。

　　未來我想更積極地應用四格漫畫，將難以理解的「發明專利」等內容，輕鬆地傳達給每個人。

　　事實上，這段文章只是利用「30 秒自我介紹橫向三宮格」整理出來的內容而已。

　　在 30 秒自我介紹中，必須針對「成就／贈與／目標」這 3 個項目各寫約 50 字的內容，再各以 10 秒表達（共計 30 秒）（見圖表 3-31、3-32）。

成就	贈與	目標

時間軸 →

圖表 3-31　「成就→贈與→目標」時間軸

成就	贈與	目標
這個年紀還沉迷手機遊戲，半年就花費15萬日圓。把這件事畫成四格漫畫之後，大受好評。	可以教別人如何透過四格漫畫表達自己想告訴別人的趣事。	希望能透過四格漫畫，用詼諧的方式，將難懂的發明專利傳達給更多人知道。

圖表 3-32　「成就→贈與→目標」舉例

將上述內容依序說出來，就能構成一段 30 秒的自我介紹。

至今，我已經在公司內外教過 100 位以上的學員這種自我介紹方法，許多學員都表示：「這種方法比以往的自我介紹聽起來更有趣，非常愉快。」

首先，請從工作或興趣等自己投注最多時間的事情當中，舉出可以稱為「成就」的事項。

最容易理解的，就是「曾在某個比賽中獲得冠軍」。另外，在我過去的教學經驗中，最常看到的是「（因為旅行或出差）到過國內的〇個地方」。**如上所述，「成就」如果可以用排名或數量等具體數字來表達，會比較容易理解。**

在「贈與」的部分，可以思考透過上述成就，能教別人哪些 Know-how、想推薦給別人哪些資訊，或是如何在別人背後推一把，幫助對方跨出第一步等，便會更有說服力。

最後的「目標」，可以（根據自我介紹的場合）用「希望今天可以跟大家一起做到（某事）」來作結。

可將 30 秒自我介紹的架構和模板整理如下頁。請聚焦於「成就、贈與、目標」這 3 個項目，構思自我介紹的初稿。

30 秒自我介紹的架構

過去的成就

　　目前為止，達成過最高的成就是什麼？（例如某個領域的冠軍）

現在可以贈與他人的事物

　　可以提供給別人的價值是什麼？

未來的目標

　　自己有什麼目標？

自我介紹模板

在○○獲得冠軍／曾經去過○○個地方。

因此可以教大家○○。

目標是希望今天能和大家一起完成○○。

成就：資格、No. 1、100 個

贈與：透過成就而可以教別人的事物

目標：更高的目標

問題 07　「成就→贈與→目標」橫向三宮格

　　接下來，我們要實際寫寫看 30 秒自我介紹，請思考以下題目並寫在圖表 3-33。

(1)請回想自己目前達到的成就，並列舉在左邊的「成就」欄位（例如：取得○○資格、獲得△△冠軍、收集了 100 個××、持續～～ 10 年以上……等）。

(2)接著請列舉根據 (1) 可以做到的事情，也就是基於 (1) 的經驗或事實，能教授或傳達給對方的事情。這就是自己可以「贈與」他人的事物（≒自己最擅長、可以教人的事物）。

(3)在「目標」欄位裡，請用關鍵字寫下自己想獲得的成就。假如不知道該寫什麼，可以試著寫下你目前成就的進階版，譬如，比你目前的資格更高一級的資格，或是挑戰其他相關的資格；如果你曾在某個比賽中獲得冠軍，就以成為全國冠軍或世界冠軍為目標；如果你已經收集了 100 個某種事物，那目標便可以是收集 200 個或 300 個。

　　請實際使用三宮格進行自我介紹。假如身邊正好有人可以聽，請務必實際用口頭表達，並請對方告訴你感想。想一想，實際用口頭表達後，你自己的感覺又是如何呢？

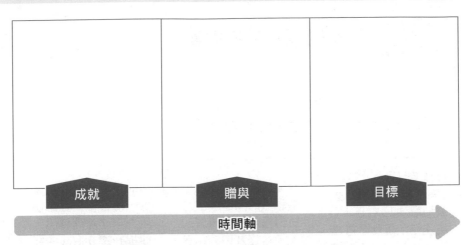

圖表 3-33　「30 秒自我介紹」練習題

解答 07　思考過程與參考答案

圖表 3-34 以我的自我介紹做為例子。

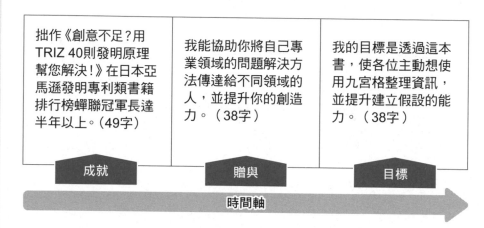

圖表 3-34 「30 秒自我介紹」參考答案

　　對於即將面臨人生重要轉捩點的讀者而言，當然需要準備自我介紹，不過在這個時代裡，人們在網路上交流的機會大幅增加，必須以言語表達的狀況想必也會愈來愈多。

　　事先準備好自我介紹三宮格，便能在緊要關頭淺顯易懂地展現自己的魅力。

　　在接下來的第 4 章和第 5 章（縱向三宮格和九宮格思考法），我們也會用不同觀點練習自我介紹三宮格。

19 | 橫向三宮格實踐練習

透過企業分析思考職涯規劃

到這裡，我已經說明了 7 種製作橫向三宮格的方法。

只要各位能確實掌握其中一種，就可以直接進入第 4 章無妨。

在本章的最後，我會將前述的 7 種橫向三宮格實際運用在「同一個主題」上，讓各位體驗更多綜合應用橫向三宮格的例子。

在人生必須思考的課題當中，「未來的職涯」可說是數一數二值得思考的主題。接下來，我們要構思一個「打造新職涯」的情境，例如，求職、在自己公司累積資歷，或是思考跳槽到其他公司等，練習製作各種三宮格。

假設 A 是一個想進入（或跳槽到）谷歌的人，請各位站在 A 的立場設身處地思考。在進行「企業分析」時，應該挑選哪些項目才好？

《孫子兵法》中最有名的一句話是「知己知彼，百戰不殆」。同樣地，我們的第一步，就是做足功課，深入了解對手，也就是自己想求職或跳槽的企業。

　　想了解一個企業，首先必須站在員工的立場，理解這間公司的經營理念和方針，思考公司即將研發的下一個服務。

　　在此同時，也必須以宏觀的視角，掌握這個企業正處於怎樣的環境下。

　　接著，就讓我們實際運用前面介紹的各種三宮格，慢慢整理資料吧。

　　以下的三宮格中，有些欄位我刻意保留空白，請各位填入自己的想法，一邊動腦一邊讀下去。

❸ 歷史→現狀→將來（企業的歷史→現狀→將來（MVV））

　　首先要運用的是「歷史→現狀→將來」橫向三宮格。

　　谷歌是賴利・佩奇和謝爾蓋・布林在就讀史丹佛大學博士課程時創立的搜尋引擎公司，專門將與搜尋目標相符的網頁排序呈現出來。

　　如今，谷歌透過在搜尋結果中夾帶廣告的 Google Ads 及插入 YouTube 影片中的廣告等，成為實質上全球最大的廣告公司。

　　谷歌搜尋官網的「總覽」中寫道：「谷歌的使命是彙整全球資訊，供大眾使用，使人人受惠。」

　　現在，請將上述內容視為谷歌的「歷史→現狀→將來」，填入圖表 3-35 橫向三宮格裡。

　　圖表 3-36 則是一個範例。

谷歌的沿革	谷歌的現在	谷歌的目標（MVV）
＿＿＿＿＿大學 賴利‧佩奇、謝爾蓋‧布林 ＿＿＿＿＿排名 （PageRank）	全球最大的 ＿＿＿＿＿公司 AdWords、YouTube	彙整＿＿＿＿＿ ＿＿＿＿＿ ＿＿＿＿＿ ＿＿＿＿＿

圖表 3-35　谷歌「歷史→現狀→將來」練習題

谷歌的沿革	谷歌的現在	谷歌的目標（MVV）
史丹佛大學 賴利‧佩奇、謝爾蓋‧布林 網頁排名 （PageRank）	全球最大的廣告公司 AdWords、YouTube	彙整全球資訊，供大眾使用，使人人受惠

圖表 3-36　谷歌「歷史→現狀→將來」參考答案

❹ Before → After →預測

　　企業在徵才時，除了會判斷求職者「有沒有進入這間公司的價值」，同樣也非常重視求職者「是否真的對這間公司有興趣，能否想像出自己在這裡工作的情境」。

　　只要搜尋一個企業的資料，就能得知該企業的「主力商品」。而只要掌握該主力商品的 Before → After，再預測接下來的發展，

便能夠傳達你對這間公司的想法和觀點。

以谷歌為例，最近我們較常接觸的，可能不是搜尋結果，而是 YouTube 影片，以及插入影片中的廣告。

但是，谷歌最早的主力商品其實是會影響搜尋結果的 Google Ads。事實上，Google Ads 近年在 2019 年的營業額比前一年增加了 36％，達到 15 億美元，大約相當於字母控股年營業額的 9％。

根據上述事實，我們可以推測出：「谷歌公司應該也認為，在所有廣告營業總額中，YouTube 廣告所占的比例將會更高，並成為主要獲益來源。」

現在，請將上述內容整理成橫向三宮格，填入圖表 3-37。

Before主力商品	After主力商品	預測主力商品

圖表 3-37　谷歌「Before → After →預測」練習題

Before主力商品	After主力商品	預測主力商品
Google Ads占大部分 總廣告營業額增加 16％	插入YouTube影片中 的廣告 營業額15億美元（增 加36％） 占總廣告營業額的9％	YouTube廣告收入的 比例將會更高

圖表 3-38　谷歌「Before → After →預測」參考答案

❺ 傳統→新創→推測

　　除了根據主力商品的 Before → After 來進行延伸性的預測，也可以比較既有產品與新產品，並參考其他相關資訊，以非連續性的思維推測出下一款主力商品。

　　一般而言，會準備到這種程度的求職者並不多，因此，只要使用橫向三宮格，想必 A 就能表現得比其他求職競爭者更為突出。

　　我們可以將「谷歌搜尋」填入「既有產品」欄，將「YouTube」填入「新產品」欄，同時特別留意谷歌最近開始進行自動駕駛實驗的這件事。

　　光是自動駕駛技術，不太可能運用到谷歌過去藉由谷歌搜尋引擎或 YouTube 廣告所累積的一切。但是，如果想到有許多人把手機裡的谷歌地圖 App 當作汽車導航使用呢？

　　請根據以上的資訊，試著推測「谷歌的下一代主力商品」會是什麼，並填入圖表 3-39。

既有產品	新產品	推測產品
谷歌搜尋	YouTube	────────
		自動駕駛技術

圖表 3-39　谷歌「傳統→新創→推測」練習題

　　可以推測出的結果之一，就是善用過去累積的技術，發展出

一款包括自動駕駛功能在內的「超級汽車導航」系統控制介面（見圖表 3-40）。

既有產品	新產品	推測產品
谷歌搜尋	YouTube	超級汽車導航 自動駕駛技術

圖表 3-40　谷歌「傳統→新創→推測」參考答案

　　依照上述推測，我們可以知道：谷歌除了在搜尋服務中以「文字→圖片→影片」的方式進化，不斷增加資訊量，同時也致力於「貼近現實生活」。如此一來，我們便能輕鬆推想出與以往截然不同的合作對象或競爭對手，也可以明白為什麼手機裡的谷歌地圖比谷歌的其他服務進化得更快、更方便。

　　谷歌是一個全球知名的大企業，事實上早已有許多有識之士提出「谷歌未來可能跨足汽車業界」的預測。然而，假如你屬意的公司並不是這麼知名的企業，在面試時若能提出這樣的假設，一定可以大幅拉開與其他競爭者的距離。

　　更重要的是，對於一般的社會人士而言，事先推測自己公司或其他公司的管理階層所預設的未來競爭對手或業界結構，也非常有幫助。如果能養成習慣，往往就能發現有些乍看之下難以理解的決策，背後其實具有某種整合性。

❻ 事實→抽象化→具體化

　　若能掌握求職公司的主力商品及其所屬業界的變化，就能找出這間公司亟需改善的地方。請將你在日常生活中發現的事物加以抽象化，針對主力商品提出靈感。只要確實準備好❸～❻的橫向三宮格，便有很高的機會在面試中被評價為富有創造力的人才。

　　接著，我們要將「谷歌搜尋的意義」加以抽象化。如此一來，應該可以統整出「資訊提供者與資訊需求者的媒合服務」。

　　假設你本來就很關心「拒學[*]孩童的教育問題」，便可將兩者結合為「替拒學孩童媒合教育資源的服務」，提出一個嶄新的構想（見圖表 3-41）。

事實	抽象化	具體化
谷歌搜尋	資訊提供者與資訊需求者的媒合服務	拒學孩童的教育資源媒合網站

圖表 3-41　谷歌「事實→抽象化→具體化」參考答案

　　在這個階段還稱不上「具體」，但我們會在第 5 章的最後，利用九宮格將這個構想具體化。

　　請根據自己的職涯，或是鎖定某一個企業，製作❸～❻的三宮格，便能更清楚地了解你的分析對象（企業）。

---

[*] 「拒學」乃指「拒絕到學校上學」而非「拒絕學習」。

　　在收集資訊並整理完畢後，接下來我們要用「過去→現在→未來」的觀點，思考自己的職涯。

❷ 過去→現在→未來

　　比起「漫無目的地思考的未來」或「只依照現狀思考的未來」，「先寫出過去與現在再思考的未來」，往往才能讓我們更有實現的動力，同時也能讓我們的職涯變得更理想。

　　前面我們已經推導出谷歌未來可能發展的主力商品，現在，我們要把谷歌的現狀也考慮進去。

　　假設 A 對未來的規劃如下，感覺上在製作履歷表時，應該可以寫出頗具說服力的求職動機（見圖表 3-42）。

自己的過去	自己的現在	自己的將來
有同學拒學。 回頭想想，要是能在問題發生前做好預防措施就不會發生這種事了。	在公司擔任業務，於公於私都很常開車。 關心拒學孩童的教育問題。	企劃谷歌的「超級汽車導航」服務。同時整理、運用公司收集的位置資訊和YouTube觀看紀錄，及早拯救未來可能拒學的孩子。

圖表 3-42　谷歌「過去→現在→未來」參考答案

　　站在經常開車的汽車使用者立場，預測谷歌未來可能推出「超級汽車導航」，因此，希望能負責該服務的企劃工作。同時，也可以透過整理、運用從行動裝置取得的位置資訊，以及 YouTube 的觀看紀錄，早一步發現未來可能拒學的孩童，

及早拉他們一把。

❶ 事前→事中→事後

當你能夠想像自己未來在這間公司工作的情景，便是轉換職涯的契機。現在，我們把面試當天設定為「事中」（①），思考「事前」和「事後」必須做些什麼。如此一來，就能更有效率地應用「事中」之前的時間。

以下是站在 A 的角度，設身處地思考的例子。

首先，必須在事前製作面試或投履歷時需要的資料（②）。到了面試當天，必須查詢前往谷歌的路線。如果應徵的是業務工作，事後則必須寄送身為業務員一定會被要求的「後續追蹤電子郵件」（③）。另外，當天似乎可以順便跟一位任職於谷歌的朋友 G 見面（④）。這時，A 突然發現，如果能從 G 或 G 的同事那邊收集有關谷歌的資訊，好像更棒（⑤）。面試結束後，也必須向這些有幫忙的朋友道謝（⑥）（見圖表 3-43）。

事前收集資料、事後追蹤、增加幫手等行動，不只在求職面試，在任何情境下應該都很有幫助。

▶ 每一格慢慢填滿，互相影響

為了方便說明，前面的三宮格範例都是逐格填寫完成的。不過實際執行時，其實會像這個例子一樣，「在各個格子之間來來回回」，慢慢完成。

當格子擴充成九宮格之後，也是一樣。**事實上，「每填寫一個格子，就對其他格子帶來影響，每個格子都必須反覆修改」，才正是九宮格思考法的精髓所在。**

事實	事中	事後
②製作面試用的資料，查路線 ⑤從谷歌員工身上收集資料	①面試當天	③面試後續追蹤 ④順便跟朋友G見面 ⑥向有幫忙的朋友道謝

圖表 3-43　谷歌「事前→事中→事後」參考答案

❼ 成就→贈與→目標

　　面試用的資料，包括投履歷時寄出的自我推薦，以及面試當天的自我介紹。現在，我們就要來構思「30 秒自我介紹」。

　　首先，請參考第 113 頁的例子，先寫幾段不同的自我介紹，再配合之前找到的谷歌官網資料：「谷歌的使命是彙整全球資訊，供大眾使用，使人人受惠。」修飾「目標」和「贈與」的部分。

　　如果也有更適合填入「成就」的內容，請直接修改。接下來我先不用 A，而是用我自己當作例子（見圖表 3-44）。

　　我的「目標」是「讓每個人都擁有教別人的能力」，而這個目標和谷歌的企業目標有異曲同工之妙，因此我便將兩者融合，寫成右方欄的文字。

成就	贈與	目標
「TRIZ九宮格思考法」在公司內部300種技術研修課程中獲得綜合評價冠軍。	讓大家學會透過3×3的九宮格，將富有創造性又複雜的創意傳達給他人。	讓全世界的人都學會如何彙整自己的經驗，並有能力教別人。

圖表 3-44　高木芳德的自我介紹三宮格

　　為了達成這個目標，必須填入具有說服力的「贈與」。我填寫在中間欄的內容，完全是我在本書裡想傳達的事項。

　　最後，請從自己達成的各種「成就」中，找出能讓「贈與」更具說服力的項目，填寫在左方欄。

　　到這裡，我們已經使用 7 種不同的橫向三宮格，並假設自己是打算去谷歌求職的 A，進行了各種思考。各位覺得怎麼樣呢？是否感受到光是使用「橫向三宮格」，就能有條理地爬梳自己的想法，也更容易提出假設呢？

　　另外，在自我介紹的部分，因為 A 只不過是個虛構的人物，所以我以自己為例，但我很喜歡現在的公司，現階段並沒有要跳槽到谷歌的打算，請各位別誤會了（笑）。

　　在準備求職或思考跳槽的時候，是我們最認真思考一個企業的時機。但就算不是上述狀況，企業也擁有各種面向，例如我們的客戶、競爭對手或投資對象，同樣值得我們進一步深入分析。

　　學會第 4 章的縱向三宮格及後續的九宮格後，便能更清楚地了解「如何針對企業進行更深入的分析」。當然，也可以將此靈活應用於分析企業以外的對象。

第3章到目前為止，介紹了7種依照時間軸，將內容劃分為「過去→現在→未來」，再進行思考的方法：

❶ 事前→事中→事後
❷ 過去→現在→未來
❸ 歷史→現狀→將來
❹ Before → After →預測
❺ 傳統→新創→推測
❻ 事實→抽象化→具體化
❼ 成就→贈與→目標

提倡心物二元論，被譽為近代哲學之父的笛卡爾（Rene Descartes）曾說：「難題須拆解。」

當構想太過龐大，以至於難以使他人理解時，用時間軸來劃分，可謂最簡單也最能確保 MECE（不重複、不遺漏）的方法。

在❶到❼當中，如果有任何一種三宮格讓你覺得「思考變得比較輕鬆了！」或「思緒都被整理好了！」就請先用這個三宮格來思考。

請先畫出2條直線，並留意自己「做為分析對象的時間」及其前後的時間，這是熟練 TRIZ 九宮格思考法的第1階段。

在第4章裡，我們將學習各位也許不太熟悉的系統軸。

我會說明系統的概念，並介紹將「系統」依照層級區分為3個階段的思考方式。

Column

《筆記的魔力》與 TRIZ

日本直播平台「SHOWROOM」創辦人前田裕二先生在他的著作《筆記的魔力》中提到「事實／抽象思考／轉用」的概念，我讀了之後非常佩服。

前田裕二先生利用可以輕鬆記錄的筆記方式，將一般在 TRIZ 世界裡稱為「4 盒方案」（Four-Box Scheme）的思考法，完美地套用在橫向 3 格裡，因此我認為《筆記的魔力》是一種非常合理的模板。除此之外，這本書也教我們利用不同顏色的筆來區分，或利用標籤貼來做記號的方法。

簡單說，這本書的編排是以一組跨頁為單位，首先將自己實際遇到的狀況寫在左頁，找出適當的時間點，加以抽象化，再轉用到自己的問題解決上（見圖表 3-45 ～ 3-46）。**作者認為，書中提到的抽象化和轉用（具體化），正是在這個 IT 與 AI 不斷進步的時代裡，最能展現人類本質的知識工作，而我也非常贊同這個看法。**

就像揮棒練習一樣，知識工作也需要練習「揮棒」。練習時不能隨便亂揮，必須按照正確的基本姿勢持續不斷地練習，在正式比賽中有所發揮的機率才會提升。看見前田裕二先生在知識工作上也同樣「以自己決定的形式不斷累積」，真是令我倍受激勵（我也在 5 年來持續寫了 3,000 張以上的九宮格筆記）。

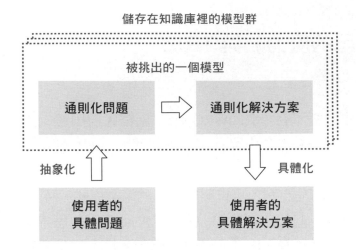

圖表 3-45　抽象化與具體化方法[*]

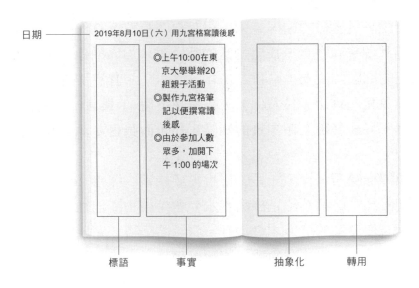

圖表 3-46　前田裕二的「4 盒方案」[†]

---

* 圖表 3-45 參考中川徹先生於 2014 第 10 屆 TRIZ 研討會發表之資料製成。
† 圖表 3-46 參考前田裕二著作《筆記的魔力》製成。

第 4 章

縱向三宮格：
先劃分空間（系統）
大小再思考

20 ｜ 培養劃分空間和系統的能力

在第 4 章裡，我們要學習的是九宮格思考法中的縱軸，也就是空間軸。

第 3 章的時間軸，關鍵字是「左前右後」，而本章的空間軸，關鍵字則是「上大下小」。

用 2 條橫線劃分出 3 個格子，一併記錄將空間放大的觀點，以及將空間縮小的觀點，如此一來，便能用宏觀的角度來俯瞰欲分析的空間，同時用微觀的角度來深入挖掘欲分析的空間，在兼顧兩者且不混淆的狀態下拓展思維（見圖表 4-1）。

有關「上大下小」的概念，我想只要用公司裡的職位來想像，應該就相當好理解。在公司裡，隨著職位愈來愈高，如課長→部長→總經理，權限就愈大，牽涉的範圍也更廣。相反地，隨著職位愈來愈低，也就是課長→科長→一般員工，權限就愈小。

相較於第 3 章用時間順序劃分的思考方式，各位可能會較不習慣劃分空間與系統，不過只要學會這個觀點，思考的品質就會大幅提升。接下來，我將舉出 7 種使用不同標籤的範例，並逐一說明，各位可以先從這 7 個例子當中挑出自己最容易理解的一個來閱讀。就像學跳繩或騎腳踏車一樣，慢慢就能掌握訣竅。

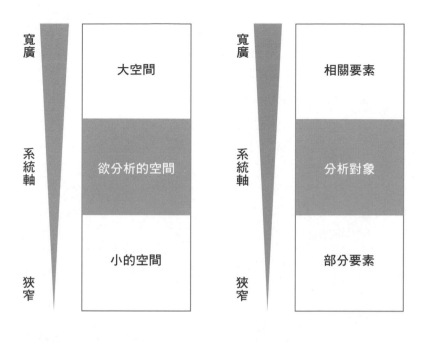

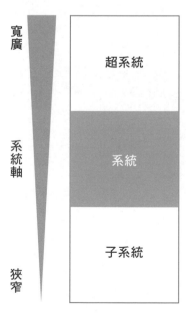

圖表 4-1 「上大下小」的概念

常用縱向三宮格

排版刻意上下交錯是因為思考的範圍大小有些許差異

更大的空間	環境					
	企業（可提供的價值）	需求・業界		超系統	Who	Why
標準空間	事業活動	產品	使用者	系統	What	What
更小的空間（部分空間）		資源	發明物	子系統	How	How
			發明要素			

21 | 學習縱向三宮格的目的和效果

　　各位是否曾在討論或思考時，由於太過鑽牛角尖，而導致討論毫無進展？過去我也經常如此。

　　假如各位也有這種問題，請務必養成使用縱向三宮格的習慣。只要學會將空間依照大小區分的思考方式，在日常生活中遇到各種問題時，便能自然而然地使用「區分概要和細節的方式」來思考。事實上，我在學會九宮格思考法之後，便懂得整理討論或對話的粒度。

　　設定系統軸並加以整理的目的和效果，可大致分為以下 3 項：

(1) 可以用系統的觀點來觀察
(2) 懂得區分可控制的因素與不可控制的因素（外部因素‧內部因素）
(3) 可以不斷改良

　　首先，將名為「系統」的概念加以區分，是相當具有意義的一個要點。空間或系統的大小，只要加以延伸，就會成為 Why ／ What ／ How 等「觀點」，而這正是我們平常不自覺地用於思考的觀點。若無法有意識地運用某種架構來拆解它，將會難以整理。

　　因此，只要設定系統軸，就能定出一個適合分析的規模。

　　系統的概念留待後述，在目前的階段，各位只須掌握我在前言提到的概念（系統就像人體一樣，從某種角度而言是一個整體，但同時又可以分成比自己大的環境，以及構成自己的要素）即可。

　　接著，將系統劃分成為 3 個部分，便能區分自己難以影響的環境（超系統），以及自己可以造成影響的要素（子系統）。當清楚知道自己可以影響的範圍，便能更明確地掌握自己能發揮創意的部分。

　　而上述的 (3) 則與時間軸一樣，藉由將 3 個要素並列，便能綜觀全貌，同時提升創意、假設與資訊的精準度。參照另外 2 格的內容，就可以調整資訊及自己的觀點，使其更正確、更詳細。

　　接下來，請透過簡單地「將空間分成 3 個階層」的空間三宮格，實際體驗劃分系統的威力和效果。

22 ｜ 用空間軸三分天下，釐清關聯

接下來，讓我們更進一步談談依照空間大小分成 3 個階層的好處。

「依照大小來劃分」這件事，究竟具有什麼意義呢？

最大的意義，就在於可以讓問題更容易解決。

在解決問題時，需要解決的空間大小，與解決問題的難易度呈正相關。 一般而言，相關的空間愈大，牽涉的人就愈多，問題也就愈難解決。

現在，請搭配以下「WORK」的說明，思考下述問題：

在剛展開學校生活或剛出社會時，最常遇到的問題就是「需要早起」，你會怎麼解決呢？

WORK

(1)【空間軸是以什麼為基準，又在思考些什麼呢？】

　　請環視你的臥室，把與「睡眠」相關的物品或結構，依照尺寸大小分成3層。

　　請在圖表4-2中間的那一層，填入「規模和自己身高差不多的物品」，如棉被、床等。

　　上面的那一層，請填入房子的格局、房間的大小等「必須花很大的力氣才有辦法改變的事物」。

　　下面的那一層，請填入鬧鐘等「比自己小的物品」。

(2)【準備解決方案】

　　請先暫時拋開「睡眠」這個主題，把自己、家人、朋友的房裡可能會擺放的日用品，或是你在家中、房間裡看見的東西，也都補充進去。

(3)【解決早起問題的方案】

　　試著組合各種不同尺寸的物品，思考該如何幫助早起。

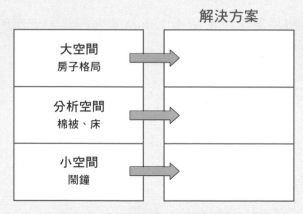

圖表 4-2 「需要早起」房內物品分類

如果想解決「總是爬不起來」的問題，應該改變哪些部分？

這正是一個需要使用縱向三宮格來針對空間思考的問題。

接下來要介紹的空間三宮格，將會透過以下 4 個步驟整理問題，並提出解決方案的草案：

① 把需要分析的目標放在中間
② 區分出規模比目標大的物品和比目標小的物品
③ 分別填入大小規模相符的物品
④ 針對 3 種不同的規模思考解決方案

在 WORK(1)(2) 中，我請各位將物品分為下述 3 層，列出清單，並思考各列的內容和解決方案。

- 上方列：比自己大很多的物品
- 中間列：跟自己相同大小的物品
- 下方列：比自己小的物品

首先，放在上方列的「比自己大的物品」，可以列舉出：臥室（的大小）、窗戶、陽光的方向等。若想改變這些因素，大概只有搬家一途了。然而一旦要搬家，就得花上一大筆錢，包括搬家費、租金、給房東的禮金等。另外，如果是和家人同住的人，更不可能只因為想解決自己的起床問題就搬家。

接著，擺在中間列，也就是臥室中與起床有關的「跟自己差不多大小的物品」，則可能包括床、棉被、空調等。這些物品價格不便宜，或許不能想換就換，不過跟上方列的東西相比，至少對同住家人的影響不大，而且不用搬家也可以更換。

　　最後，填寫在下方列的物品，能影響的空間範圍會比上方列和中間列還要狹窄，這些物品如鬧鐘、枕頭、睡衣等。因此，最實際的做法，應該是先從這個範圍來思考解決方案。

　　不過說到鬧鐘，有時可能會因為吵到別人而不能使用。若是這種狀況，「鬧鐘可影響的空間範圍就超出了臥室」，因此，想解決這個問題的難度就會升高。

　　如上所述，留意「空間的大小」，依照大小來區隔出不同的狀況，應該就能幫助釐清自己必須解決的問題。關於 WORK(3)，將在下一節說明。

空間大小與解決問題難易度成正比

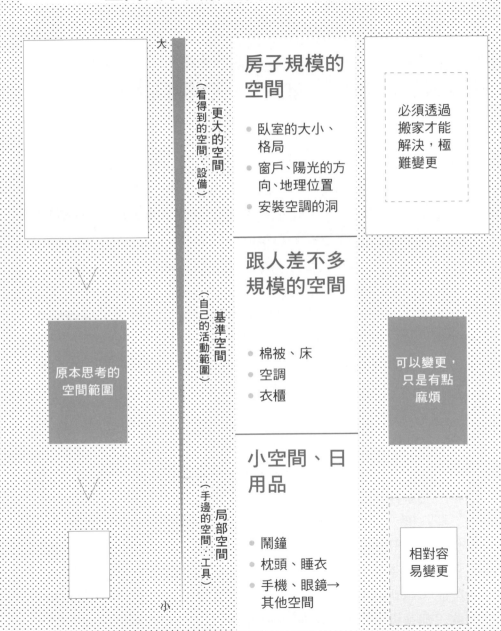

大

（看得到的空間：設備）

更大的空間

房子規模的空間

- 臥室的大小、格局
- 窗戶、陽光的方向、地理位置
- 安裝空調的洞

必須透過搬家才能解決，極難變更

（自己的活動範圍）

基準空間

跟人差不多規模的空間

- 棉被、床
- 空調
- 衣櫃

可以變更，只是有點麻煩

原本思考的空間範圍

（手邊的空間：工具）

局部空間

小空間、日用品

- 鬧鐘
- 枕頭、睡衣
- 手機、眼鏡→其他空間

相對容易變更

小

23 ｜ 解決問題就靠「拓展空間，發現資源」

　　有一首歌叫做〈昂首向前走〉。

　　遇到困難的時候，人總是會不自覺地低下頭，視線也朝向下方。如此一來，我們的視野就會變得狹隘。

　　這個時候，鼓勵對方「繼續努力」固然重要，但「揚起視線」其實也是一個很好的解決方案。

　　事實上，在不計其數的 TRIZ 解決問題工具當中，最容易學會並馬上應用的工具之一，就是發現資源。

　　做法很簡單，只要思考：「在發生問題的場景周邊，有沒有能夠幫助解決問題的資源（如物品、手段、動作、特性等）？」

　　用文字敘述起來似乎有些艱澀，但其實每個人在被逼到絕境時，都會自然而然地這麼做。日本有句諺語是「連貓的手都想借」，顯示人在真正束手無策時，就會發現過去從未想過可以派上用場的東西，原來有令人意外的用途。

　　而縱向三宮格，就是一種能在我們的思考陷入瓶頸之前，協助我們找出解決方案的工具。

　　以前述「早上爬不起來」的問題為例，根據菅原洋平所寫的《改變人生的睡眠法則》一書，**讓人體清醒需要 1,500 lx 以上的光，因此，應該儘量把床擺在靠近窗戶的位置，讓自己可以曬到太陽。**

　　話雖如此，床都已經擺好了，要移動位置未免太麻煩。能不能透過某些巧思來改變狀況呢？

　　大空間（床、窗戶、太陽的位置）儘管無法改變，但我們可以在大空間裡找出可以做為資源運用的物品，例如，用鏡子反射日光。

　　只要確認早上想起床的時間點陽光會落在哪裡，再把鏡子擺在能讓陽光反射到自己頭部的位置，或許就能幫助我們準時起床。

　　各位是否也曾有過這種經驗？一個找了很久都找不到的東西，最後卻突然出現在自己明明找過的地方，或是根本沒想過要找的地方。

　　如果以「空間大小」的概念來表示，就是「只要去更大的空間裡尋找，問題就能迎刃而解」。不只是日常生活中的問題，在職場上構思創意時，也很常出現相同的情形。

　　不過，應該沒有人會刻意營造把自己逼到絕境的狀況吧。能夠在事情變得難以收拾之前幫我們「揚起視線」的，就是縱向三宮格。

拓展空間，尋找有助解決問題的資源

大

更大的空間
（看得到的空間：設備）

房子規模的空間

- 臥室的大小、格局
- 窗戶、陽光的方向、地理位置
- 安裝空調的洞

基準空間
（自己的活動範圍）

跟人差不多規模的空間

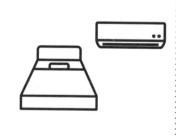

- 棉被、床
- 空調
- 衣櫃

局部空間
（手邊的空間：工具）

小空間、日用品

- 鬧鐘
- 枕頭、睡衣
- 鏡子

小

24 ｜ 理解「系統」的概念

在前面的 WORK 中，我將九宮格思考法裡的縱軸視為空間軸。相信各位已經親身感受，只要加上 2 個大小不同的觀點，就能大幅改變思考與創意發想的自由度。

在實際動手填寫或思考例題的時候，有些讀者可能會心想：「到底該怎麼判斷目標的大小？」、「大／小的基準落差很大，真難決定」、「是不是還可以用其他的規模來思考？」

這些想法都非常重要。

因為使用九宮格（縱向三宮格）時，最關鍵的部分就是分別用怎樣的大小來截取「比基準大的空間範圍」、「做為基準的空間範圍」，以及「比基準小的空間範圍」，因為這關係著是否能夠熟練地使用九宮格思考法。

我後面也會再次提到，從我所使用的「截取」這個動詞，各位應該也可以體會到：空間規模的設定，自由度是相當高的。

我們究竟該如何學習設定規模（的感覺）呢？想要達到這個目標，就需要先掌握「系統」的概念。

其實「TRIZ 九宮格思考法」有個別名叫做「System Operator」，縱軸標籤由上而下依序稱為「超系統」（Super-system）、「系統」（System）、「子系統」（Sub-system）。

　　理解「系統」的概念，是自由運用九宮格思考法的最大關鍵。如果你喜歡實踐練習勝於理解系統的全貌，請直接跳到第 164 頁，做過一輪縱向三宮格的練習題之後，再回來細讀這個部分。

　　所謂的系統究竟是什麼呢？接下來我會舉出幾個例子，帶領各位慢慢掌握系統的概念。內容依序為：

◎系統是什麼？「系統」的特徵為何？
- 系統具有各種不同的大小
- 系統中有許多個別的要素，為了達成某個共同目的而彼此結合，互相影響

◎TRIZ 中的「系統」
- 系統的定義與具體實例
- 系統的階層
- 系統的上下關係（超系統／子系統）

系統是什麼？「系統」的特徵為何？

　　「系統」是一個在日常生活中常聽見的字眼。假如我們問一個小孩或公司的新人：「系統是什麼意思？」各位覺得會得到什麼答案呢？

　　在說明「系統」的定義之前，我想先整理一下在世上被稱為「系統」的事物有哪些特徵。

　　說到「系統」，首先浮現在腦海的，就是「與電腦相關」的各種系統。在公司裡，若聽到「請把資料輸入○○（例如會計）

系統」，大部分都是透過電腦進行。設置於銀行或便利商店裡的自動提款機，也是一種藉由電腦提供存提款服務的系統。

　　過去蔚為流行的「家庭劇院系統」，**雖然與電腦無關，但由於是「根據顧客的需求，將多種產品或機器組合，以提供價值的集合」，因此也被稱為「系統」。**

　　另外，有些事物就算沒有機械結構，仍然可以稱為「系統」。

　　例如，當我們在收看日本 J 聯盟或國外的足球比賽轉播時，經常聽見播報員用「很有系統」來敘述選手的動作。對於這種形容，相信各位應該不會覺得不自然。是的，在足球比賽中，以「球」為目標而彼此互有關聯的選手，正是一個「系統」。

　　在居酒屋，我們也很常聽見店員對客人說：「為您介紹本店（無限暢飲）的方案。」說明的內容大概會包括飲料一覽、費用、時間限制（2 小時）、每人每次只能點一杯飲料等規定。這也是一種「系統」。

　　我們喝下的酒、吃下的小菜，最後都會來到由胃、腸等組成的「消化器官」。消化器官的英文是「digestive system」——沒錯，消化器官也是一種「系統」。

　　以上所舉的例子，雖是分屬不同領域的系統，但相信各位一定可以感覺到它們之間的共同點：**「系統並非單一要素，而是由多種要素組成的集合。」**另外，system 通常譯為「系」或「系統」，例如「太陽系」就是「solar system」，汽車的「制動系統」則是「braking system」。

　　好的，「汽車」這個關鍵字出現了。其實汽車正是幫助我們掌握「系統」另一個重要特徵的絕佳範例。首先，請試著將視角從「一輛汽車」的空間慢慢縮小，想想看在汽車構造或零件中，有哪些被稱為「○○系統」的物品。各位想到了哪些呢？

　　首先浮現於腦海的，大概會是「驅動系統（引擎、油門、輪胎）」及「控制系統（方向盤以及從方向盤到輪胎之間的一連串零件）」。

　　驅動系統中的「引擎」，也是一個被稱為內燃機的系統。內燃機裡，又有一個部分名叫「點火系統」。從這些名稱看來，即使不了解系統是什麼，應該也能體會：**「所謂的系統，就是根據空間的大小來定義一個集合的概念。」**

　　相反地，我們也可以將視角從汽車的小空間開始慢慢擴大。各位可以看出一輛汽車包含了哪些零件、程式和系統（這裡刻意表達得較為模糊）嗎？

　　首先，若以小空間的視角來看，一輛車子可說是由螺絲及加工後的鐵板等零件（要素）所組成。將這些零件組合起來，就會成為引擎、離合器、輪胎及排氣管等。

　　透過物理的連結或電腦的控制，讓這些零件互相支撐或傳動，便能構成驅動系統或（驅動）控制系統等系統。將多個系統組合起來，就能形成一輛汽車。

　　若截取更大的空間來看，設置於高速公路上的高速公路電子收費系統（Electronic Toll Collection, ETC），乃是因為「車輛與收費站前的通訊系統」及「收費站後的閘門開關系統」互相連結，才使「免停車也能支付通行費」這個目的得以達成。如果再把空間放得更大，則市區公車與其他公車路線形成一個集合，構成「都市交通系統」的一部分。假如將交通系統的範圍擴大，便能延伸至國家，甚至於整個世界（見圖表4-3）。

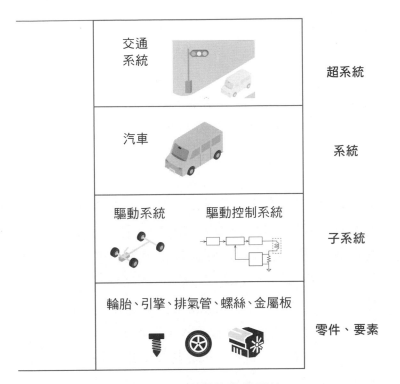

圖表 4-3　關於汽車的系統

　　從引擎的規模到車輛實際行駛的道路，生活中各種不同空間規模的事物，都可以稱作「系統」。而這些系統的共同點，就是「（為了達成某個目的而）結合並互相影響」。

　　我們的身邊有許多被稱為「系統」的事物，而這些事物名稱中的「系統」，皆確實遵照系統的定義來使用（而非隨便命名）。

系統的定義

接下來要介紹的是「系統」的定義。所謂的「系統」，簡而言之，就是「各種互相關聯的要素，為了達成某個目的所形成的集合體」。上述的例子，也都符合這個定義。

前面舉的例子，包括：

- 公司的會計系統→以處理公司會計事務為目的之各種要素（收據、程式、員工的銀行帳號等）所形成的集合體
- 自動提款機→以銀行戶頭的存提款為目的之各種要素（觸控面板、現金、程式等）所形成的集合體
- 客製化家庭劇院系統→能滿足顧客需求（目的）之各種要素（擴大機、喇叭、傳輸線等）所形成的集合體
- 足球比賽中的足球選手→以贏得比賽（得分）為目的之各種要素（選手＋球＋傳球）所形成的集合體
- 飲料無限暢飲→以兼顧店家與顧客雙方利益為目的之各種要素（酒類、無酒精飲料、限制時間等）所形成的集合體
- 消化系統→以分解、吸收食物所含養分為目的之各種要素（嘴巴、胃、腸等）所形成的集合體

這些全都是系統（見圖表4-4）！**相反地，上面舉出的要素若只是單純聚集在一起，而彼此並無關聯，就不能稱為系統，只是「集合」。**

例如，若只是「現場有11個足球選手的狀態」，便只能稱為「足球選手的集合」；就算買齊了喇叭、傳輸線等家庭劇院的所有配備，若沒有接線，便不是系統。

系統名稱	目的	（互有關聯的）要素範例
會計系統	處理公司的會計事務	收據、程式、員工的銀行帳號等
自動提款機（系統）	銀行戶頭的存提款	觸控面板、程式、現金等
家庭劇院	震撼的影音效果	喇叭、擴大機、傳輸線等
足球隊	贏得比賽	前鋒、中場、傳球等
無限暢飲方案	讓顧客感到划算同時確保營收利益	飲料一覽、費用、限制時間等
消化系統	攝取（吸收）營養	胃、腸、胰臟等

圖表 4-4　列舉各種系統

系統的階層

這些系統，有時會是更大的系統中的一部分。

例如，消化系統、循環系統、呼吸系統等，都是「人體」這個系統的一部分。人體是「各種互相關聯的要素（器官及各種細胞），為了做為一個生物存活下去所形成的集合體」（只是聚集了 60 兆個身體的各種細胞，是無法存活的）。

另外，構成消化系統的各個主要要素，也都是更小的系統。例如，腸為了達到分解、吸收食物的目的，內壁有絨毛，還有名為腸道菌叢（Gut Flora）的細菌。被腸道細菌分解的胺基酸等營養成分，會經由絨毛內的（微）血管被人體吸收。

　　腸道菌叢是由雙歧桿菌（Bifidobacterium）等好菌、產氣莢膜梭菌（Clostridium perfringens）等壞菌，以及不屬於好菌或壞菌的中間菌等各種細菌共生而成的系統。這些細菌都屬於「單細胞生物」，也就是由單一細胞構成的生物，但細胞也是一個系統，它包含了細胞膜、細胞核、粒線體等要素，彼此相關，形成一個系統。而細胞核又跟其他更小的各種要素互有關聯（見圖表 4-5）。

要素1	要素2	要素3	領域（專家）
	人體		
呼吸系統	消化系統	循環系統	消化內科（的臨床醫師）
胃	腸	胰臟	（腸的）研究醫師
腸細胞	腸道菌叢	（微）血管	腸道細菌學會
細菌A	細菌B	細菌C	細菌學
細胞膜	細胞核	粒線體	分子生物學
核膜	染色質	核小體	分子生物學
蛋白質	DNA	組織蛋白	有機化學
去氧核糖	磷酸	鹼基（A,G,C,T）	有機化學
磷	氧	氫	無機化學
質子	中子	電子	物理學

圖表 4-5　人體要素與領域專家

系統的上下關係

只要將「各種做為要素的零件」與「眾多獨立個體聚集的狀態」加以比較，便能證明上述範例皆為系統。

比起將各個要素視為獨立存在、個別分析，將這些「彼此相關的集合體」視為一個系統，能幫助我們進行更高層次的知識工作，也更容易增加智識。

例如，與其將胃、腸視為各自獨立的器官，將它們視為一個「消化系統」，才能獲得更多以「治療」為出發點的智識。大學附設的醫院，大多會依照人體內的系統（循環系統、內分泌系統、神經系統……）來分科，如循環內科、內分泌科、神經科等。

若將存在於人類腸道的細菌視為「腸道菌叢」，而非各自獨立的單個細菌，便能看見另一個世界。在多個「大小相當的集合體」之間，人們常以專門領域的形式來交換意見，例如消化器官學會、腸道細菌叢學會等，有「○○學會」之稱的集合，就是一個例子。

除此之外，就像圖表 4-5 中以灰色呈現的欄位，隨著系統大小不同，確立的學術領域也有所不同。因此，最重要的是，確實掌握分析對象的系統大小。

隨時把超系統、子系統的概念放在心上

現在我們已經明白，適切地將「自己想分析的集合體」視為一個系統的重要性，也知道了各個學術領域與該系統的大小息息相關。

在前二節的 WORK 中，我們學到了只要把想分析的空間設為基準，再劃分出大空間和小空間，問題就能更容易解決。

其實系統也是一樣的。

現在，請各位記住這個在學習九宮格思考法的過程中，唯一陌生的用語：「超系統」和「子系統」（這並非九宮格思考法的專有名詞，而是系統理論的專有名詞）。

相較於分析對象的系統，位階較高的系統，就是「超系統」，位階較低的系統，則是「子系統」。

將這些系統分 3 欄，由上而下的堆疊，便是本書所稱的「系統三宮格」。也就是：

- 上方列是「超系統」
- 中間列是「系統（分析對象系統）」
- 下方列是「子系統」

比方說，假如將腸道菌叢當作要分析的系統，那麼腸就是超系統，每一個細菌就是子系統（見圖表 4-6）。

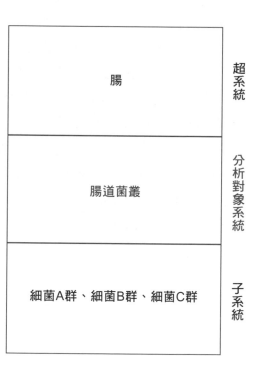

圖表 4-6　腸道菌叢的系統

空間大小與解決問題難易度成正比

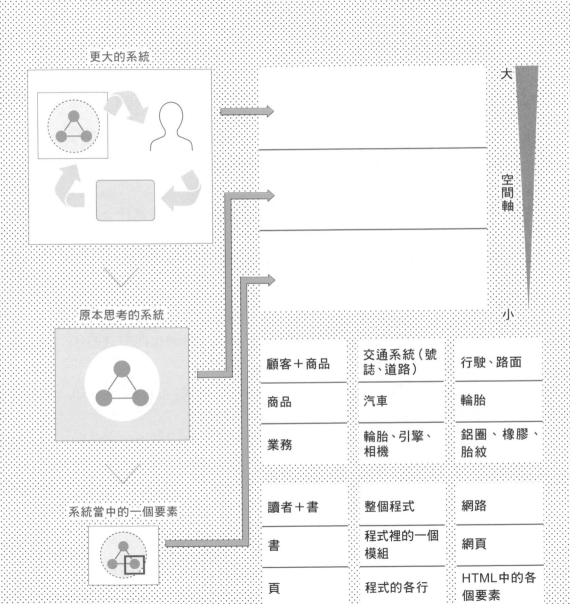

更大的系統

原本思考的系統

系統當中的一個要素

大

空間軸

小

顧客＋商品	交通系統（號誌、道路）	行駛、路面
商品	汽車	輪胎
業務	輪胎、引擎、相機	鋁圈、橡膠、胎紋

讀者＋書	整個程式	網路
書	程式裡的一個模組	網頁
頁	程式的各行	HTML中的各個要素

何謂超系統？子系統？隨分析對象的系統而異

在定義「系統」時，一個項目應該歸類於「超系統」或「子系統」，會根據著眼點而不同。

九宮格思考法一般將分析對象放在中間欄的中間列，為了方便說明，本書將中間列的系統稱為「分析對象系統」。

各列的上下關係是「上為集合，下為要素」，因此，「子系統」就是「分析對象系統的要素」，「超系統」就是「包含分析對象系統在內的高階系統」。

舉一個具體的例子，「心臟」是一個以「將血液送往全身」為目的的「系統」。

假設將心臟設定為分析對象系統，那麼子系統就是構成心臟的要素，也就是「左心房、右心房、左心室、右心室」等。**在填寫子系統項目時，無須一一列舉出所有構成系統的要素，只要挑出分析所需的要素即可（但有些狀況則必須儘量列出所有要素，例如，想透過分析釐清故障原因等）。**

超系統是「以分析對象系統（心臟）為要素」的系統，在這個例子裡就相當於「人體」。

換個角度來說，也可以聚焦在「目的／手段」的關聯性，將超系統定義為「該系統為達成目的而形成的集合」，或許也能幫助理解。

前面提到，心臟是一個以「將血液送往全身」為目的之「系統」，從這層意義來看，心臟的超系統就是「全身」。

另外，什麼是超系統？什麼是子系統？這取決於分析對象系統及分析範圍。

將上述的「心臟」視為一個系統時，可以根據自己想探討的

內容，選擇適當的對象做為超系統。

　　例如，若將心臟簡單定義為「人體組成的一部分」，則心臟的超系統就是「全身」；若想要探討的主題是「心臟在呼吸時的作用」，那麼超系統的粒度就會是「與呼吸相關的系統（如：肺、肺動脈的血液、肺靜脈的血液、心臟、動脈的血液、靜脈的血液、其他細胞等）」。

　　以上就是針對系統、超系統、子系統的說明。

　　各位不用急著現在全部理解，從下一頁開始，我們將透過各種不同的縱向三宮格，慢慢熟悉。

25 │ 構思縱向三宮格的訣竅

　　接下來，我將一一介紹各種縱向三宮格的實例。我設計了許多填空問題，請各位一邊填寫，一邊往下看，相信會更容易理解。

　　考慮到與第5章的銜接，我最推薦的方法如下「準備事項」、「實踐步驟」所示。各位可以準備橫條筆記本或便利貼，當然也可以直接在電腦上繪製表格。

準備事項

- 準備1張A4紙，橫放。
- 畫2條橫線，劃分出縱向的3個空間（三宮格）。
- 沿著與橫線垂直的方向，將A4紙折成3等分（三宮格×3）。

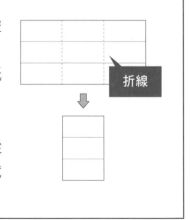

折線

　　將每條縱向的3格都當作一個縱向三宮格來使用（將A4紙攤開，就會成為3×3的九宮格）。

實踐步驟

- 先從三宮格中最容易填寫的部分開始填寫。
- 參考標籤，填寫剩下的 2 個格子。
- 確認每一格都互相具有關聯性，繼續改良內容。

26 | 縱向三宮格❶：
空間軸

「空間的大／中／小」

正如前面以房間為例做的說明，**縱向三宮格的基本概念，就是以「自己（或想要探討）的尺寸做為基準，依據物理上的空間大小進行整理」**。

將想要分析的對象設為基準後，再加上比它大的物品或空間，以及比它小的物品或空間，如此組成的 3 個空間，就是「空間的縱向三宮格」。

現在，我們就要練習利用這種「空間三宮格」來觀察自然界的生物。

練習的主題是「藉由脫逃使自己的生存更有利的生物」。各位只要想像一下有人緊追在後的場景，應該就能理解，假如一直往「追兵可能追來的空間」逃跑，勢必需要腳程和體力。然而，如果能逃往「追兵無法追上來的空間」，情勢就會立刻轉變為對逃走的那一方更有利。

因此，「因為擁有某種特殊的器官，而能利用較大的空間逃跑的生物」，便能在生存競爭中占優勢。尤其是爬蟲類等生物，與哺乳類相比，牠們從好幾億年前開始就幾乎沒有進化。

　　「幾乎沒有進化」乍聽之下似乎帶有負面意義，但事實正好相反。對生物來說，「讓物種持續繁衍」才是最高的榮耀。我們必須將爬蟲類視為前輩，了解「早在好幾億年前，牠們就完成足以生存數億年的優異進化」，對牠們懷抱尊敬之意，具備這樣的心態，才能幫助我們提升創造力。

　　可在牆上自由爬行的壁虎，腳掌上長有剛毛（setae）。我們可以將這件事整理成如圖表 4-7 所示的縱向三宮格。

　　仿生的思維往往能帶來許多靈感。日東電工模仿壁虎的剛毛而研發出的「壁虎膠帶」，實現了「既要黏性強，又要容易撕除」的矛盾需求。

　　此外，史丹佛大學也正在研究能夠像壁虎般在垂直牆面攀爬的「壁虎手套」。

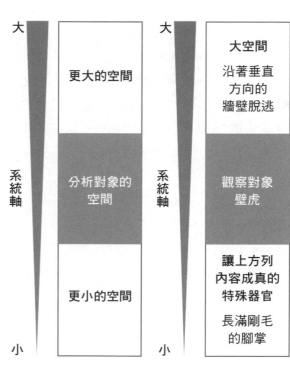

圖表 4-7　壁虎的縱向三宮格

問題 01　空間軸的縱向三宮格

　　生物在生存上的「成本競爭」，可說比營利事業還要激烈，堪稱名符其實的「賭上性命」的競爭。一般而言，生物的動作愈快、力量愈強、體型愈大，對生存就愈有利。然而，倘若把藉由獵食而獲得的能量平均分配給上述各項特質，那麼這種生物在變得更快、更強、更大之前，就會被獵食。

　　因此，每一種生物都會「選擇」要把能量「集中」投注在哪一種特質上。**此時，生物思考的不是自己本身的空間，而是選擇發展「比自己更大的空間」，這種空間能讓自己以最高的 CP 值利用本身的特質。**能夠做到這一點的物種，便能繼續繁衍存活。現在就讓我們練習如何掌握這個提示吧。

　　練習題：請參考前述壁虎的例子，思考如何將以下文章填入圖表 4-8 的空間三宮格。

(1) 雙冠蜥棲息在水邊，有長長的腳趾和動作敏捷的後腿，能利用水的表面張力在水面上奔跑，以利脫逃。
(2) 砂魚蜥是一種棲息在沙漠的蜥蜴，正如其名，牠擁有宛如魚類一般光滑的鱗片與流線型的身體，可以鑽進沙子裡，像游泳一般地迅速脫逃。

　　接著，請以下列生物為分析對象，填入三宮格。

(3) 蟻獅（蟻蛉的幼蟲）

(4) 尼羅鱷（棲息於尼羅河的鱷魚）

提示：蟻獅

上方列：蟻獅會在鬆軟的沙地上製作漏斗狀的陷阱，不用花太多力氣，就能捕獲螞蟻。

下方列：為了善加利用這個漏斗空間，蟻獅擁有強力的下顎。

提示：尼羅鱷

尼羅鱷的咬合力高達 2 噸，一旦咬住獵物，就絕對不會放開。然而，若只是單純緊咬住獵物，很難致獵物於死地。牠們 3 億年來幾乎沒有進化，也能存活至今，是因為善用「棲息地的地利之便」。

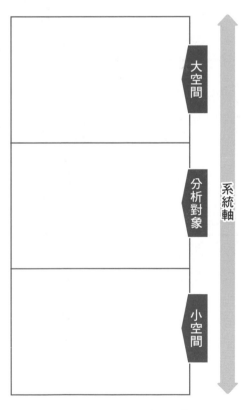

圖表 4-8 「生物分析」練習題

解答 01　思考過程與參考答案

在水面上奔跑　　大空間

雙冠蜥　　分析對象

長長的腳趾
敏捷的後腿　　小空間
水的表面張力

系統軸

鑽進沙中　　大空間

砂魚蜥　　分析對象

光滑的鱗片　　小空間
流線型的身體

系統軸

圖表 4-9　「雙冠蜥和砂魚蜥」參考答案

　　各位覺得如何呢？

　　(1) 雙冠蜥和 (2) 砂魚蜥只要整理出如圖表 4-9 的縱向三宮格就可以了（特徵只寫一個也沒關係）。

蟻獅空間三宮格		尼羅鱷空間三宮格	
在鬆軟的沙地上製作漏斗狀的巢穴，做為用來捕獵螞蟻的陷阱（螞蟻地獄）	大空間	將獵物拖進尼羅河裡，使其溺斃	大空間
蟻獅（蟻蛉的幼蟲）	分析對象	尼羅鱷	分析對象
強力的下顎（及牙齒）	小空間	強力的下顎（及牙齒）	小空間

圖表 4-10　「蟻獅和尼羅鱷」參考答案

蟻獅和尼羅鱷的共同點，就是擁有「強力的下顎（及牙齒）」，不過兩者運用這個特徵的方法，隨著牠們棲息的環境而有所差異（見圖表 4-10）。

蟻獅下顎的作用是將獵物拖進沙坑裡，不讓獵物逃走，功能類似蜘蛛網；另一方面，對尼羅鱷來說，強力的下顎是讓獵物溺斃的武器。牠們沒有讓全身每個部位都發達，而是透過善加利用比自己更大的空間，順利存活至今。

相同的模式，也能在各種不同的領域中看見（亦稱為「創造利基」）。

- 具有擬態能力的動物（變色龍、章魚、蘭花螳螂等）
- 寄生在宿主身上的動物（寄生蟲、寄生植物等）
- 自己建造堅固巢穴的動物（河狸、白蟻、蜜蜂等）

如上所述，生物可以藉由「發展自己身體的某個部位，善用比自己身體更大的空間」，度過幾百萬年、幾億年的環境變化，持續存活。

除了模仿部分要素的仿生，用更宏觀的角度「利用比自己大的空間（地利）」的 Know-how，我們也應該仿效與應用（眾多知名企業家做為「座右書」的《孫子兵法》中，也多次提到「善用地利之便」）。

思考「更大空間」與「更小空間」的意義

在空間三宮格裡只要隨時留意粒度相異的觀點，便能提升觀

察分析對象特徵的能力，亦即提升解決問題的能力（創造力）。

分析已經實際存活了數萬年、數億年的生物有哪些特徵，應用於解決人類的問題上，就是所謂的「仿生」（biomimetics）。而在仿生學的研究領域中，上述想法非常重要。

生物各自擁有適合自己棲息環境的獨特樣貌。**而有一些生物，甚至能把生活環境（周遭的空間）變得對自己的生存更有利，這就是所謂的創造利基。**

重要的是，掌握一種生物的生態後，除了分析牠的身體構造，更必須聚焦於牠的生活環境，也就是「更大的空間」。

創造利基的例子之一，就是蜘蛛。蜘蛛透過結「蜘蛛網」，創造出比自己手腳所能及的「更大的空間」，藉以捕獲獵物。

目前所舉的例子，都是比較常見的現象。**事實上，空間三宮格最大的功效，其實是留下著眼於「更小的空間」的筆記。**如果用比蜘蛛更小的空間單位來觀察蜘蛛網，就能發現蜘蛛絲是由蜘蛛體內名為「紡績器」的器官所製造，它負責分泌黏液形成絲線。在我們的日常生活中，也有許多例子是透過「使比自己大的空間對自己更有利」來解決問題。

例如，夏天蚊子四處亂飛，很難直接打死，但我們可以利用名叫「蚊帳」的網子，創造出一個更大的空間，將自己包住，阻止蚊子接近我們。假如站在「編織網子，創造出對自己有利的空間」的角度來看，我們和蜘蛛其實是具有共同點的。

此外，我們也會點蚊香或將驅蚊藥品散布在空氣中，透過影響「比自己大的空間」，來解決不想被蚊子叮咬的問題。

在思考上述問題時，最重要的就是掌握小空間（要素），因為這會成為問題解決方案的資料庫。只要持續累積，就能培養創造力。

27 │ 縱向三宮格❷：系統軸

「超系統／系統／子系統」

　　「超系統」是「分析對象系統」所隸屬的高階系統，分析對象為其要素之一。

　　相反地，包含在「分析對象系統」中的要素，也就是更小的系統，叫做「子系統」。

　　這3個系統由上而下排列而成的階層，就叫做「系統三宮格」。

　　在TRIZ九宮格思考法中，縱軸的正式稱呼就是「系統軸」。

　　系統軸可以增加至超過3列，不過在日常生活中做為思考工具使用時，只要以「分析對象」做為基準，再加上上方列與下方列，也就是總共3列便足夠（見圖表4-11）。

圖表 4-11　「超系統／系統／子系統」縱向三宮格

問題 02　系統軸縱向三宮格

就像第 166 頁一樣，讓我們繼續練習縱向三宮格。

請將以下單字的系統當作分析對象，想想看分別應該放在系統軸縱向三宮格的哪個位置比較適當，完成圖表 4-12 系統三宮格。

(1) 驅動系統、引擎系統、點火系統。
(2) 太陽系、銀河系、地球和月球。
(3) 會計系統、經營管理系統、（計算交通費用的）車資計算系統。

若有餘力，可以再多畫 2 條橫線，分別在縱向三宮格的上方和下方延伸出高階系統與低階系統也無妨。

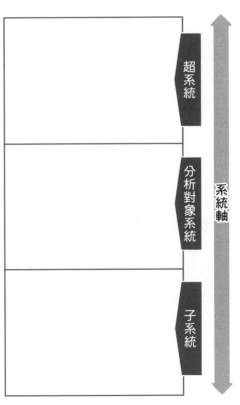

圖表 4-12 「系統軸」練習題

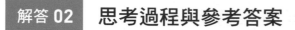

解答02　思考過程與參考答案

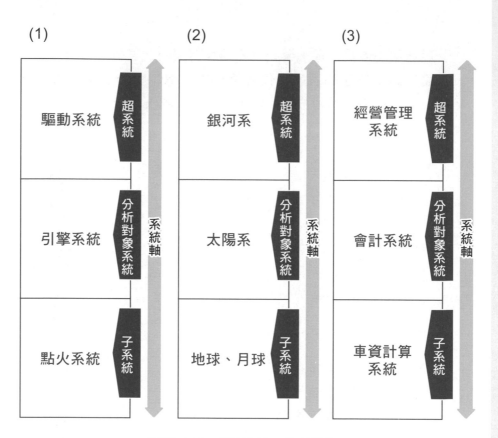

(1)

驅動系統	超系統
引擎系統	分析對象系統
點火系統	子系統

系統軸

(2)

銀河系	超系統
太陽系	分析對象系統
地球、月球	子系統

系統軸

(3)

經營管理系統	超系統
會計系統	分析對象系統
車資計算系統	子系統

系統軸

圖表4-13　「系統軸」參考答案

(1)

　　驅動系統的要素（子系統）包括引擎系統，引擎系統的要素又包括點火系統，而點火系統的要素則包含火星塞及放電系統。相對於驅動系統的超系統則是汽車（一輛汽車也是一個系統），以及更大的交通系統（見圖表 4-13）。

(2)

　　地球及繞著地球運行的衛星──月球，雖然只有 2 個星球，但兩者透過彼此的引力互相影響，因此仍可視為一個系統。在天氣預報中常聽見的「大潮」、「小潮」，就是指地球的海平面受到月球引力影響而上升的現象（潮汐）。地球和月球都屬於太陽系，太陽的影響對地球而言是不可或缺的，而地球有時也會吸引散落在太陽系中的小岩石（在我們的眼中就是流星或隕石），換言之，地球對太陽的影響儘管十分微小，但確實存在。

　　太陽系屬於有「天河」之稱的銀河系。雖然太陽系只不過是銀河系裡無數的行星系統之一，但太陽系擁有的質量及萬有引力，也是形成銀河系的要素。銀河又屬於更大的星系團，宇宙真是浩瀚無垠呢（見圖表 4-13）。

(3)

　　接著，讓我們把視角從宇宙拉回日常生活中的各種系統。對於會計系統來說，計算員工輸入的交通費只是其中的一小部分。幫助這件事情完成的車資計算系統，是構成會計系統的子系統之

一。會計系統會與管理營業額的系統、管理進出口的系統互相連結，將有關公司整體營運的數值傳送至經營管理系統中，而公司的管理階層便會參考這些數值，來決定公司的營運方針（見圖表4-13）。

　　綜上所述，首先從日常生活中找出被稱為「系統」的事物，接著：

- 找出這個系統的目的
- 找出這個系統的範圍
- 找出該範圍中主要的要素

　　只要重複上述步驟，便能慢慢學會「系統的觀點」。

　　在第 4 章接下來的內容裡，我們要利用「著眼於系統的縱向三宮格」，來思考與生活息息相關的發明物、熱銷商品、企業等，讓視野變得更宏觀。讓我們一起利用系統軸的觀點提升創造力吧！

28 | 縱向三宮格❸：
與發明相關的空間軸

「使用者／發明物／發明要素」

我每年夏天都會在東京大學、科學館、Sony 集團等機構舉辦親子活動。**活動中，我都會問大家：「21 世紀必備的技能是什麼？」答案不限一個，但「創意」永遠居冠。**相較於滿街的英語補習班、程式語言補習班，訓練創造力的補習班可謂少之又少，就算有，也大多是訓練藝術方面的創造力，而幾乎沒有針對解決問題培養創造力的補習班。我們究竟該如何提升解決問題的創造力呢？

俗話說「學習始於模仿」，我們生活中的日常用品，絕大部分都是過去的發明物。例如，常用來象徵靈光一閃的電燈泡，以及下一代的日光燈、LED 燈，都是發明物。事實上，日常用品裡往往融合了多個發明要素，不過因為數量太多，無法三言兩語表達清楚。

這時我們可以善加運用的，就是「發明三宮格」。

首先，請想像使用該物品的場景，如此一來，我們的視角自然就會拉到「較大的空間」。接著，請著眼於該日常用品所擁有的要素，也就是「較小的空間」。

發明的要素不勝枚舉，下面我將以「刻出凹痕，讓產品更容

易分割」這個要素為例，來進行說明。

　　第一個例子是「巧克力」。一般片狀巧克力上一定有「凹痕」，假如沒有凹痕的設計，就會變成「一大片巧克力」，食用時相當不方便；而如果有凹痕，我們就可以沿著凹痕「輕鬆地將巧克力剝開食用」。

　　跟巧克力形狀類似的是「咖哩塊」。有了凹痕的設計，我們就能輕鬆把咖哩塊剝成小塊，讓咖哩塊在鍋裡迅速溶解。

　　近年來，「方形年糕塊」上也有凹痕設計，如此一來在烤年糕時，年糕就比較不容易變形。

　　利用縱向三宮格觀察其他的日常用品，就能發現生活中許多方便的構想，其實全都源自於某個「共通的發明要素」（見圖表4-14）。

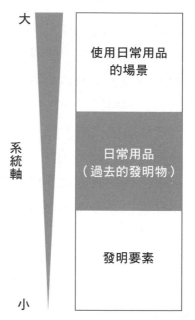

圖表4-14　「使用者／發明物／
　　　　　發明要素」縱向三宮格

問題 03　從發明出發的縱向三宮格

　　「只要看見凹痕，就把它當作發明」並不僅限於食品產業。請各位也抱著「只要看見凹痕，就把它當作發明」的觀點，找找看生活中還有什麼「有凹痕（凹槽）的日用品」，並將它們整理成縱向三宮格。

　　例如，「有折痕的美工刀片」也是過去的發明物。折痕設計使刀片容易折斷，因此就算刀片鈍了，只要一折就能立刻恢復鋒利。「折刃式美工刀」如今已是國際標準規格，發明這個設計的 OLFA 是日本企業，而且這間公司的員工只有 91 人，一年的營業額卻高達 70 億日圓（約新台幣 15.4 億元）！每個負責發展新事業的人得知這件事，都會大吃一驚。OLFA 的官方網站上也提到，這個點子的靈感正是來自於巧克力。

　　請各位以 OLFA 的折刃式美工刀做為主題，依照以下順序，完成圖表 4-15 的三宮格。

　　① 在下方列填入「有凹痕的部分」
　　② 在中間列填入「有凹痕的日常用品」
　　③ 在上方列填入「使用凹痕的場景及效果」

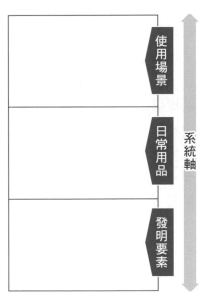

圖表 4-15 「有凹痕的用品」
　　　　　練習題

解答 03　思考過程與參考答案

　　見圖表 4-16，以 OLFA 的美工刀為例，依序可填入：

① 下方列「（美工）刀片的折痕」
② 中間列「『折刃式』美工刀」
③ 上方列「只要折斷刀片，就能（立刻）恢復鋒利」

　　此外，這種「從日常用品找出簡單發明中的創意」，與下一節的「從熱銷商品出發的三宮格」非常類似。兩者會類似是理所當然的，因為熱銷商品最受歡迎的狀態，也正是「購買或使用該產品，已是天經地義的狀態＝日常用品」。「使用情境」和「發明要素」換句話說，其實也就是「需求」（needs）和「資源」（seeds）。

　　不過，最重要的一點是：當我們聚焦於「發明要素」，就可以挑選出比較容易重現的要素，做為「解決方案的資源」。

　　熟練了「找出凹痕設計」後，請挑戰「只要看見非對稱的部分，就把它當作發明」。有關更進一步的「發明要素」，敬請參考拙作《創意不足？用 TRIZ 40 則發明原理幫您解決！》，書中舉出了超過 240 個發明要素與日常用品的組合，可提供「只要看見○○，就～」的靈感（本書第 432 頁也有列舉）。

　　「將 TRIZ 發明原理套用在方便的生活用品上，並說明該產品的巧思」，也是我在東京大學研究所授課的內容（若想立刻利用發明物製作九宮格，請直接跳到第 220 頁）。

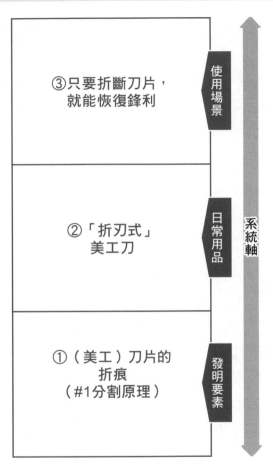

圖表 4-16　「有凹痕的用品」參考答案

29 │ 縱向三宮格❹：
　　　 與產品相關的系統軸

「需求・業界／熱銷商品／資源」

　　前一本拙作出版後，委託我以「靈感創造師」身分提供諮詢服務的人增加了不少。其中有好幾位不約而同地表示：「我想請你根據我們部門所擁有的資源，幫我們找出需求。」

　　是的，只要「需求」和「資源」完美相符，就能成為熱銷商品。用這個觀點來觀察世界上的各種產品和服務，不但可以提升自己的企劃能力，更能輕鬆傳達給別人。

　　接下來，我們要用 2019 年的熱銷商品 ── 掌上型電風扇做為範例，說明如何完成三宮格（見圖表 4-17）。

① 中間列請填入熱銷商品的名稱→掌上型電風扇
② 上方列請填入會大量購買此商品，讓商品變得暢銷的客群及需求：
- 希望散步時有涼風
- 想在悶熱辦公室裡吹到涼風
- 需要從外面剛回到家時的消暑方法

　　這些其實都是存在已久的需求。只要寫下掌上型電風扇用於解決上述問題的資源，便有助於提升創造力。

③ 下方列請填入此熱銷商品背後的要素和技術（seeds）
- 內建電池，以 USB 充電，至少可使用 6 小時
- 靜音設計，在辦公室裡也可以安心使用
- 採用大小交錯的扇葉，使風扇體積雖小也能吹出強風

　　大概可列出這幾點。
　　從「空間」的觀點來看，這些「需求」和「資源」就和前一節提到的發明觀察一樣。「需求」是「該產品使用的情境」，亦即比熱銷商品還要大的空間；而下方列的「資源」，則是指該熱銷商品中的局部空間。

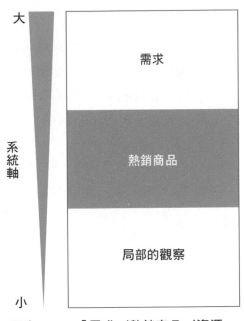

圖表 4-17　「需求／熱銷商品／資源」
縱向三宮格

問題 04　從熱銷商品出發的縱向三宮格

　　上方列和下方列的順序並無固定，有時需求和資源的填寫順序也可能相反。例如，在 2019 年突然爆紅，引起熱烈討論的 120 毫升迷你保溫瓶──「口袋保溫瓶」，主打「方便年長者在健走時補充水分」、「方便孕婦等不太方便活動的族群在家裡補充水分」、「替幼兒補充水分」等，這商品挖掘出一種特定客群，他們的共同點是皆處於「在 1 小時內可以再加滿水的環境中」。

　　這就是利用資源，使原本被埋藏的需求浮現的例子。請各位參考前述掌上型電風扇的範例，將「熱銷商品的需求和資源」整理在縱向三宮格裡。準備事項和前面一樣，請在 A4 紙上畫 2 條橫線，做為縱向三宮格（亦可填入圖表 4-18）。

① 在中間列填入做為分析對象的熱銷商品（例：口袋保溫瓶）
② 在下方列填入資源＝創造出差異化的要素（口袋保溫瓶的特徵）
③ 在上方列填入需求＝造成熱銷的原因（口袋保溫瓶所凸顯出的需求）

　　另外，熱銷商品也可以是一種無形的服務。在各種新型態的服務中，無論需求或資源都包含新舊要素的 Uber Eats，正是一個經典的例子。練習完口袋保溫瓶後，可以再準備一個縱向三宮格，繼續練習 Uber Eats。

　　當然，各位也可以設定自己想分析的熱銷商品。

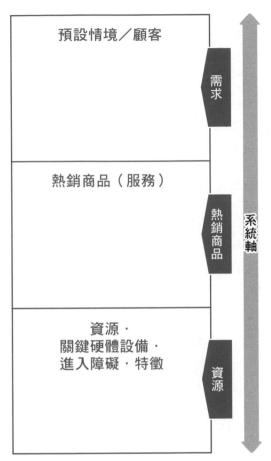

圖表 4-18 「口袋保溫瓶」練習題

解答 04　思考過程與參考答案

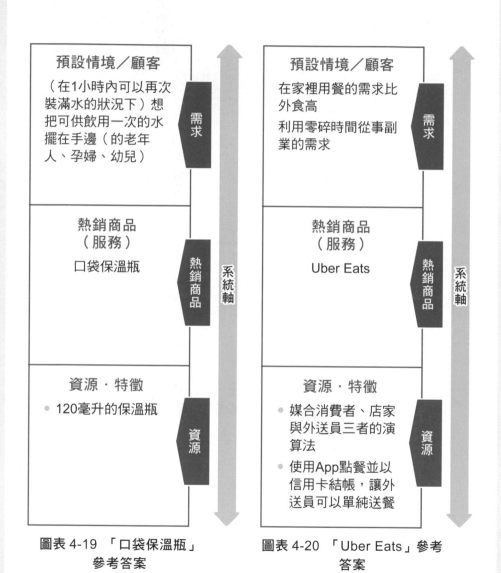

預設情境／顧客

（在1小時內可以再次裝滿水的狀況下）想把可供飲用一次的水擺在手邊（的老年人、孕婦、幼兒）

需求

熱銷商品
（服務）

口袋保溫瓶

熱銷商品

系統軸

資源‧特徵

● 120毫升的保溫瓶

資源

預設情境／顧客

在家裡用餐的需求比外食高
利用零碎時間從事副業的需求

需求

熱銷商品
（服務）

Uber Eats

熱銷商品

系統軸

資源‧特徵

● 媒合消費者、店家與外送員三者的演算法
● 使用App點餐並以信用卡結帳，讓外送員可以單純送餐

資源

圖表 4-19 「口袋保溫瓶」
參考答案

圖表 4-20 「Uber Eats」參考
答案

圖表 4-19 是以口袋保溫瓶為例的熱銷商品縱向三宮格，內容分為：

① 中間列　熱銷商品：口袋保溫瓶
② 下方列　資源：120 毫升的保溫瓶
③ 上方列　需求：想把可供飲用一次的水擺在手邊（的老年人、孕婦、幼兒）

接著圖表 4-20 是 Uber Eats。

① 中間列：填入 Uber Eats。
② 上方列：「想利用零碎時間從事副業」的需求存在已久，這時出現了「不能外食」的狀況，於是「外送餐點」的需求便大幅增加。
③ 下方列：用手機 App 串聯消費者、店家與外送員三者，並進行媒合的演算法，是 Uber 公司的新資源。搭配刷卡結帳服務，讓外送員擺脫收錢的惡夢，可以完全專心在送餐上。

只要整理成縱向三宮格，便能將熱銷商品分析得一目了然，也可以輕鬆比較並思考是以「資源」為出發點，還是以「需求」為出發點。

30 | 縱向三宮格❺：
以企業為出發點的觀點（3C）

「環境／企業／技術要素」

到目前為止，我們先後分析了日常用品與熱銷商品，置於中間列的分析對象（系統）規模愈來愈大。接下來的第5個分析對象，將是規模更大的「企業」。

這時，縱向三宮格的上方列標籤為「環境」，下方列標籤為「要素」（見圖表4-21）。**在介紹某個主題時，若能一併寫下該主題「處於怎樣的環境背景下？」、「擁有哪些要素？」將會更清楚易懂。**

此外，中間列可以寫下有關「企業整體規模的內容」，例如企業的主力商品或提供的價值。

接著，請填入「企業所在的環境」。超系統是「股東・競爭對手・顧客」，簡稱「股・競・顧」。

在股份有限公司裡，「股東」是不可或缺的存在。在一般的印象中，大部分的員工似乎都是受「公司」聘僱，但追本溯源其實是受「股東」聘僱。尤其是管理階層，倘若無法在股東大會上直接獲得股東的支持，便難以繼續坐在那個位置上。（一般情況下）一年一次的股東大會，就像是管理階層的考試，若股東中有

創辦人或基金會等大股東，影響力又更大。

　　當企業有「競爭對手」存在，價格競爭便無可避免。若沒有競爭對手，儘管可以自由地發展事業，但同時也必須靠自己的力量來形成市場。支持一個企業的基礎技術也一樣，當出現競爭對手，產業才比較容易成長，因此，競爭對手帶來的各方面影響也不容輕忽。

　　最後是「顧客」。顧客可以區分為一般消費者和企業，隨著顧客類型的不同，產品的銷售通路與廣告宣傳等也會出現極大的差異。概略而言，假如在電視廣告或雜誌廣告上看見具體的產品，就是以一般消費者為主要顧客；假如廣告中沒有出現具體的產品，只是重複「企業名稱」，就是以企業為主要顧客。

　　在下方列請寫下支持中間列（企業提供的價值）的要素。具體而言，「企業提供的價值」仰賴的多為其長期培養的基礎技術，以及各種事業活動等。

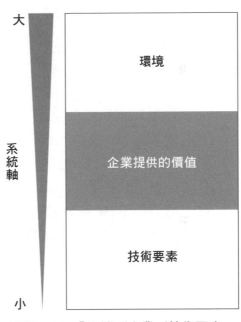

圖表 4-21 「環境／企業／技術要素」
　　　　　　縱向三宮格

問題 05　以企業為出發點的縱向三宮格

接下來請以「豐田汽車」（Toyota）為主題，製作一個縱向三宮格（見圖表 4-22）。

一般而言，企業提供給投資人的資料，都會整理得非常清楚明瞭，可做為製作三宮格時的參考資料。

上方列要填入的是「股・競・顧」，也就是：

股：股東結構（企業的官方網站）
競：競爭對手（提供其他選項，與豐田汽車在銷售上競爭的對手）
顧：顧客（B2B 或 B2C ≒ 在廣告中宣傳產品或宣傳企業名稱）

中間列填入企業可提供的價值，下方列填入該價值的要素。

只要參考企業的官方網站或維基百科，就能找到許多資料。

圖表 4-22　「豐田汽車」練習題

解答 05　思考過程與參考答案

　　首先説明中間列的「企業提供的價值」。正如豐田汽車的名稱，「汽車」正是其主力商品。然而從價值的觀點來看，豐田汽車的標語「Mobility for All ～讓所有人享受移動的自由與快樂」也很適合填入。

　　接著是上方列的「股・競・顧」。關於股東，可以透過豐田汽車日本官方網站的「股份狀況」（https://global.toyota/jp/ir/stock/outline/）來查詢。

　　在 2020 年，豐田汽車已經發行了約 32.6 億股普通股。豐田汽車的母公司豐田自動織機股份有限公司持有的股份約為 2.4 億股，占 7.4％，排名第 2。除了排名第 6、幾乎是豐田汽車子公司的電綜（DENSO），前 10 名都是金融機構。金融機構持有的股份為 16 億股，約占一半。股東大多為日本企業，因此，可以推測股東較重視企業是否確實發放股利，而不會提出過於極端的要求。另有「庫藏股約 5 億股」（創辦人豐田家約占 1％）。

　　目前的主要競爭對手包括日產汽車（Nissan）、通用汽車（GM）等，皆為汽車公司。

　　豐田汽車的廣告大多為宣傳產品，而非宣傳公司名稱，因此可以判斷其主要顧客為一般消費者。

　　最後是下方列。豐田汽車提供的價值是汽車製造，而在背後支持這個價值的要素，是旗下遍及各領域的相關企業。此外，「看

板[*]、「安燈[†]」、「5個為什麼[‡]」等知名的「豐田生產方式」（Toyota Production System, TPS）以及「豐田式行銷」，也很值得一提。

　　以上只是範例，請各位依照自己的想法，完成屬於你的豐田汽車三宮格（見圖表4-23）。

環境（股東・顧客）

股東：金融機構約占50%、庫藏股約占16%、母公司約占8%

競爭對手：日產汽車、雷諾汽車、通用汽車等

顧客：主要為一般消費者

環境

企業提供的價值

主力商品＝汽車

「Mobility for All～讓所有人享受移動的自由與快樂」

企業

系統軸

技術要素・內容

● 電綜等相關企業
● 豐田生產方式
● 豐田式行銷

要素

圖表 4-23　「豐田汽車」參考答案

---

* 豐田汽車為了增加可模組化的作業、持續降低浪費、節省時間、達到零庫存等，將需求精準地寫在看板上，看板可分為三大類：生產看板、傳送看板和臨時看板。

† 指每個設備或工作站都裝配呼叫燈，操作員或設備本身可在發生問題時亮燈，使問題被上司注意到或及時得到處理，並藉此收集資訊避免相同情況重複發生。

‡ 發生問題時，先自問「為什麼」，再從自己的答案中再進一步追問「為什麼」，藉由反覆深入思考5次「為什麼」來找出真正的原因。

31 │ 縱向三宮格❻：分析事業三宮格

「Who ╱ What ╱ How」

前面我們已經以熱銷商品和發明物為主題，反覆練習觀察「如何掌握比使用者大的空間（需求）」與「該物品最具特徵的要素（資源）為何」。

在分析事業時也是一樣，在思考「企業提供的價值是什麼？（What）」時，若能同時思考「此價值是為了誰而提供？（Who）」，便能更明確地掌握價值提供的目的。另外，在展開事業時「必須採用哪些方法？（How）」，則相當於 What 的要素。

事實上，各種商業框架最核心的概念，也都是在告訴我們必須將「Who ╱ What ╱ How」視為一體來思考（見圖表 4-24）。

也如同川上昌直先生提出的「9 格框架」（9 cell framework）一般，一開始就內建了「Who ╱ What ╱ How」的框架。

養成製作縱向三宮格的習慣後，一旦發現經營得很順利的事業，就可以加以整理、比較。在思考 Who ╱ What ╱ How 時，運用「書籍」當例子便能輕鬆理解，各位可以試著利用這個觀點來整理自己讀過的書。

請依照下列設定來整理：Who ＝顧客＝目標讀者，What ＝提

供的價值，How ＝實現方法＝書籍的內容。例如，在 2019 年掀起風潮且在 2020 年的商業類書籍大賞中獲獎的《真確》（*Factfulness*），就可以整理如圖表 4-25。

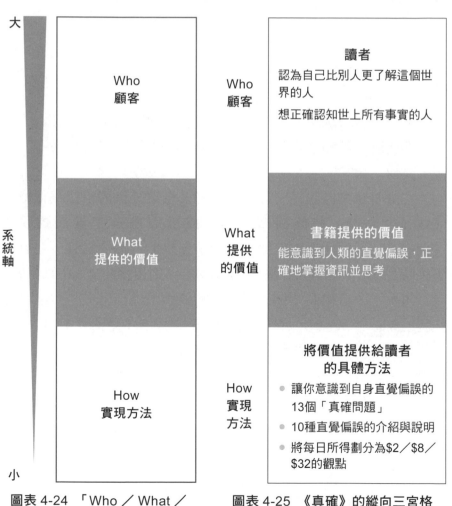

圖表 4-24 「Who／What／How」縱向三宮格

圖表 4-25 《真確》的縱向三宮格

問題 06　分析事業縱向三宮格

可以針對多個不同的「Who」來分析事業的絕佳範例，就是 Uber Eats。這個事業裡存在著 3 種 Who。

請參考圖表 4-26 的內容，針對外送員或餐點提供者分別製作縱向三宮格（見圖表 4-27）。當然，也可以挑戰自己挑選熱銷商品做為分析對象。

圖表 4-26　以「消費者」為例參考答案

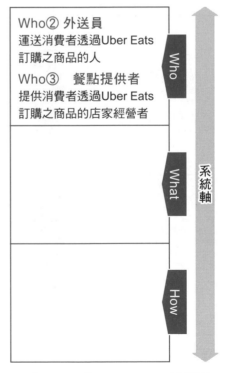

圖表 4-27　「Uber Eats」練習題

解答 06　思考過程與參考答案

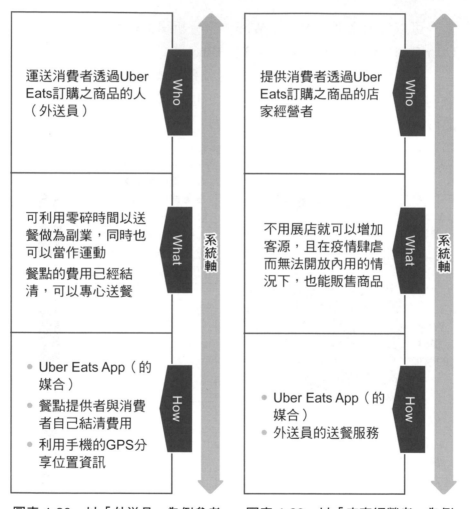

運送消費者透過Uber Eats訂購之商品的人（外送員）　**Who**

可利用零碎時間以送餐做為副業，同時也可以當作運動
餐點的費用已經結清，可以專心送餐　**What**

- Uber Eats App（的媒合）
- 餐點提供者與消費者自己結清費用
- 利用手機的GPS分享位置資訊　**How**

系統軸

提供消費者透過Uber Eats訂購之商品的店家經營者　**Who**

不用展店就可以增加客源，且在疫情肆虐而無法開放內用的情況下，也能販售商品　**What**

- Uber Eats App（的媒合）
- 外送員的送餐服務　**How**

系統軸

圖表 4-28　以「外送員」為例參考答案

圖表 4-29　以「店家經營者」為例參考答案

32 | 縱向三宮格❼：邏輯三宮格

「Why ／ What ／ How」

　　相信各位都知道「30 秒電梯簡報」的概念，畢竟只有 30 秒，因此對方一定會認真聽。用 30 秒簡潔地表達意見時，必須注意「Why? What? How?」這 3 個要素。請畫出一個縱向三宮格，並在上方列填入 Why、中間列填入 What、下方列填入 How，做為標籤（見圖表 4-30）。填完每一格後，再寫一篇約 120 字的文章。（☆）

　　我在課堂上經常請學員 2 人一組，互相教對方。為了讓這個教學活動順利進行，在剛開始上課時，我會先請學員挑一個自己想推薦的事物，並寫下理由（Why）與進行方式（How），接著再請學員 2 人一組，輪流以 30 秒介紹自己推薦的事物。這種「重點自我介紹」在學員之間大受好評。（★）

　　例如，若想介紹桌遊「卡坦島」，就可以寫出圖表 4-31 的內容。一般而言，依照 What → How → Why 的順序似乎比較好寫，但也可以依照自己喜歡的順序寫。

　　另外，在介紹的時候，如果讓對方看著自己寫的內容，再依照（What →）Why → How → What 的順序說明，對方就會更容易理解。

（我想介紹的是「卡坦島」。）這是一款在全世界賣了
3,000 萬套的桌遊，直到現在都是桌遊排行榜的常勝軍。這款
遊戲可以 2～4 人玩，男女老幼都適合。進行方式是透過擲
骰子獲得資源，建設城市，先得到 10 分的人獲勝。關鍵在於
跟其他玩家交涉，以求雙贏。這就是「卡坦島」，請你一定
也要玩玩看。

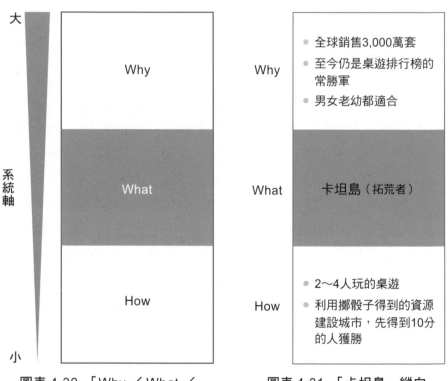

圖表 4-30 「Why／What／　　　　圖表 4-31 「卡坦島」縱向
How」縱向三宮格　　　　　　　　三宮格

問題 07　邏輯思考縱向三宮格

　　第 197 頁的前兩段（☆和★），其實是我在完成下頁的三宮格之後，才整理出的文章。請各位想想看，相當於 Why、What、How 的各是哪些文字？

　　請依照以下的順序完成三宮格（見圖表 4-32）。

① 在中間列填入想傳達的內容概要（What）
② 在下方列填入具體要素（How）
③ 在上方列填入 What 為什麼有成效（Why）

　　順帶一提，這本書裡有許多段落也是以 Why 和 How 為出發點而撰寫的。

　　提出「Why So?」與「So What?」這 2 個問題，是邏輯思考的基本概念，因此我將這個三宮格命名為「邏輯三宮格」。

圖表 4-32　邏輯三宮格

解答 07　思考過程與參考答案

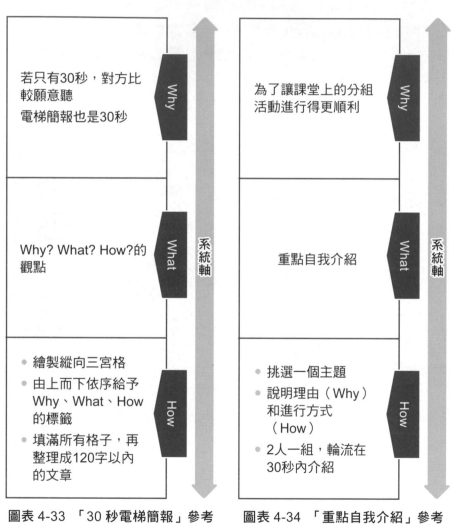

若只有30秒，對方比較願意聽
電梯簡報也是30秒

Why

Why? What? How?的觀點

What

- 繪製縱向三宮格
- 由上而下依序給予Why、What、How的標籤
- 填滿所有格子，再整理成120字以內的文章

How

系統軸

為了讓課堂上的分組活動進行得更順利

Why

重點自我介紹

What

- 挑選一個主題
- 說明理由（Why）和進行方式（How）
- 2人一組，輪流在30秒內介紹

How

系統軸

圖表 4-33 「30 秒電梯簡報」參考答案　　　圖表 4-34 「重點自我介紹」參考答案

　　Why ／ What ／ How 除了介紹，更可以運用於產品推銷。在推銷產品時，最重要的就是透過 Why 告訴對方「哪裡不足」，也就是讓對方察覺到「不」的存在。

　　這個概念在暢銷書《文案大師的造句絕學》裡也有提到，可說是行銷理論的基礎。近年來在網路上可以看見許多強調「低收入」、「口臭」、「肥胖」、「皺紋」等的廣告，這些都是「讓消費者意識到『不』，同時提出解決方案」的行銷手法。例如：

Why	什麼？我的年薪也太低了吧！
What	比現職高薪的工作
How	點選連結，填寫表單參加

　　如果要使用「Why ／ What ／ How」來行銷「30 秒電梯簡報」，內容可能是：

Why	要是錯過跟主管搭同一班電梯的這 30 秒的機會，對自己未來的人生和時間將是一大損失！
What	用 30 秒表達要求的技巧
How	只要將 Why、What、How 這 3 個觀點整理成 120 字的文章就好！

　　重點在於必須清晰地傳達：

Why	缺少 What 就會產生的「不」（如：不方便、不滿意、不安……）
What	可以提供的價值
How	提供 What 的方法（容易做到）

　　自從 2020 年新冠肺炎疫情爆發，人們主要的溝通型態已由實體轉為線上。在分享近況或感想時，倘若無法精簡敘述，便會留下事後看來太冗長的紀錄，令人感到難為情。

　　因此，接下來我要教各位一種能有效率地與主管或同事分享近況、感想的三宮格。Why 和 What 維持不變，但位在下方列的 How 則稍微調整一下，改為「How～（大約多少）」。

　　例如，假如只是單純敘述「我很喜歡喝氣泡水」，並無法讓人留下深刻的印象。

　　但如果再加上 Why（為什麼喜歡？）和 How～（有多喜歡？），便能組成以下的段落：

> 　　我很喜歡喝氣泡水，因為氣泡刺激的感覺很舒服，又沒有熱量，就算是大白天也可以喝很多，因此我每天都會喝。我還去藥局買了小蘇打粉和檸檬酸各 500 公克回來，自己在家製作氣泡水。

　　上述段落總共 82 個字。這段介紹確實讓身邊的人對我留下「喜歡氣泡水」的印象，不少人甚至也因此喜歡上氣泡水。

　　我在事前製作的縱向三宮格如下：

Why	氣泡刺激的感覺很舒服，沒有熱量，一大早就能喝
What	喝氣泡水
How	每天喝。用小蘇打粉和檸檬酸自製。從藥局各買了 500 公克回來

　　請容我重申，在邏輯思考的世界裡，我們會用「Why So?」與「So What?」來探討邏輯，但在此之前，若能先意識到「Why 與

How」（在過程中也會意識到 What），便能更輕鬆地進行。

　　利用 Why 與 How 來改良自我介紹的方法，請見第 309 頁；確實做到「報告‧聯絡‧商量」的方法，請見第 360 頁。

33 │ 縱向三宮格實踐練習

透過企業分析思考職涯規劃

到這裡為止，我們已經利用 7 種不同的縱向三宮格，練習「思考分析對象的超系統和子系統」。

雖然有各式各樣的標籤，不過大方向都是相同的：**上方列是思考「（包含分析對象在內的）較大的關聯性」，下方列是思考「（屬於分析對象一部分的）更具體的內容」。**

在前面的各節當中，我們分別針對不同主題進行了許多練習，而在最後的實踐練習裡，我們要做的是「以谷歌為主題，利用各種縱向三宮格（觀點）來思考」。

跟第 3 章一樣，請把自己當作「想進入谷歌工作」的 A，製作各種縱向三宮格，展開以谷歌為主題的企業研究。同樣是分析「谷歌」，根據將它視為一個企業，或是一種產品（服務），又或是一種發明物，三宮格的填寫順序與呈現出來的結果，都會有所不同。同時，這也是一種站在谷歌或其他「巨人」肩膀上的練習。

將谷歌視為一個企業來分析的縱向三宮格（❺）

　　首先我們要練習的是找工作的第一步 —— 企業研究，也就是將谷歌視為一個企業來分析。請將谷歌填入中間列。如果你曾看過谷歌公司的財報，應該就知道谷歌的營業額絕大部分來自廣告收入，是全球規模最大的廣告公司。這個資訊也一併填入中間列（見圖表 4-35）。

　　下一步，請針對谷歌的股東、競爭對手、顧客收集資料或自己思考，將結果寫在圖表 4-35 上方列。

　　現在讓我們實際填寫看看。

　　谷歌的股東是控股公司「字母控股」，競爭對手應該就是「GAFA[*]」中的其他 3 間公司吧。蘋果公司推出的 iPhone、Safari、Siri 等產品，都是安卓（Android）或 Chrome 的競爭對手。另外，對 Google Ads 來說，臉書的「好友的分享推薦」也是相當難纏的對手。最後，消費者想要買什麼東西時，往往會直接在亞馬遜的網站搜尋，

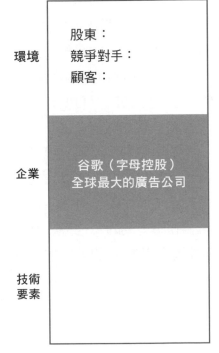

圖表 4-35 「谷歌企業分析」
練習題

---

[*] 為「Google」（谷歌）、「Apple」（蘋果公司）、「Facebook」（臉書）、「Amazon」（亞馬遜）這 4 間公司的首字母縮寫。

因此亞馬遜也是競爭對手之一。

　　谷歌的顧客遍及全球，其中使用 Android OS 的行動裝置，同時習慣透過 Chrome 搜尋資料的人，更是重要顧客。因為這些顧客提供的不單是搜尋關鍵字，還包括 GPS 位置資訊以及來自各種感測器的資料。

　　在這樣的環境下，谷歌提供的當然是搜尋服務，不過谷歌的事業活動不僅如此。谷歌深知，要管理數量龐大的伺服器，尤其是為了節省冷卻機房所消耗的電力，要懂得掌握伺服器設置的最理想位置。此外，為了提供谷歌文件及谷歌地圖等服務，谷歌一直在網頁以外收集全世界的資料，這也是谷歌積極進行的事業活動。

　　上述內容，可以用企業三宮格呈現如圖表 4-36。

　　三宮格裡簡潔地呈現了名為「谷歌」的企業，以及其所處的環境與主要的事業活動。填寫在上方列的，是谷歌無法控制或決定的相關人事物，填寫在下方列的，則是谷歌自己可以選擇的行動。

　　如果各位覺得上述內容太簡略，在第 5 章的九宮格裡，資訊量就會變成 3 倍，敬請期待。

環境	股東：字母控股 競爭對手：蘋果公司、臉書、亞馬遜 顧客：安卓使用者等
企業	谷歌（字母控股） 全球最大的廣告公司
技術 要素	● 以搜尋為主軸發展的一系列服務 ● 數量龐大的伺服器與節能措施 ● 收集全世界的資料

圖表 4-36 「谷歌企業分析」參考答案

將谷歌視為一種產品來分析的縱向三宮格（❹）

　　谷歌是全球最大的廣告公司，主力商品是谷歌搜尋引擎，俗稱「谷歌」（Google）。在進行企業研究時，主力商品是理所當然必須掌握的內容。接下來，我們要練習將「谷歌」視為一種產品，完成產品三宮格（見圖表 4-37）。

　　首先將要分析的產品「谷歌搜尋引擎」填入中間列，接著填入谷歌產品的需求和資源。

　　上方列要填入谷歌搜尋的需求，而其中之一，就是「想知道答案或選項」的需求。

　　然而，那只是需求的其中一個面向罷了。當谷歌搜尋成為業界標準（de facto standard），另一個需求的面向便隨之誕生—— **那就是「希望將選項（搜尋結果）引導至對自己有利的方向」**。谷歌藉由媒合上述 2 種需求，成為了現在廣告業界營業額最高的公司。實際確認谷歌公司的財報，也可以發現營業額大部分來自廣告收入。如果把谷歌搜尋引擎視為一種「產品」，那它便是一種「廣告媒體」。

　　使谷歌搜尋引擎這項產品得以存在的資源，就是讓谷歌

圖表 4-37 「谷歌產品分析」
練習題

搜尋結果比其他搜尋引擎還要準確的「網頁排名」（PageRank）
概念。除了「網頁排名」，「根據廣告費改變廣告顯示內容的演
算法」，也是支持著谷歌搜尋引擎的資源。而「透過競價獲得最
高廣告費」的機制，稱為「AdSense」，這是一種在網站中強制插
入廣告（但不至於讓使用者離開網站）的技術。

　　將上述內容加以整理後，便形成圖表 4-38 的三宮格。

　　從這個三宮格，可以看出影響谷歌搜尋引擎發展的需求以及
資源。**正如前面的三宮格，填在上方列的是能對谷歌產生影響，
同時不受谷歌左右的外部需求；而填在下方列的，則是谷歌可以
自己決定的行動。**

將谷歌視為一種發明物來分析的縱向三宮格（❸）

　　現在，A 已經確實掌握谷
歌主力商品在市場上的定位。
不過谷歌是一間以技術為本的
公司，若能更進一步理解主力
商品背後的技術要素，相信不
但能在面試官心中留下良好的
印象，而且學會這些技術，日
後也能在公司裡有所發揮。能
掌握這些的關鍵就在於研究：

- 使用者的設定
- 互相矛盾的要求

需求・業界	● 想知道答案或選項 ● 想將選項引導至對自己有利的方向 ● 廣告業界
產品	谷歌搜尋引擎
資源	● 網頁排名（PageRank） ● 廣告顯示演算法（YouTube） ● AdSense（強制插入廣告技術）

圖表 4-38　「谷歌產品分析」參考答案

● 發明要素（在這裡是分割、局部、非對稱性）

　　「谷歌搜尋」是全球最大廣告公司谷歌在廣告事業上的基礎。而谷歌搜尋之所以廣受歡迎，原因之一就是直接影響 UX（使用者體驗）的「谷歌搜尋結果畫面」。請將它放在發明三宮格的中間列（見圖表 4-39）。

　　谷歌的使用者是怎樣的人呢？應該是想藉由輸入關鍵字，獲得某個特定領域的相關知識，並且希望得到建議選項的人吧。請將這一點填入上方列。

　　而在網路上搜尋資料的人，大多有個矛盾的要求：**希望選項愈多愈好，卻又不想在各個選項上花太多時間。要滿足前者，必須提供龐大的資訊量，要滿足後者，資訊量則是愈少愈好，由此可知兩個要求互相矛盾。而可以解決這個矛盾的，就是發明。**谷歌的搜尋結果會分成網頁／圖片／影片 3 種類型，讓可顯示的潛在資訊量變多，同時又減少使用者實際看見的資訊量。

　　請試著在谷歌的搜尋結果畫面中找出其他類似的巧思。提示是「非對稱性」與「局部性」。

　　觀察谷歌搜尋結果的內容，可以發現文字的大小不同，色彩也不同，部分內容還會用粗體字或縮圖來局部強調。這種非對稱性的版面呈現，能夠引導使用者「只看必要的部分」。只要把谷歌的搜尋結果複製下來，清除格式後貼在文件編輯軟體裡，就能清楚看出上述安排確實是刻意運用發明要素的巧思。

　　將上述內容加以整理，便能完成圖表 4-40 的三宮格。

　　幫助「谷歌搜尋」成長的發明物 —— 搜尋結果畫面、影響搜尋結果畫面的使用者，以及搜尋結果畫面所擁有的資源，都整理在三宮格裡。就像前面的三宮格一樣，填在上方列的是能對谷歌

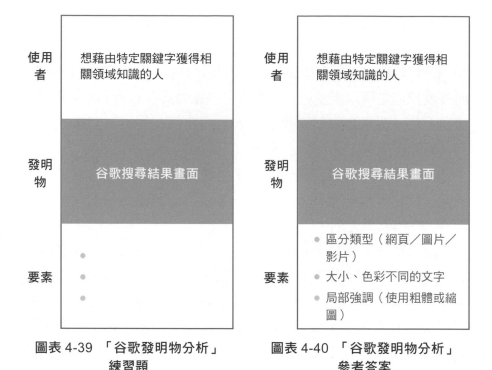

圖表 4-39 「谷歌發明物分析」　　　圖表 4-40 「谷歌發明物分析」
　　　　　練習題　　　　　　　　　　　　參考答案

產生影響，同時不受谷歌左右的外部需求；而填在下方列的，則
是谷歌可以自己選擇的行動。

有助於理解發明三宮格的空間三宮格（參考）（❶）

　　想習慣在發明三宮格中找出發明要素，需要累積許多練習。

　　若將發明物的空間視為分析對象，那麼在比它大的空間裡，
會有些什麼？在比它小的空間裡，又有些什麼？——請試著養成
以此觀點來思考的習慣。

　　例如，若以谷歌搜尋結果畫面做為基準空間，便可製作如圖

表 4-41 的空間三宮格。

以中間列的空間為基礎，延伸上方列的空間（一般延伸至使用者）時，大多會包含因中間列的發明而獲益的「問題解決的受益者」。

在這個例子裡，若以谷歌的搜尋結果畫面為中心，將空間向上延伸，首先涵蓋的會是行動裝置，接著是行動裝置的使用者。

同樣地，若以下方列的局部內容為中心，將空間縮小，便能練習找出「能夠解決中間列問題的要素」。就這個例子

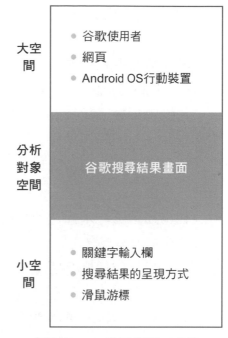

圖表 4-41　谷歌空間三宮格

而言，我們發現了「搜尋結果」中藏著許多發明原理（相對地，中間列的「谷歌搜尋結果」，則是透過下方列的「搜尋結果（非對稱式）的呈現方式」，成為「問題解決的受益者」，彼此的關聯性藉此得以維持）。

如上所述，以中間列的空間為基準來思考「更大的空間」，能幫助我們找出「問題解決的受益者（使用者）」；而思考「更小的空間」，則能成為一種尋找「發明要素」的訓練。

只要確實理解，空間三宮格可說是最容易練習的縱向三宮格。

先熟悉空間三宮格，將有助於學會接下來的系統三宮格。

將谷歌視為一個系統來分析的縱向三宮格（挑戰）（❷）

　　前述填在中間列的「谷歌搜尋結果畫面」，其實只是谷歌搜尋服務中肉眼可見的一部分而已。

　　在針對谷歌這種技術（科技）公司進行企業研究時，若能以更貼近技術層面的觀點來分析，將大有助益。用「系統觀點」寫出谷歌搜尋引擎的超系統和子系統，便能以多層次的觀點來檢視眼前的服務。

　　利用超系統＞系統＞子系統的概念來思考，便能完成如圖表4-42的縱向三宮格。

　　各位覺得如何呢？透過這個三宮格，是不是更能配合自己想觀察的粒度，掌握谷歌搜尋引擎的整體輪廓，或將它看得更仔細？熟悉系統觀點，是學會九宮格思考法的關鍵所在，請各位務必試著自己寫寫看各種系統的「超系統」和「子系統」。

　　上面介紹的4＋1種縱向三宮格，就是最適合用於企業研究的5種三宮格。另外補充的2種三宮格，則可以拓展我們的視野，幫助我們更進一步了解企業。

　　接下來，我會繼續以谷歌

圖表 4-42　谷歌系統三宮格

為主題，介紹剩下的縱向三宮格。

以「Who／What／How」（❻）、「Why／What／How」（❼）來分析谷歌的縱向三宮格

在真正熟練之前，「系統的觀點」是很難理解的。

在前面的例子裡，我以各位比較容易想像的「名為系統，在網路上傳送、接收資料的集合體」為基礎，說明了超系統和子系統的概念。

然而在九宮格思考法裡，系統涵蓋的意義更廣，「使用者」、「使用場景」也都是構成「更高階層系統」的要素。

在想像超系統時，最簡單的方法就是提出「Who／What／How」與「Why／What／How」等問題。

將以谷歌搜尋為主軸的各項服務放在中間列，再利用 Who／What／How 三宮格來思考，就能完成圖表 4-43 的筆記內容。

如前所示，想凸顯一項產品的成功時，我們經常使用「最」這個字眼來描述人們（願意付出金錢或時間）選擇它的理由。

只要釐清 Who，就能發現在產品三宮格中提到的「廣告業界」的存在。

另一方面，思考「谷歌為什麼存在？」釐清做為背景因素的 Why 及已經實現的 How，則可以拓展視野，幫助我們深入理解要素，例如圖表 4-44 的三宮格。

只要釐清 Why，便能發現谷歌搜尋服務並非獨立存在。正因它的背後有著以個人力量根本收集不完也評價不完的龐大「網路上的選項（主要是網頁和圖片）」，這項服務才能成立。

圖表 4-43　谷歌的「Who ／ What ／ How」

圖表 4-44　谷歌的「Why ／ What ／ How」

總結

第 4 章就到這裡，各位辛苦了。

在這章裡，我們透過以下 7 種三宮格，練習將系統視為「為了提供某種價值而組成的集合體」，培養「上、中、下三層觀點」。

❶ 空間三宮格
❷ 系統三宮格

❸ 發明物三宮格

❹ 產品／商品三宮格

❺ 企業三宮格

❻ 事業三宮格

❼ 邏輯三宮格

相較於第 3 章的時間順序，各位是否感覺不太習慣呢？

在學習這個觀點之前，你是否不太有「觀點的粒度」的概念，只是單純將條列出的內容，或透過腦力激盪寫下的便利貼依照「相似度」分類呢？

至少我本人以前是這樣。

同樣地，在表達自己的想法時，我也總是不自覺地一下用俯瞰的角度敘述，一下又拘泥在細節上。這樣當然無法清楚傳達自己的想法。

然而，自從我學會使用九宮格思考法，留意表達時必須將觀點分成「上、中、下」之後，別人便能完全理解我的想法，效果驚人。首先，請至少熟悉一個在第 4 章介紹的縱向三宮格，再慢慢增加。隨著能自在運用的縱向三宮格愈來愈多，各位應該就愈能實際感受它的效果。

不過，透過縱向三宮格掌握的「以系統為基礎的上、中、下觀點」，只是為了學會九宮格思考法的暖身步驟之一。在第 5 章裡，我們會繼續應用將 2 個縱向三宮格並列組成的六宮格思考法，以及將 3 個縱向三宮格並列組成的九宮格思考法。

詳情將在第 5 章說明，不過，學會把觀點分成上、中、下之後，就能做到 2 欄 ×3 列的「Apple to Apple 比較」；而學會如何比較，便能意識到兩者之間的差異。將這個差異延伸（插入）至第 3 欄，

便能完成「內容有層次、有深度，同時又整理得清晰易懂」的知識產出。

　　為了達到這個目標，請至少確實熟練第 4 章裡的一種縱向三宮格，達到「不看書也能自己完成」的境界。

　　我們第 5 章見。

Column

3C 分析與縱向三宮格

　　以企業為出發點的三宮格，內容和 3C 分析（企業 Company、競爭對手 Competitor、顧客 Customer）十分相似。在這個概念裡，企業＋所有競爭對手＝整個業界。而將某個業界的所有顧客與整個業界所提供的產品（服務）組合起來，就等於「顧客使用該業界所提供之產品・服務的所有場景」。**換言之，只要將 3C 分析的內容加以組合，使其互相涵蓋，便與九宮格思考法的縱軸，也就是系統軸的概念一致**。我將 3C 分析整理成縱向三宮格，如圖表 4-45。

　　為了討論出富有建設性、共創性的問題解決方法，統一問題的粒度是極為重要的前提。3C 分析能使我們在討論中不自覺地意識到問題的粒度，例如：「現在討論的焦點是我們公司？整個業界？還是包括顧客在內的整體市場？」從這一點看來，3C 分析可說是一種優異的工具。

　　而如果討論中的引導者（facilitator）夠敏銳，這時應該就會引導成員寫下

該業界產品的所有使用情境	企業＋所有競爭對手＋所有顧客
整個業界提供的所有產品	企業＋所有競爭對手
該企業提供的所有產品	企業

圖表 4-45　3C 分析的縱向三宮格

「過去、現在、未來」的情境。學會九宮格思考法後，請各位也帶著這種觀點去參加 3C 分析的工作坊，加以活用。

第 **5** 章

九宮格：
透過時間軸×空間
（系統）軸延伸思考

34 學習六宮格・九宮格的目的和效果

時間軸 × 系統軸的意義

第 5 章要學習的，是以前面介紹過的時間軸與空間軸組合而成的「九宮格思考法」。

前面已經說明過，每一個軸的標籤，也就是「時間」和「系統」，都是具有連續性的。以某個尺寸或時間為基準切割成 3 部分，便能發揮功效。

而九宮格是一種綜合上述特色的工具，兼具了「分成 3 格的效果」與「替每個軸設定標籤的優點」。

因此，儘管它只是以 4 條線構成 9 個格子的簡單手法，卻能廣泛應用在各種不同的場合。

使用九宮格思考法的意義和效果，包括以下 3 點：

(1) 可以用規模相同的框架來整理資訊。

時間軸、系統軸各方向的粒度一致，因此能夠輕鬆整理資訊，可以在互有共識的狀態下進行討論。

此外，九宮格還有「斜向」的觀點，有助於我們發現資訊是否有遺漏、思考是否有盲點。

(2) 透過將 3 個要素並排，可以在綜觀全貌的狀況下改良創意或假設，提升資訊的精準度。

此外，參照另外 2 個要素，便能使資訊更詳細、內容更有深度，與橫向三宮格、縱向三宮格的道理相同。

(3) 軸的設定方法符合科學。

首先是軸的單位。在九宮格思考法中，代表三維空間的系統軸與代表時間的時間軸彼此交錯。請各位回想以前在物理課上畫的圖表，透過這 2 個軸，便可截取世上所有的現象。

其次，先決定某個基準，再填入上方與下方內容的概念，讓九宮格思考法具有重現性。

軸的設定方法與重現性，正是 TRIZ 九宮格思考法符合科學的部分，也是令它如此強大的本質。

35 │ 九宮格的畫法

無論手繪、電繪、使用便利貼都沒問題！

在第 5 章裡，我們會承襲前面學習的各種三宮格內容，開始學習九宮格思考法。話雖如此，對各位而言，繪製九宮格說不定比繪製三宮格還要熟練呢。

單人用，最簡單也最普遍的手繪畫法

將一張 A4 紙橫放，就像小時候玩的井字遊戲一樣，只要畫出 2 條直線和 2 條橫線，九宮格就完成了（見圖表 5-1）。

接下來，我們會依序練習將第 4 章學習的縱向三宮格擴充為 2 欄、3 欄。請各位將上述那張「畫了九宮格的紙」放在手邊，

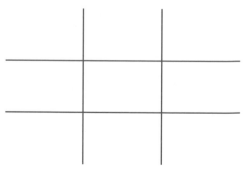

圖表 5-1　九宮格基本樣貌

再繼續閱讀本書，相信有助於各位理解。當然，假如可以自己邊畫邊讀，更是迅速熟練的捷徑。

在電腦上繪製減少壓迫感的九宮格

手繪九宮格之後，我習慣再用電腦重畫一次。這時，建立一個如圖表 5-2 的 9 格表格，會比較容易意識到自己在「填寫九宮格」。建議使用淺色框線搭配黑色文字。

不過，在還不熟悉九宮格思考法之前，這種表格會帶來些許壓迫感，因此，我最近比較常使用的是圖表 5-3 的表格形式。

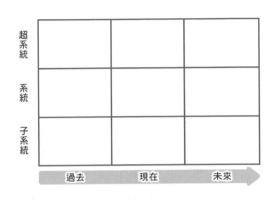

圖表 5-2　電腦繪製的九宮格

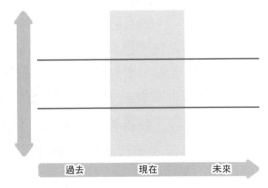

圖表 5-3　減少壓迫感的九宮格

多人時可採用便利貼

多人時最方便的就是便利貼。請儘量準備 3 種顏色的便利貼。例如我在發便利貼給學員時，會請學員用顏色加以區分：

- 黃色＝過去
- 綠色＝現在
- 藍色＝未來

　　準備 9 張 A4 紙，在每張紙上註明標籤，例如「過去・超系統」等，把每一張 A4 紙當作九宮格的一個格子，排在桌上。接著，每個人再把自己的便利貼貼在 A4 紙上。

　　在排列 A4 紙的時候，往往會發現有些人寫的內容其實應該屬於超系統或子系統，這時只要重貼便利貼即可。

　　另外，一般鮮少會搞混過去→現在→未來，但萬一有人弄錯了，只要重寫一張顏色正確的便利貼即可。

多人線上共同討論也能用九宮格

　　在新冠肺炎疫情肆虐下，遠距工作已成為常態，使用 Office 365 或谷歌文件的人愈來愈多。相較於最初撰寫本書的時候，現在的環境（超系統）已經改變。

　　因此，我很推薦各位利用線上試算表或投影片等軟體來進行。而假如是課程，考慮到有些學生會使用手機上課，在 2021 年的這個時間點，我比較推薦使用前者，也就是線上試算表。

　　我在東京大學和其他短期大學線上授課時，都使用谷歌試算表讓學生進行練習。以往要把學生練習的成果數位化，總是耗時費力，現在請學生各自輸入，我便能在下一堂課直接挑一些優秀的成果來當範例，非常方便。

目前筆者的做法是什麼？

我是 Windows 使用者，因此過去習慣先用紙筆繪製，再謄到 PowerPoint 上。

最近，我發現 OneNote 可以用 Tab 鍵和 Enter 鍵快速建立表格，要搜尋之前寫的內容也很方便，因此，我會先用 OneNote 整理一次手寫的內容，再把重要內容輸入 PowerPoint。

這本書裡，有許多必須同時呈現九宮格和文章的部分。

起初我將文章寫在 PowerPoint 的備忘稿裡，但中途便改用 Word 撰寫，九宮格則是用〔插入〕→〔表格〕→〔3×3〕來繪製。

雖然稍微麻煩一些，但只要先建立一個 4×4 的表格，也就是先預留 1 行和 1 列用來填入標籤，就能反覆複製貼上使用。

其他需要運用九宮格的時候，我都會儘量寫在電子紙上。

電子紙的好處是除了有現成的格子，還可以將寫好的內容複製貼上，更重要的是，我可以隨身攜帶過去撰寫的 2,000 多張九宮格筆記。

36 ｜ 觀察‧發明六宮格／九宮格

用三→六→九宮格提升發明創造力

　　在第 4 章裡，我已經介紹過用於提升創造力的「以發明物為出發點的縱向三宮格」。將兩個縱向三宮格並列，再將時間軸標籤設定為「Before → After」，便能形成「觀察‧發明六宮格」，讓創造力更上一層樓（見圖表 5-4）。

　　現代社會對創意的需求愈來愈高，不過，若只是單純的「新事物」，頂多只能說「具有獨創性」，而不一定稱得上「具有創造力」。

　　唯有當這個獨創的方法利用某種新方式解決了問題，才能算是具有「創造力」。換句話說，創造力的前提，就是解決問題的能力。

　　培養問題解決能力的好方法之一，就是「學習前人解決問題的方法」。

　　從日常生活中「已經解決的問題」裡找出「解決問題（發明）的要素」，加以觀察，就是發明六宮格。

　　接下來，我會以日本小學生的暑假作業「自由研究」為例，進行說明。建議各位可以鎖定較容易看出的「非對稱性」做為首

⑤（使用者覺得）不方便的地方	⑥變得方便的地方
④比較對象	①觀察對象
③局部觀察	②局部觀察

過去（問題解決前）　　　　　　　　現在（問題解決後）

不便之處尚未獲得解決的狀態　　　　不便之處已獲得解決的狀態

圖表 5-4　發明六宮格

先要觀察的「發明要素」。

　　首先要準備發明六宮格。請在手邊的白紙上畫出 3 條線，寫出一個日文「キ」字，把白紙分成 6 格。接著就像在第 4 章做過的練習：

- 在上方列填入解決問題的效果
- 在中間列填入觀察對象
- 在下方列填入解決問題的要素

　　分別給予標籤後，在橫軸寫下比較 Before ／ After 的內容。
請在圖表 5-5 的六宮格內依序填入：

① 找出日常生活中「含有非對稱性部分的發明物（方便的日
　　用品）」，設定為本次的觀察對象，填入右方欄中間列。
　　範例中觀察的對象是「非對稱剪刀」。
② 觀察①中「非對稱的部分」，填入右方欄下方列。
③ 從②中找出扣除非對稱部分後，仍呈對稱狀態的部分，並
　　填入左方欄下方列。
④ 將用於比較的對象填入左方欄中間列。

　　在這個範例裡，比較的對象是「把手部分形狀對稱的剪刀」。
在上述①和④的上方填入「⑤原本不方便的地方」與「⑥變得方
便的地方」。
　　這樣「發明六宮格」就完成了。首先請各位練習到可以快速
完成六宮格的狀態，如此一來，以往「看見非對稱事物時感到的
不自然」，應該就會變成「發現寶物一般的興奮感」才對。
　　**熟悉六宮格之後，請試著將六宮格的內容整理成一句發明觀
察句。基本的格式是「（觀察對象及其局部）為了（某種方便的
內容），因此（大小／形狀／方向）呈現非對稱的狀態」。**
　　只要持續練習這種發明觀察，就能提升創造力。

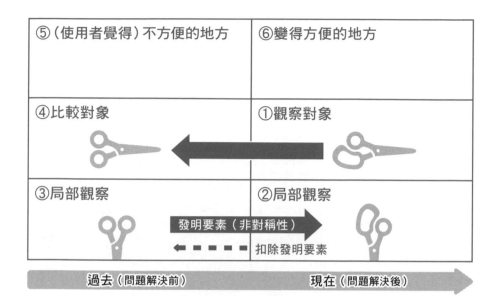

圖表 5-5　剪刀的發明六宮格練習題

　　我在東京大學和科學館舉辦的親子工作坊中，也介紹了上述的六宮格，結果大受好評，實際上也有孩子以此做為暑假的自由研究主題，交出了報告。除了人工發明物，熟悉六宮格後，昆蟲或植物身上的局部非對稱性，也可以做為思考的主題。請各位務必試著從身邊的日常用品挑戰看看。

「發明」科學觀察六宮格

⑤不方便的地方

難以施力……

⑥變得方便的地方

手指服貼
容易施力
（好剪）

超系統（環境・前提・背景）

使用者（物品
＋人）的觀點
被滿足的需求
是什麼？

④比較對象

便宜的剪刀

①觀察對象

剪刀

系統（主題）

系統軸

發明觀察句
剪刀的把手為
了容易施力，
因此大小呈現
非對稱的狀態

③局部觀察

把手部分
形狀對稱

發明要素（非對稱性）➡

⬅ 扣除發明
要素

②局部觀察

把手部分
形狀非對稱

子系統（具體要素）

創造者的觀點
科學的基礎　Creativity
（重現性・創造力）
實現上述目標的構
造與局部要素（資
源）是什麼？

過去（問題解決前）　　　現在（問題解決後）

時間軸

發明的進化史（趨勢）

找出發明要素後，便能進一步發現「工具進化的法則」。

我們可以將演變至前頁圖①之前的剪刀並排，將把手部分放大。

只要聚焦於非對稱性，就算不特地調查各款剪刀問世的年代，也能看出何者是舊時的產品，何者是現在的產品。為了追求「更好施力的形狀」，剪刀的把手部分漸漸變得不對稱（見圖表 5-6）。

	（過去1）	（過去2）	（過去3）
使用者	不易施力	容易施力	更容易施力
產品			
局部	相同的橢圓形	橢圓變形為非對稱	大小、形狀皆更加非對稱

圖表 5-6　剪刀的把手形狀

發明其實是有法則的，這裡的法則就是「若將某部分改為非對稱後，可以讓整體變得更方便，則只要加強非對稱的程度，就會變得更方便」。在 TRIZ 的世界裡，這就稱為「進化趨勢」。

例如，鏡片有圖表 5-7 的各種形狀（最右側的圖也是鏡片，例

如隱形眼鏡等）。

圖表 5-7　鏡片的各種形狀

而鏡片「非對稱性由低至高的順序」與「問世的順序」是一致的。另外，在卡車的照後鏡上，也可以觀察到非對稱性的增加。新幹線車頭的形狀雖然左右對稱，但前後的非對稱性卻愈來愈明顯（見圖表 5-8）。

圖表 5-8　新幹線車頭的形狀

不只是人造產物，就連在生物的演化過程中，也可以看到非對稱性的增加（例如招潮蟹、寄居蟹的左右非對稱，或是獨角仙、蜻蜓前翅後翅的前後非對稱）。

發明九宮格

使用「Before → After →預測」×「使用者／發明物／發明要素」，便能「預測」發明。

第一個預測就是「剪刀的把手形狀應該會變得愈來愈不對稱」。我們可以找出對稱的部分，將它改為非對稱。

　　與第 231 頁九宮格裡最左側的兩個圖相比，可以發現把手的形狀變得更不對稱了。只要繼續提升把手的非對稱性，應該就能更服貼於手掌。

　　另一個預測是「剪刀的其他部分應該也會變成非對稱」。

　　剪刀是一種槓桿，有「施力點‧支點‧抗力點」。由於將做為施力點的把手改為非對稱形狀後，剪刀就完成了進化，因此我們可以預測：接下來只要把支點或抗力點也改為非對稱形狀，剪刀應該就會變得更好用。

　　實際調查後發現，文具公司 RaymayFujii 有一款名叫「SWINGCUT」的剪刀，支點不對稱，用起來更省力。看來這個預測是正確的。

將「統一粒度再比較」視為理所當然

　　看完了觀察‧發明六宮格及九宮格的介紹，各位覺得如何呢？

　　正如本書反覆強調的，九宮格思考法做的並不是什麼創新的事，它只是讓創意以一種易於傳達的形式浮現在腦海，並加以結構化罷了。

　　例如，拿人類和貓來比較，並不奇怪；但是如果拿「人類的生活環境」和「貓的細胞」來比較，就很不自然。較為自然的對比如下：

① 人的生活環境與貓的生活環境
② 人與貓
③ 人的細胞與貓的細胞

　　透過這些比較，各位應該可以發現①和③有許多共同點。在進行比較的時候，只要將粒度統一，就能看出共同點。而六宮格就是能幫我們將上述概念變成慣例的工具（見圖表 5-9）。

人的生活環境	貓的生活環境
人	貓
人的細胞	貓的細胞

圖表 5-9 「人與貓」六宮格

　　兩者之間的共同點愈多，差異就會愈明顯。人和貓在外表上有極大的差異，但假如只看細胞，就會有許多共同點。正因如此，細胞中基因的不同，才會格外明顯。

　　在商務場合中，經常出現彼此對話粒度不一致的情形。倘若沒有意識到顧客需求和公司資源粒度的不同，就好比將「人類的生活環境」跟「貓的細胞」混在一起討論。

　　我曾向一位傑出的顧問討教一個令我納悶已久的問題：「MECE（不重複、不遺漏）真的有效果嗎？能完美切割成 MECE 的狀況，不是很罕見嗎？」

　　他答道：「喔，『依照 MECE 原則來分割』的說法，其實只是為了圖方便而已。重點是透過請客戶以 MECE 的概念分類自己所提出的問題，使他們意識到問題的粒度，並統一粒度。」

　　我這才恍然大悟。

　　大家熟悉的腦力激盪也是一樣。把每個人寫下的便利貼依照

「類似的主題」分類 —— 到這個步驟為止都沒有問題，但「需求」和「資源」仍摻雜在一起。

　　倘若引導者的能力夠好，應該會依照問題的粒度來區分，例如，「問題使用粉紅色的便利貼」、「解決方案使用藍色的便利貼」、「中間或其他的發現使用黃色的便利貼」。

分析剪刀的九宮格

	Before	After	預測
使用者	不易施力	容易施力 ＝用很小的力量就能剪開	用更小的力量就能剪開
產品			
局部	左右對稱	施力點非對稱	支點非對稱 抗力點也非對稱

37 | 熱銷商品分析六宮格／九宮格

掌握熱銷商品的模式

比較過去和現在，對於分析事物有很大的幫助。「以熱銷商品為出發點的縱向三宮格（第 182 頁）」，也是一個比較過去和現在（傳統和新創）的好方法。

首先把兩個縱向三宮格並列，組成六宮格，就能分析該商品暢銷的原因是「需求的變化」還是「資源的變化」，也能與他人分享內容。

在第 184 頁為了介紹口袋保溫瓶所寫的文章，也可以精簡地統整成圖表 5-10 的六宮格。

此時挑選來做為比較的對象，將會影響六宮格是否容易填寫，以及是否能輕

傳統（過去）	新創（現在）	
想在長時間外出時帶著可以分成許多次飲用的水	在短暫外出或在家裡，只想在手邊放可供飲用一次的水	需求
傳統保溫瓶	口袋保溫瓶	產品
350毫升以上的保溫瓶 500毫升的寶特瓶	120毫升的保溫瓶	資源

圖表 5-10 「保溫瓶」六宮格

鬆傳達給他人。

　　若要比較掌上型電風扇和傳統電風扇，便可製作出如圖表5-11的六宮格。

家裡的涼風	散步時的涼風 在悶熱辦公室裡的涼風 從外面剛回到家時的消暑方法
傳統電風扇	掌上型電風扇
透過電線供電 有定時功能 3片大小相同的扇葉	USB充電・可長時間使用 噴霧功能 靜音設計（大小交錯的扇葉）

需求（預設客群的使用場景）

產品

資源

傳統（過去）　　　　　新創（現在）

圖表 5-11 「電風扇」六宮格

　　大多數人可能都會選擇傳統電風扇來做比較，然而比較的內容卻似乎不太容易理解。

　　假如挑選介於兩者之間的「USB桌上型電風扇」來當作比較的對象，就可以整理成如圖表5-12的六宮格。

　　將兩者之間的差異縮小，就更清楚易懂了。

打電腦時的涼風 在悶熱辦公室裡的涼風	散步時的涼風 在悶熱辦公室裡的涼風 從外面剛回到家時的消暑方法	需求
USB桌上型電風扇	掌上型電風扇	產品
USB充電 靜音設計	USB充電．內建大容量電池 靜音設計（大小交錯的扇葉） 噴霧功能	資源
傳統（過去）	新創（現在）	

圖表 5-12 「桌上型 vs. 掌上型電風扇」六宮格

　　此外，透過設定不同的比較對象，也可以呈現出熱銷商品不同的面向。接下來，我們要用六宮格來比較 Uber Eats 與最主流的外送服務 —— 外送披薩。

　　利用 3 列來進行比較，便能看出兩者各自的特色。

　　相較於外送披薩，Uber Eats 使用情景中最具特色的一點，就是「舉辦小型聚會」。

　　而假如跟外送壽司做比較，又會出現什麼樣的結果呢？讓我們來試試看。各位應該可以從中看出 Uber Eats 的另外一種面向（見圖表 5-13）。

　　接著，請站在不同的角度，以「外送員的視角」來填寫六宮格。

家庭主婦→雙薪家庭 有客人造訪時，雖然自己下廚比較省錢，但仍會選擇外送聚會分享	獨居人口增加 隨興的小型聚會 琳瑯滿目的選項	需求（預設客群的使用場景）
外送披薩／壽司	Uber Eats	產品
● 滿額免外送費 ● 由各連鎖店分配外送區域 ● 外送員由店家僱用	● 媒合消費者、店家、外送員三者的演算法 ● 餐點和外送員皆為單筆契約	資源（基礎技術・特徵）
傳統（過去）	新創（現在）	

圖表 5-13 「外送食物」六宮格

具體而言，就是將「兼職披薩外送員」設定為比較的對象。我整理出的內容如圖表 5-14 的六宮格。

如上所述，將 2 個三宮格組成六宮格，再進行比較，便更容易凸顯出熱銷商品的特色。

利用六宮格提升創造力，可以分成以下 3 個步驟。

① 找出想要分析的熱銷商品，繪製六宮格，將商品名稱寫在右方欄中間列。

② 將這項商品的需求填入右方欄上方列，將能夠滿足這個需求的資源填入右方欄下方列。如此一來，右方欄的三宮格便完成了。

必須持有機車駕照，幾乎不需任何專業技能 店家提供專用機車，無需初期成本	一支手機就全部搞定 利用零碎時間從事副業的需求 騎自行車送餐，順便運動	需求（預設客群的使用場景）
兼職披薩外送員	Uber Eats	產品
• 專用機車 • 必須熟記餐點，收款 • 由店家僱用，輪班制	• 媒合消費者、店家、外送員三者的演算法 • App支援信用卡支付，外送員只要專心送餐即可	資源（基礎技術・特徵）
傳統（過去）	新創（現在）	

圖表 5-14 「外送員」六宮格

③ 把想拿來跟這個熱銷商品（服務）比較的傳統熱銷商品（服務）寫在左方欄中間列，同樣地，將需求填入上方列，資源填入下方列。

需求資源三宮格 ×3 欄＝熱銷商品的歷史九宮格

選擇掌上型電風扇的比較對象時，相較於傳統電風扇，USB桌上型電風扇確實略為小眾。這時，若將 3 個縱向三宮格並列如圖表 5-15，便可一覽熱銷商品的歷史。在習慣之前，各位或許會覺得資訊量稍多，但在熟悉九宮格思考法之後，這樣的資訊量其實恰到好處。

家裡的涼風	打電腦時的涼風 在悶熱辦公室裡的涼風	散步時的涼風 在悶熱辦公室裡的涼風 從外面剛回到家時的消暑方法	需求
傳統電風扇	USB桌上型電風扇	掌上型電風扇	產品
透過電線供電 有定時功能 3片大小相同的扇葉	USB充電 靜音設計	USB充電・內建大容量電池 靜音設計（大小交錯的扇葉） 噴霧功能	資源
傳統（過去1）	傳統（過去2）	新創（現在）	

圖表 5-15 「電風扇」歷史九宮格

　　另外，與他人分享時，若將「共通（具普遍性的）需求」整理在上方列，便會更清楚易懂（見圖表 5-16）。

（在酷熱的時候）想要迅速降溫！ →		需求
傳統電風扇	USB桌上型電風扇	掌上型電風扇
		產品
透過電線供電 有定時功能 3片大小相同的扇葉	USB充電 靜音設計	USB充電‧內建大容量電池 靜音設計（大小交錯的扇葉） 噴霧功能
傳統（過去1）	傳統（過去2）	新創（現在）　資源

圖表 5-16　統整共同需求

Column
用九宮格傳達後勤支援力與 8 個新世界

　　仔細想想，我的才華似乎是比別人更擅長「理所當然地」想到該如何扮演「後勤」的角色。

　　我在高中和大學時期並沒有特別優秀，成績大概中上而已。

　　我在大學時重振了 3 個學生團體，當時有一位大我 3 屆、能力出眾的學長曾驚訝地對我說：「你的精力也太旺盛了吧！」另外，對於我贏得桌遊「卡坦島」的日本冠軍，目前育有 3 個小孩，跟妻子各有工作，還出了書，大家也經常表示訝異。

　　有人說「努力無法贏過才華」，但同時也有人說「努力也是一種才華」。

　　而我想在上述說法後面再加一句：「等你不覺得自己的努力是努力，就變成一種才華了。」

　　在剛開始學習九宮格思考法時，抱著嘗試的心態畫出 4 條線，或許是一種努力，但是在持續練習的過程中，製作九宮格會漸漸變得理所當然。

　　我相信，等你絲毫不覺得自己在「付出努力」時，就是「使用九宮格思考法的才華」在你心中萌芽的時刻。

　　為什麼我會這麼想向世人宣傳「後勤支援能力」呢？其實是為了包括我 3 個孩子在內的下一代。

　　近年，駭人聽聞的社會案件頻傳。

　　秋葉原的隨機殺人事件、相模原安養設施的殺人事件、新幹線上的隨機殺人事件……。這些事件的共通點，就是凶手「對人生感到絕望」。

　　而最令我憂心的是日本「每年自殺人數超過 3 萬人」，據說自殺是 20 歲到 39 歲國民死因的第 1 名。

　　事實上，我也有 3 位高中同學已經過世。雖然不確定是否屬實，但聽說其中 2 位正是自殺身亡。每次想到他們，我總是心痛無比。

　　上述話題儘管有點沉重，但痛苦也能成為力量。而「後勤支援能力」的意義，就是提醒我們：自己有餘力時，應該帶給別人更多力量。

　　愈是難過，我們的眼界就會變得愈狹窄。這時能幫助我們拓寬視野的，就是九宮格思考法。只要畫出 4 條線，就能看見另外 8 個新世界。這不是賣火柴的小女孩看見的那種幻影，而是由「真實存在的世界」中截取的九扇窗。

　　但願「九宮格思考法」能成為更多人的「才華」，除了幫助人們克服瓶頸，更希望它能成為一種替日本乃至於全球開創「新世界」的工具。

38 ｜ 預測事業未來的
鳥居型七宮格

從需求和方法推測商品趨勢

常言道：「愚者從經驗中學習，智者從歷史中學習。」

想針對某種產業培養富有創造力的商業頭腦，最重要的就是了解該產業的歷史。

這時，我們不能茫無頭緒地亂想，而是**必須思考該產品能讓消費者「樂意掏錢出來購買」的「理由（Why）」，也就是消費者的普遍需求，以及實現此需求的「方法（How）」**，如此便能完成有助於提升創造力的分析圖。

這就是以「1+2×3=7個格子」組成的「分析鳥居」（見圖表5-17）。

以都市的大眾運輸工具為例，最初為馬車鐵道，之後演變成路面電車，最後發展為地下鐵。這個變遷的歷史，在倫敦和東京皆相同。

加上「普遍需求（Why）」與「實現方法（How）」這兩個軸之後，便能整理出圖表5-18的分析鳥居。

「如果是這個產品，我很樂意掏錢出來購買！」 普遍需求 ⟶		
上兩代 事業	上一代 事業	做為主題的 事業
實現方法	實現方法	實現方法

圖表 5-17　分析鳥居

②想快速地在城市裡移動！		
④馬車鐵道	③公車、路面 電車	①地下鐵
⑤馬匹 　木製車輪	⑥引擎 車道、軌道 道路鋪設技術	⑦馬達 鐵製車輪 隧道挖掘技術

圖表 5-18 「大眾運輸」分析鳥居

　　首先，將設定為主題的事業（地下鐵）填入右方欄中間列。
願意付錢搭乘地下鐵的人，普遍需求就是「想快速地在城市裡移
動」，請將這一點填入上方列。在地下鐵問世之前，這個需求是
透過公車，以及更早的馬車來滿足的，請把這一點填入中間列（中
間欄填入公車，左方欄填入馬車）。

　　針對上述三者，將「動力來源」以及「使其實現的資源中最
具代表性的部分」填入下方列，分析鳥居就完成了。

　　填入這些資訊後，再重新瀏覽歷史。對於「想快速地在城市
裡移動」的需求，過去是由「驛馬車」來滿足。過去很長一段時
間裡，馬匹是人類所能操控的動力當中，最適合做為交通工具的
手段。當時的馬車皆為木製車輪。在日本，牛車和轎子也是舊時
重要的交通工具。

　　之後，可做為動力的引擎問世，緊接著又出現了使用橡膠輪
胎的汽車。隨著汽車的普及，道路的鋪設也日趨完備，於是公車
取代了馬車，成為都市的主要大眾運輸工具。

　　但是汽車量產之後，私人轎車增加，導致都市的交通變得壅
塞。或許過去也曾有人提出讓公車在地面下行駛的點子，但實現
這個構想需要技術的配合，例如挖掘隧道的技術。

　　另外，假如公車排放出的廢氣蓄積在地底下，也會形成嚴重
的問題，因此在使用馬達的電車問世後，各大都市便逐漸發展出
地下鐵。

　　如上所述，針對既有的事業，以「共同的需求」及「資源」
的觀點，依照時間順序進行分析，便可提升創造力。

　　接下來，我們要以同樣的方式來思考電子顯微鏡。人們的普
遍需求是「想看（清楚）更小的東西」，而電子顯微鏡正是一款
能實現這項需求的產品。在電子顯微鏡問世之前，滿足上述需求

的是顯微鏡，而更早之前則是放大鏡。這些工具的實現，憑藉的
是發明鳥居下方列所示的資源（見圖表 5-19）。

想知道微小物體的構造		
放大鏡	顯微鏡	電子顯微鏡
玻璃透鏡 研磨技術低	透鏡 研磨技術高 蓋玻片	電子槍 訊號處理 成像技術

圖表 5-19　「顯微鏡」分析鳥居

　　最早的產品是以玻璃透鏡製成的放大鏡，隨著研磨技術的發
展及蓋玻片的發明，我們可以更靠近被觀察物，於是現在的顯微
鏡便誕生了。接著電子槍問世，訊號處理技術日漸成熟，便催生
了電子顯微鏡。

無形的商品怎麼使用分析鳥居？

　　適合用分析鳥居分析的對象，並不一定是有形的物體。只要
具備可提供的價值及構成要素，即使是無形的「服務」，也可以
做為分析對象。

　　例如，近年日本唯一的獨角獸企業（市價超過 1 兆日圓，約

新台幣 2,200 億元）「Mercari」，就是透過媒合「想把用不到的東西換成現金」及「想用更便宜的價格買到東西，就算是二手的也沒關係」這 2 個普遍需求，來滿足使用者的服務。在 10 年前，滿足這個需求的服務是雅虎拍賣，在更早之前則是跳蚤市場。上述事項也不能只是單純將資訊羅列，而是必須像圖表 5-20 一樣將構成要素列出，才能確實掌握。

	想把用不到的東西換成現金 想用更便宜的價格買到東西，就算是二手的也沒關係		
提供的 價值 （What）	跳蚤市場	雅虎拍賣	Mercari
構成要素 （How）	區民文化中心 邊走邊逛	網際網路 雅虎搜尋	智慧型手機 在APP內搜尋

圖表 5-20 「二手貨服務」分析鳥居

在雅虎拍賣之前，日本一度出現過「透過撥接式 BBS 站台舉辦的跳蚤市場」，但是卻沒有像網際網路和搜尋引擎一般形成潮流。**由此可知，儘管一個事業「提供的價值（What）」很好，倘若沒有伴隨適當的「實現方法（How）」，便無法發展為大事業。**同樣地，在「Mercari」之前，也存在過試圖利用「手機上網的方式（How）」來實現「雅虎拍賣所提供的價值」的事業，但卻沒有成功。

而「Mercari」之所以能大獲成功，是因為背後有「智慧型手機」這個方法的支持。

用 90 分鐘進行共創：腦力激盪鳥居

前面介紹的鳥居型 7 個格子，其實是我發明的簡略版九宮格思考法，名叫「腦力激盪鳥居」。

這是一種不必詳細說明九宮格思考法，也能讓一人或多人當場發揮創意的簡便思考法。

請用 4 條線畫出如圖表 5-21 所示的「鳥居型」，將畫面分為7 格，再填入以下項目。

②需求		
④ 過去的事業或產品	① 現在的事業或產品	⑦ 未來的事業或產品
⑤ 過去的方法・要素	③ 現在的方法・要素	⑥ 未來的方法・要素

圖表 5-21　鳥居型七宮格架構

首先，請將從以前流行到現在的事業或產品寫在中央的①。

接著請在上方列的②，填入該事業或產品的背後，令消費者

「（無論是以前或現在都）樂意掏錢出來購買」的普遍需求。

　　參考②和①，將重要的構成要素寫在下方列的③（在上一節裡，我將這個項目稱為「實現方法」，但事實上將它視為「構成系統的要素」，才能激盪出更多樣化的靈感）。

　　把在①問世之前滿足②需求的產品或服務填入左方欄中間列的④，再和③一樣，將其構成要素填入⑤。

　　比較⑤和③，思考兩者的構成要素將會如何進化，在⑥填入未來可能的構成要素。

　　由⑥和②組成的創意，就是結合了資源和需求、極有可能成為未來熱銷商品的點子⑦。

　　到這裡，我們先暫停一下，思考另一個例子。

　　例如前述提到的電子顯微鏡。

　　電子顯微鏡的出發點，是人們「想知道更微小的物體的構造」這個普遍需求。

　　電子顯微鏡的構成要素是處理訊號的技術，然而這個技術日後很可能會被 AI 取代。

　　此外，成像技術也可能慢慢與 VR 技術融合，再搭配原有的電子槍，便能想出「立體顯微鏡」的點子（見圖表 5-22）。

　　現在很流行「美容美體」事業。美容美體的出發點是消費者「想變美」的普遍需求。過去滿足這個需求的產品主要是化妝品。

　　比較兩者的構成要素，可以發現化妝品是以化學物質構成，美容美體則是使用超音波塑身；化妝品預設的是令身體局部產生變化，而美容美體則是預設能改變整個人的體態。

想知道微小物體的構造		
顯微鏡	電子顯微鏡	立體顯微鏡
透鏡 研磨技術高 蓋玻片	電子槍 訊號處理 成像技術	電子槍 AI處理 VR技術

圖表 5-22　顯微鏡的未來

　　若考慮到構成要素的技術發展，可知現代醫學對人體的基因結構已有更進一步的掌握，同時也更了解腸道菌叢，可將其應用於醫學。

　　將上述技術與「需求」結合，便可預測「腸道美容」事業成功的機率相當高（見圖表 5-23）。

　　如果是一個團隊一起進行腦力激盪，則不一定要從現有的服務開始思考，若從「普遍需求」開始著手，相信討論會更熱烈。

　　過去我在公司舉辦的工作坊當中，獲得最高票數的「普遍需求」是「想知道家人（尤其是配偶）的心情」。

　　假如能想出解決這個問題的辦法，說不定就能大發利市？請務必挑戰看看。

想保持美麗		
化妝品	美容美體	腸道美容沙龍
了解局部化學物質	了解人體整體結構 超音波	了解基因腸道菌叢

圖表 5-23　美容業的未來

WORK 實踐：鳥居書寫

■ 鳥居書寫的目的

利用約 60 分鐘的時間，與團隊成員一起想出一個「可提供的新價值及具體方案」。

■ 需要準備的物品

- A4 紙：7 張以上（若使用 A3 紙則需 3 張以上）
- 便利貼：每人 10 張以上（儘量準備黃色、綠色、藍色 3 種顏色。若用 A3 紙，也需準備 3 種顏色）

■ 事前須準備、決定的事項

- 如圖表 5-24 所示，將 7 張 A4 紙橫放，排成 3 欄 3 列，給予編號①～⑦（若使用 A3 紙，則排成 3 列）。
- 決定「未來」是幾年後。例如 5 年後（若現在是 2020 年，則設定未來為 2025 年）。
- 將「過去」設定為回推至上述時間 2 倍的時間點（在這個例子裡是 10 年前，也就是 2010 年）。
- 配合上面設定的時間，在編號①到⑦的 A4 紙上填入標籤（最理想的狀況是將標籤事先列印在 A4 紙上，不過也可以由團隊成員分工手寫）。

■ 提出構想的順序

▽ 步驟①：決定需求

- 由團隊成員一起決定「（無論是以前或現在都）令人樂意掏錢出來購買」的需求，或是由引導者宣布想要透過這次腦力激盪決定的內容。
- 將上述內容以斗大的字體寫在編號①「需求」的 A4 紙上（或是寫在便利貼，再貼在紙上）。

▽ 步驟②：現在提供的價值

- 針對①的需求，思考目前業界提供的服務或產品，

各自將想到的例子寫在便利貼上（在 1 分鐘內寫完 3 張後，再花 1 分鐘補充詳細內容）。完成後，每個人將自己的便利貼貼在編號②的 A4 紙上。此時可以把內容相同的疊在一起，內容相近的貼在附近。假如 A4 紙不夠，可視情況補充。（③之後的進行方式也一樣，每個人將想法寫在便利貼後，再貼在 A4 紙上。）

▽ **步驟③：現在的方法‧要素**

- 針對②列出的內容，各自寫下它們背後用了哪些方法和資源才得以實現。也可以針對別人寫的②發揮（同樣限時 1 分鐘寫 3 張）。各自將寫好的便利貼貼在 A4 紙上。

- 如果在②裡發現明顯不屬於「提供的價值」，而應該歸於「方法‧要素」的內容，就把便利貼移到③。

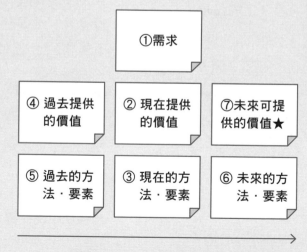

圖表 5-24　用 A4 紙排出鳥居

第 5 章　257

▽ **步驟④：過去提供的價值**

- 思考在過去的時間點（在這個例子裡是 2010 年），①的需求是以什麼方式滿足的？依照步驟②，將當時的狀態寫在便利貼，再貼到編號④的 A4 紙上。

▽ **步驟⑤：過去的方法‧要素**

- 針對④的內容，依照步驟③，各自將實現的方法寫在便利貼，再貼到編號⑤的 A4 紙上。

▽ **步驟⑥：未來的方法‧要素**

- 對照⑤過去的實現方法及③現在的實現方法，思考⑤和③所列舉的內容，在未來（在這個例子裡是 2025 年）會如何發展，或是被什麼事物取代，寫在便利貼上。
- 一般而言，⑤和③共通的項目，大多會留在⑥；而在⑤→③產生變化的項目，則有相當高的可能性會繼續變化（下方列的「要素」，會遵循後述的「追求更高理想」原則）。

▽ **步驟⑦：未來可提供的價值**

- 終於要進入本次腦力激盪的目的──針對未來可提供的價值創意發想了。請根據①～⑥的內容，思考未來可以提供哪些價值。
- 不能只依據①或②思考，而應參考④→②的演變或⑥的內容，思索「未來能滿足需求的價值提供」。
- 進行步驟⑦和步驟⑧時也和前面一樣，與其讓成員逐一發言，不如先讓每個人各自寫下 3 張便利貼，再開始進行較佳。

▽ **步驟⑧：改良創意**

- 不能在步驟⑦就結束，請思考大家在步驟⑦提出的點子，需要哪些方法‧要素才能實現，如此一來，便能釐清創造嶄新未來所

需的要素（⑥）。緊接著，再針對步驟⑦所提出的價值給予回饋（見圖表 5-25）。

請根據上述透過腦力激盪提出的創意，思考它們與需求之間的必然性有多高？從未來的方法‧要素來看，這項價值的可行性有多高？在投入市場時可能會遇到哪些阻礙？藉此篩選出合理可行的點子。關於如何篩選出可行的方案，坊間許多商業類書籍都有介紹，請依個人需求參考適合的書籍。

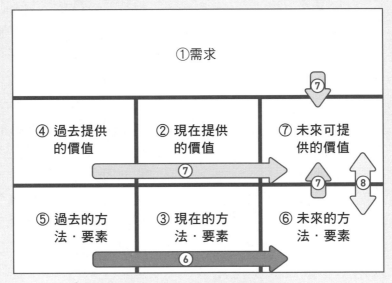

圖表 5-25　步驟間的關係

39 ｜ 推測熱銷商品九宮格

你能推測未來的電視節目型態嗎？

在橫向三宮格的問題 05 中，我們練習推測未來的電視節目型態，而該問題的參考答案，其實是我在製作了如圖表 5-26 的九宮格之後，整理而成的。

首先，傳統上最受歡迎的電視節目，當屬連續劇。許多人立志投入戲劇製作相關工作，而此類工作屬於勞力密集產業。此外，卡司陣容通常也是觀眾關心的話題。傳統連續劇較重視寫實，劇中演員扮演的角色通常都像實際存在的人物。

連續劇在拍攝時，會依時間順序將內容切割為許多「場景」或「鏡頭」。通常一季有 12 集，逐集播放。電腦繪圖（CG）技術通常用於為了增添寫實感的調色（color correction），或特攝片中的特殊效果。

然而 2020 年在新冠肺炎全球肆虐下，演員必須避免面對面接觸，造成傳統戲劇拍攝方式難以執行，因此包括 NHK 大河劇在內的許多戲劇皆被迫延期拍攝。由於疫情變化難以掌握，劇組無法預料必須停拍多久，因此「有彈性的節目企劃」便成了新的需求。另外，人們在疫情下被迫遠距工作，「與外界保持聯繫」的需求

也日漸增加。

　　於是，2020 年出現了許多益智節目，尤其是能與觀眾即時互動的節目。例如，我的大兒子很喜歡《東大王》這個綜藝節目，據說這節目自從改為現場直播形式後，收視率大幅提升，更登上推特的「流行趨勢」第 1 名。

　　這類電視節目大多將螢幕切割成 4 ～ 6 個小畫面，且不同於連續劇，每一集都是各自獨立的，而電腦繪圖技術多應用於畫面分割效果。此外，現在有愈來愈多節目會設定問題，請觀眾利用家中電視機遙控器上的「d 按鍵」與節目互動，或是在節目中討論推特上的熱門話題。

　　現在，請各位根據上述狀況，推測需求與資源未來會如何發展，以及「未來可能大受歡迎的電視節目」會呈現何種型態。

　　首先，疫情之下，人們在現實生活中的行動受到限縮，因此可以推測未來「自我實現型」的需求可能會增加，例如「希望自己的影響力可以反映在電視節目中」。特別是觀眾的參與，也可能會從過去的被動形式，轉為「可以由觀眾提出要求」的主動形式。也就是說，未來的需求會是「從以往電視台單方面播放節目，轉變為讓觀眾一同參與」。

　　長時間待在家裡，讓觀眾愈來愈習慣使用 YouTube。由此可知，比起被動等待電視節目的播出，觀眾更希望能主動搜尋自己想看的節目，亦即「可以立刻知道結局」的影片需求日益增加。

　　根據上述現象，我們可以預測下一個趨勢，可能是「多重結局的短集數連續劇」。

　　要實現這個構想，需要的資源就是「時間分割」與「空間分割」。不過所謂的分割，並非將電視畫面分割成多格，而是分割為「數位電視訊號」與「YouTube」，比較符合現實。為了滿足觀

眾想立刻知道結局的需求，原本分成 12 集的連續劇，也可能會縮短為 1 ～ 3 集就結束。同時，站在不同角色立場敘述的多重視角、多重結局劇本，也可能成為主流。

除此之外，未來或許會以虛擬角色取代真人演員。例如，原本就比一般連續劇運用更多電腦合成技術拍攝的《假面騎士》系列影集，就可以利用動態捕捉技術擷取替身演員的動作，再貼上演員的 3D 資訊，完成一齣戲。

如上所述，透過九宮格思考法，我們便能根據兩種熱銷商品（服務），推測出第 3 個未來可能暢銷的商品（見圖表 5-26）。

需求：預設情況	需求：預設情況	需求：預設情況	需求
• 許多人立志投入戲劇製作 • 關心卡司陣容 • 注重寫實	• 希望與外界保持聯繫 • 演員不能面對面接觸 • 注重有彈性的節目企劃	• 自我實現需求 • 參與節目 • 注重YouTube	
熱銷商品（服務） 連續劇（特攝片）	熱銷商品（服務） 互動式益智節目	熱銷商品（服務） 多重結局的短集數連續劇	商品
資源： 基礎技術・特徵 • 時間分割（鏡頭） • 1季有12集 • CG技術、調色、特殊效果	資源： 基礎技術・特徵 • 空間分割（多格畫面） • 各集獨立 • 分割畫面效果＋d按鍵／利用推特參與	資源： 基礎技術・特徵 • 以時間和空間分割 • 1～3集結束×多重結局 • 部分角色的動作可利用動態捕捉技術擷取	資源
傳統	新創	推測	

圖表 5-26 「電視節目的未來發展」九宮格

40 ｜ 企劃筆記九宮格

分析資訊便能輕鬆提出新企劃

將橫向三宮格「事實→抽象化→具體化」與縱向三宮格「Who ／ What ／ How」結合，便是「企劃筆記九宮格」。

利用這款九宮格，便能參考既有的熱銷商品或事業，輕鬆提出新企劃。

這次練習的主題是「百格計算[*]」。首先，在左方欄中間列（事實―What）寫下既有的熱銷商品，也就是事實。接著，在上方列填入顧客（及其需求），在下方列填入構成要素，也就是 How（見第 265 頁圖表）。

假設 Who 是「想加快運算速度的小學低年級學生」，則 How 有以下 3 個特徵：

- 10×10 的格子
- 運算符號
- 數字 $1 \sim 10$

---

[*] 此為日本教育學家陰山英男教授針對國小學生設計的學習方式。

　　我們將上述內容加以抽象化，會變成製作「百格○○」。

　　如果使顧客更進一步抽象化，就會變成「想加快運算速度的孩子」。要素如同中間欄下方列所示：

- 二維方格
- 計算指令
- 用於計算的數字

　　到了這個步驟，只要再加上某種「具體的課題」，就能激發創意。

　　例如，我女兒在準備考國中時，有時在計算上會出現誇張的錯誤。其實只要稍微概算一下，便不至於出現這樣的錯誤。

　　沒錯，當時她並沒有進行「概算」的習慣。既然如此，這便是父母親的責任，於是我立刻針對「想讓女兒習慣概算」這個具體的課題，應用了前述抽象化之後的解決方案。

　　我在右方欄上方列（Who）填入「準備考試的女兒」，在中間欄（What）填入「百格概算」。至於下方列的方法（How），則填入「6×6的格子」以及「進行概算」的指令。而用於計算的數字，則是將「0.9～1.1」×「0.01～1,000」填入6個格子裡（見圖表5-27）。

　　到這裡為止，我是用九宮格思考法做出簡單設計，最後的具體成果則如下頁所示。

算數的企劃筆記九宮格

顧客與需求 想加快運算速度的小學低年級學生	顧客與需求 想加快運算速度的孩子	顧客與需求 正在準備（國中）入學測驗的女兒	Who（顧客）
百格計算	百格〇〇	百格概算	What
構成要素 ● 10×10的格子 ● 運算符號＋－× ● 數字1〜10	構成要素 ● 二維方格 ● 計算指令 ● 用於計算的數字	構成要素 ● 6×6的格子 ● 概算 ● 0.01〜999	How（構成要素）

系統軸

事實　　　　　　抽象化　　　　　　具體化

時間軸

概算	0.99	0.98	0.096	999	0.99	3.14
1.08	1	10	0.1	1000	0.01	3
103	100	1000	10	100000	1	300
0.109	0.1	1	0.01	100	0.001	0.3
11	10	100	1	10000	0.1	30
0.21	0.2	2	0.02	20	0.002	0.6
3.14	3	30	0.3	3000	0.03	9

圖表 5-27　概算表

得知創意已實現反而是好消息

　　當自己費盡心思、好不容易想到了一個點子，卻發現別人已經早一步實現它了，一般人想必都會心有不甘吧。然而，假如養成使用九宮格思考法的習慣，便能在一瞬間就想出點子，如此一來，我們非但不會不甘心，反而會感謝對方幫自己實現創意。

　　其實，當時我確實有一個點子最後沒有採用，那就是「百格最小公倍數」。

　　我的目的是「想讓女兒迅速算出最小公倍數」。

　　只要把運算符號改為「GCM（最大公因數）」和「LCM（最小公倍數）」，就幾乎完成了。

　　然而在我想到這個點子之後，一搜尋，才發現原來早已有人提出同樣的構想，並大方分享在網站上，而且發明者不止使用「百格」，而是利用「180 格」來練習求最大公因數和最小公倍數。網站上還可以看見發明者的各種巧思，例如，改為 12×9 的格子，

或是每3格重複一次數字等。在此懷著敬意，分享這個網站（https://
kaminodrill.sakura.ne.jp/page_311.php）。

運用九宮格反覆改良企劃

　　將想法整理成九宮格，不但可以幫助我們養成撰寫企劃筆記
的習慣，更能輕鬆「反覆思考、改良創意」。實際應用的範例，
請參考「企劃九宮格」（第 390 頁）。

最小公倍數或最大公因數九宮格

想加快運算速度的小學低年級學生	想加快運算速度的孩子	正在準備（國中）入學測驗的女兒	Who（顧客）
百格計算	百格○○	180格LCM 180格GCM	What
構成要素 ● 10×10的格子 ● 運算符號＋－× ● 數字1～10	構成要素 ● 二維方格 ● 計算指令 ● 用於計算的數字	構成要素 ● 12×9的格子 ● LCM ● 數字1～60	How（構成要素）

系統軸

事實　　　　　抽象化　　　　　具體化

時間軸

41 ｜ 企業筆記九宮格

手把手分析企業的演變與未來

在這一節裡，我想透過我在東京大學授課時使用的「企業筆記」，來說明企業九宮格。

無須贅言，企業研究是我們在找工作或換工作時一定要做的功課。**在規劃行銷活動時，除了熟知「自己想賣什麼」，更必須了解「對方想要什麼」，此時企業研究也能幫上忙。**即使不是業務人員，新事業負責人或 R&D 在尋找共同研究的夥伴時，企業研究也極為重要。當然，在投資股票時，除了該企業的主力商品和股價，若能同時掌握該企業所處的環境及其握有的資源，也會有所助益。

用於企業分析的資料，除了「公司簡介」，還包括該企業在決算期針對股東大會及投資人提出的資料。這些資料裡通常會載明該企業提供的價值與未來的展望。

對企業來說，「客戶就是神」，而股東和投資人，當然也是非常重要的「客戶」（見圖表 5-28）。

現在，我們要以 NTT docomo 為例，實際製作企業筆記九宮格。最簡單的方法，就是從企業的官方網站收集資料；其中企業

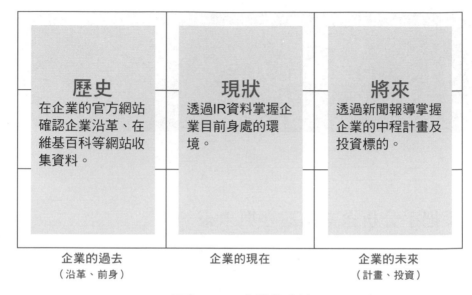

歷史	現狀	將來
在企業的官方網站確認企業沿革、在維基百科等網站收集資料。	透過IR資料掌握企業目前身處的環境。	透過新聞報導掌握企業的中程計畫及投資標的。
企業的過去 （沿革、前身）	企業的現在	企業的未來 （計畫、投資）

圖表 5-28　企業的分析

在「投資人關係」（Investor Relations, IR）項目中公開的資料，通常整理得較為清晰易懂（或許是因為比起瀏覽官方網站的一般民眾，投資人對時間更為敏感吧）。

以下內容是依據 NTT docomo 官方網站目前（2019 年 6 月）公開的〈NTT docomo 公司簡介與 2020 年代的持續成長目標〉（以下稱〈公司簡介〉）製成。

首先，將分析對象（目前）提供的價值（主力商品・服務）填入正中央（中間列）。

〈公司簡介〉第 3 頁的下半部，記載了 NTT docomo 的事業內容、主要服務項目及 2017 年度的營收。

毫無疑問，主力商品當然是行動電話服務。NTT docomo 和 au、軟銀（SoftBank）並稱行動電話三大龍頭。

　　根據 2017 年度的營收報告，NTT docomo 的營收有 8 成來自通訊事業，因此，在同一格中填入「光纖等通訊事業」。

　　在剩下的 2 成中，影音串流服務與通訊事業的大方向相同，因此選擇金融・支付服務填入。

　　接著在上方列填入企業所處的環境，也就是「股東・競爭對手・顧客」。

　　在 2019 年，NTT docomo 最大的股東當然是持股過半的 NTT。企業的事業活動通常會受到勢力較大的股東（創辦人等）影響（見圖表 5-29、5-30）。

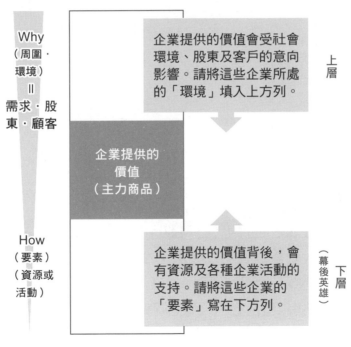

圖表 5-29　分析 NTT docomo (1)

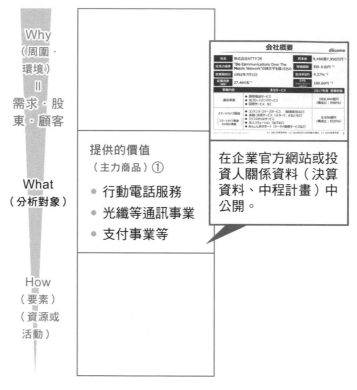

圖表 5-30　分析 NTT docomo (2)

接下來是競爭對手。

根據 NTT docomo 的〈公司簡介〉，在不久之前，其主要競爭對手是 au、軟銀以及第二類電信業者（Mobile Virtual Network Operator, MVNO），而到了現在，上述企業的「副牌」也都成了競爭對手。請將這些內容填入（見圖表 5-31）。

因為有需求，企業才能透過事業活動獲得營業額和利潤。企業提供的價值，往往會受到自己所處的環境左右。

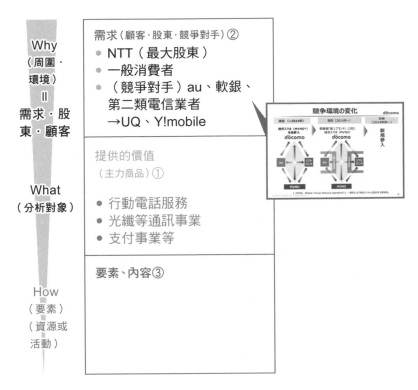

圖表 5-31　分析 NTT docomo (3)

　　至於顧客，根據〈公司簡介〉，NTT docomo 的主要客戶為一般個人消費者，而非法人客戶。20 世紀末那種單一企業有能力主導社會風潮的時代已經結束，現在的消費者可以先透過網路進行篩選，再做出判斷，因此 B2C 模式變得較難獲利。

　　身為一名消費者，在我所熟知的企業當中，也有一些漸漸從 B2C 市場撤退，轉向 B2B 後，營業額因而提升的企業（如 NEC、富士通、日立等），因此請勿單憑自己的印象就下定論，而應該透過企業對投資人公布的資料，確實掌握狀況。

　　在下方列（下層）填入「支持（企業）提供價值的要素」，
也就是列舉出為了實現中間列的「可提供的價值」，企業所採用
的各種要素。

　　請儘量選擇應用於多種價值的要素，而非只屬於中間列某個
價值的要素。

　　此時依然可以節錄〈公司簡介〉的內容，但如果你對該企業
已經有某種程度的了解，也可以自己思考並列舉出來。

　　在這個例子裡，我舉出了：

- 與行動電話服務及整體通訊事業相關的「基地台」（4G：
  第四代行動通訊技術標準）
- 實現行動電話服務與支付服務的關鍵「門號」
- 負責經營、管理上述事業，並直接面對客戶（且有許多門
  市）的「docomo shop」

　　至於下方列的構成要素，首先請將自己想得到的所有內容全
數列出，接著整理成可以清楚傳達的 3 個重點，就能完成一份理
想的筆記（見圖表 5-32）。

　　以上就是能夠代表 NTT docomo 的「現在」的三宮格筆記。
現在，讓我們試著比較透過三宮格做的筆記，以及沒有依照三宮
格概念區分的原始文章。

　　我在撰寫以下「NTT docomo 的現狀」這段文章時，儘量維持
與圖表 5-32 三宮格同等的資訊量。

　　我將彼此具有關聯性的項目儘量寫在一起，且儘量讓文章好
讀易懂。

Why
（周圍・環境）
＝
需求・股東・顧客

需求（顧客・股東・競爭對手）②
- NTT（最大股東）
- 一般消費者
- （競爭對手）au、軟銀、第二類電信業者
  →UQ、Y!mobile

What
（分析對象）

提供的價值
（主力商品）①

- 行動電話服務
- 光纖等通訊事業
- 支付事業等

根據各種資料與自身經驗，寫下企業所提供之價值的主要要素。

How
（要素）
（資源或活動）

要素、內容③
- 基地台（4G）
- 門號（主要為智慧型手機）
- docomo shop

在企業提供的價值背後，會有資源及各種企業活動的支持。請將這些企業的「要素」寫在下方列。

圖表 5-32　分析 NTT docomo (4)

NTT docomo 的現狀

　　NTT docomo 正如其名，是由 NTT 持有大多數股份，以行動電話服務聞名的公司。

　　主要販售可供一般消費者以智慧型手機行動上網的 SIM 卡，近年來 UQ、Y!mobile 等第二類電信業者也急起直追。

　　目前的基地台皆為 4G，擁有同等基地台的 au、軟銀亦是長期以來的競爭對手。

　　除此之外，NTT docomo 也經營光纖網路等通訊事業，而支付服務也是其主要事業之一。

　　這樣的文章，比九宮格的筆記更適合用來當作為了「獲得資訊」的 Input。或許有些讀者只要閱讀文章，就能在腦海中歸納出如前九宮格般的「資訊粒度」。

　　但是大多數的人，其實沒有辦法立刻判斷文章提到的資訊當中，哪些是對於 NTT docomo 來說難以控制的外部因素（相當於圖表 5-32 上方列的內容）？而通訊事業和支付事業，又屬於哪一種資訊粒度（圖表 5-32 中，中間列與下方列的差別）？

　　此時，只要像圖表 5-32 一樣，畫出 2 條橫線加以區隔，資訊的粒度就能一目了然，接下來的思考也會更順暢。

　　尤其是當資訊量更大，也就是同樣的三宮格再加上過去與未來，形成九宮格時，以線段區隔的效果將會更明顯。

　　接下來會繼續說明「利用九宮格製作企業筆記」的方法。

填寫企業筆記的「過去（左列）」

　　接下來我們要思考的是「過去欄」。從時序的角度來做比較，便能看出一些重點。

　　從企業沿革來看，NTT docomo 原為 NTT 的前身「日本電信電話公社」（簡稱「電電公社」）裡的「無線呼叫事業部」，後來獨立出來，設立了「NTT 行動通訊企劃股份有限公司」。

　　根據上述過程，便可理解現在 NTT 為其主要股東這一點，十分合情合理。

　　從公司設立的背景來看，NTT docomo 過去提供的價值（主力商品）為汽車電話及呼叫器（B.B.call）等行動通訊事業。

　　請將上述內容填入圖表 5-33 左方欄中間列（順帶一提，我習

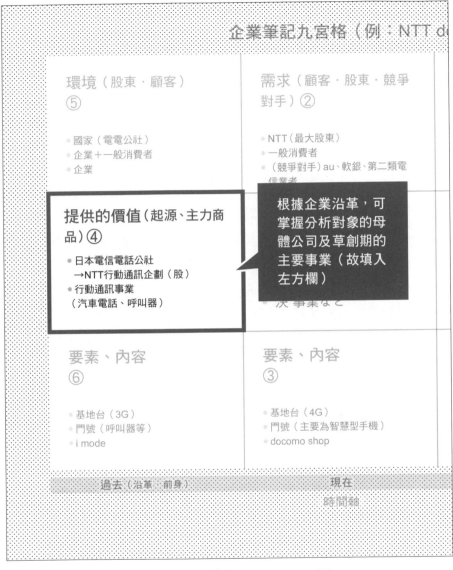

圖表 5-33　分析 NTT docomo (5)

慣將企業最早經營的事業稱為「公司的本籍」）。這些資訊往往
會濃縮在企業的名稱當中：**Do Communications Over The Mobile
Network**（電信溝通無界限）。

接下來，請對照中間列（現在），完成左方欄上方列。同樣
必須思考股東、競爭對手及顧客（見圖表 5-34）。

首先站在股東的觀點思考。NTT docomo 甫成立時，母公司是
NTT 的前身 —— 電電公社。換言之，國家正是其最大的股東。

當時的競爭對手，是主要提供呼叫器服務的 DDI Pocket，以
及其他提供 PHS 服務的電信業者。請填入上述內容。

最後思考顧客。當時會安裝汽車電話的車輛，大多不是私人
車輛，而是公司車或消防車、救護車等公家機關的車輛。

呼叫器（B.B.call）原本是企業為了與外勤員工（主要為業務
員）保持聯繫，而要求員工隨身攜帶的通訊工具。

由此可知，當時 NTT 行動通訊企劃的主要顧客為企業
（B2B）。

然而隨著呼叫器的價格愈來愈親民，不止企業，連一般消費
者都有能力購買。到了後期，許多高中女生已將呼叫器當作一種
「傳送訊息」的工具來使用。

接著填寫左方欄下方列。參考右側格子（中間欄下方列）的
內容，在此填入支援左方欄中間列（上方格子）所示價值的要素、
技術及事業活動（見圖表 5-35）。

首先，基地台在這個時期就已經存在，儘管當時還是第一代
或第三代（3G），頻寬較小，但 NTT docomo 的基地台幾乎涵蓋
日本全國，這正是其他競爭對手難以追上的差異化重點。至於門
號，雖然搭配的是呼叫器，但 NTT docomo 從當時便投入經營。最
後，過去雖然也有相當於 docomo shop 的門市存在，但當時

圖表 5-34　分析 NTT docomo (6)

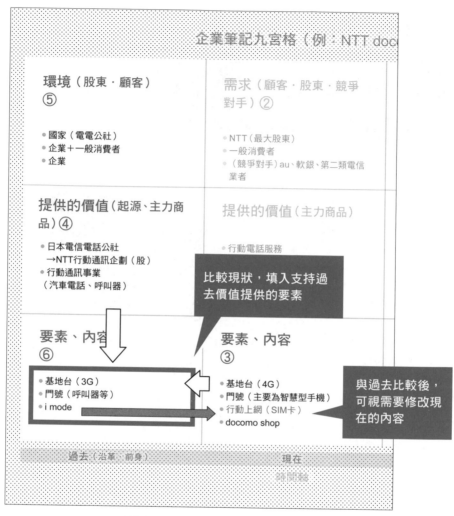

圖表 5-35　分析 NTT docomo (7)

docomo 行動電話的魅力遠勝於 DDI Pocket 及其他 PHS 業者的主因，乃是 NTT docomo 提供了日本最早的行動上網服務「i mode」。因此請將 i mode 填入下方列。

填入 i mode 之後，各位便會察覺中間欄下方列的內容也可以稍加補充。過去的 i mode，應該就是現在的網路和瀏覽器，因此可以在此填入「網路」或「瀏覽器」。

不過，比起網路或瀏覽器，NTT docomo 所提供的主要價值其實是行動數據傳輸，而這項服務的關鍵就在於 SIM 卡。

由此可知，消費者選擇使用 NTT docomo 的手機並與其簽約，並不是為了申辦門號，而是為了購買 SIM 卡。因此，我們可以將表示現在要素的中間欄下方列中原本填入的「門號」，改為「行動上網（SIM 卡）」。

含有大量對比結構，正是 3×3 九宮格與傳統筆記方法最大的不同。

過去欄填寫完成後，最後要填寫代表未來的右方欄（見圖表 5-36）。

前面填寫的兩欄皆為「事實紀錄」，而在代表未來的欄位中要填寫的則是尚未確定的事項。

首先在右方欄中間列填入未來可能提供的價值。

此時最值得參考的，就是分析對象公布在官方網站上的「MVV 宣言」。

- Mission（企業的使命）
- Vision（企業所描繪的未來）
- Value（企業所重視的價值觀）

企業網站上若有上述內容，便可稍加整理後填入。

以 NTT docomo 為例，我們可以在官方網站上找到「企業理念・願景」。

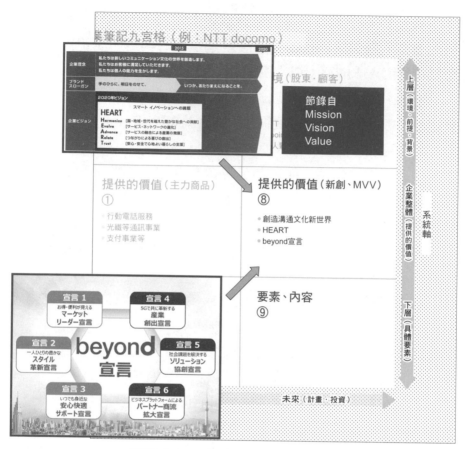

圖表 5-36　分析 NTT docomo (8)

　　根據官網的內容，其企業理念為：「創造溝通文化新世界。」
　　願景則是以「HEART」這 5 個英文字母所代表的「追求智慧創新」，這也必須填入。

　　企業在股東大會等場合上發表的中程計畫裡提到的目標，也可以做為「該企業未來可能提供的價值」的參考。NTT docomo 在中程計畫裡提到的「beyond 宣言」，就相當於這個部分。

在右方欄上方列填入「未來的環境」

接著繼續填寫代表未來的右方欄上方列（見圖表5-37）。

正如前述，請記得右方欄的內容皆為「推測」。

以股東結構為例，NTT並沒有資金方面的困擾，目前也沒有民營化的壓力，因此，可以推測「NTT為主要股東」的這一點，短時間內應該不會有變化。

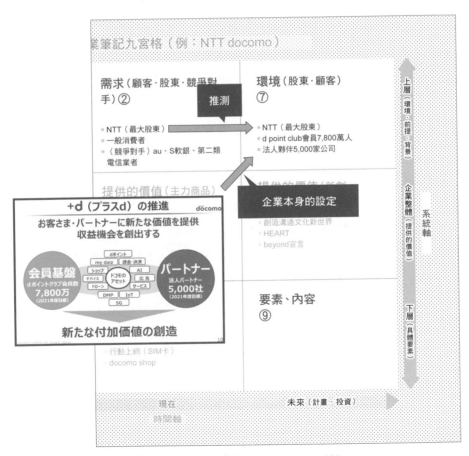

圖表 5-37　分析 NTT docomo (9)

　　請在右方欄上方列填入前述內容。

　　在填寫企業筆記九宮格剩餘的右方欄時，可以像填寫中間欄（現狀）時一樣參考〈公司簡介〉，從中找出該企業（在這個例子裡是 NTT docomo）公開宣布做為「未來預定計畫」的內容填入。

　　NTT docomo〈公司簡介〉的第 10 頁提到，「2021 年度的目標」是「讓 d point club 會員人數達到 7,800 萬人」（亦即讓 6 成以上的日本人都成為會員）。姑且不論這個目標是否能順利達成，既然企業已經公開宣告這個目標，我們便可將它填入右方欄上方列中。而根據另一個目標「讓法人夥伴達到 5,000 家公司」，我們可以推測未來 NTT docomo 的經營模式將會更貼近 B2B。

在右方欄下方列填入「未來的要素」

　　我們可以根據「過去事業活動的成績、投資標的與投資金額」，來預測中間欄企業價值實現的機率。

　　過去事業活動中的各個要素皆已形成組織，因此具有持續性。而在這些事業活動中使用的技術，也會持續不斷地進化。

　　若由左至右觀察下方列，可以發現 NTT docomo 至今仍致力於基地台的維護管理，因此我們幾乎可以確定 NTT docomo 未來將著手建設 5G 基地台。這個預測實現的機率，至少比右方欄上方列中有關顧客人數的 2021 年度目標要來得高。

　　此外，既然投注了大量資金，企業應該會培養相關的技術人員及業務人員，將這項投資發展為「可以產生價值的事業活動」。NTT docomo 在〈公司簡介〉中也提到未來將投資 1 兆日圓（約新台幣 2,200 億元）建設 5G 基地台，因此我們可以推測這將成為

NTT docomo 未來事業活動的主軸。

　　從門號→ SIM 卡的演變過程看來，可知兩者皆為「專屬個人的訊息傳達工具」。而電話號碼過去是以「家」或「企業裡的一個部門」為單位，現在的智慧型手機（SIM 卡）則是以「個人」為單位。根據這一點，可以判斷電話號碼服務的對象逐漸縮小。再考量科技的進步，我們可以推測：未來也許會推出某種比 SIM 卡還要小的穿戴式裝置，而 IoT（Internet of Things）可能會成為此事業活動的重要因素。

　　由於右方欄提到 NTT docomo 未來將愈來愈重視法人夥伴，中間欄中間列也提到其目前的主要事業（提供的價值）之一為支付服務，故我們可以推測 NTT docomo 未來主要的業務，或許是「針對法人的服務（支付？）」（見圖表 5-38）。

　　到這裡，我們已經把企業筆記九宮格全部填滿了。**在撰寫企業筆記時，原則上會依序填入中間欄→左方欄→右方欄，而在說明時，則習慣依照時間順序，以左方欄→中間欄→右方欄的順序說明。**

　　接下來，我們要練習依據筆記來介紹 NTT docomo。

掌握企業筆記的整體輪廓

　　NTT docomo 最早是現在 NTT 的前身 —— 日本電信電話公社行動通訊事業的子公司，主要股東是電電公社，也就是國家。NTT docomo 草創時期最暢銷的商品是呼叫器，當時主要的客戶是企業，但隨著呼叫器的價格變得平易近人，在一般消費者之間也逐漸普及；當時許多高中生會將呼叫器上顯示的數字當作訊息互相傳送。

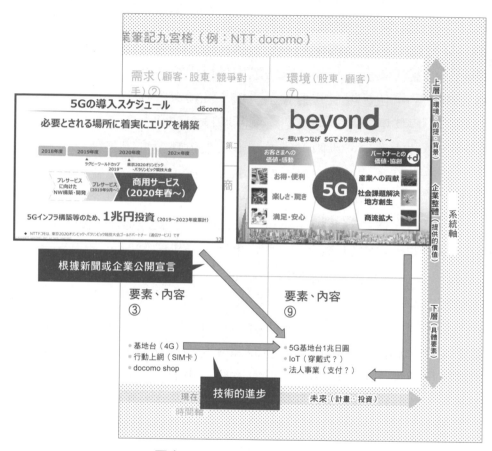

圖表 5-38 分析 NTT docomo (10)

之後，藉由在行動電話上附加網路功能 i mode，一舉拉開與其他競爭對手的距離（到這裡為止是左方欄）。

接下來是中間欄。

NTT docomo 是 NTT 的子公司，截至目前（2019 年）為止，NTT 擁有 NTT docomo 一半以上的股份。

NTT docomo 主要的事業是行動電話服務、光纖等通訊事業，以及針對法人的支付服務等。

基地台由 3G 發展為 4G。在行動電話事業中，主要提供的服務是行動上網而非語音通話。docomo shop 是販售 SIM 卡的門市，靠收取月租費營利。競爭對手包括 au、軟銀以及第二類電信業者。

最後是右方欄。

NTT docomo 自認未來可以提供的價值包括：

- 創造溝通文化新世界
- HEART
- beyond 宣言

目前除了投資 1 兆日圓建設次世代 5G 基地台，同時也投資 IoT 技術，而這應是由於未來 NTT 仍將穩定為其主要股東的關係（事實上，NTT docomo 在 2020 年 12 月已經完全成為 NTT 的子公司）。

NTT docomo 的目標是將法人夥伴增加至 5,000 個公司、d point club 會員人數達到 7,800 萬人。與行動通訊產業的其他競爭對手相比，NTT docomo 長期與法人保持頻繁的業務往來，故未來有望利用此優勢，以法人事業為主軸持續發展。

以系統軸角度檢視企業筆記

接著讓我們逐列確認。

九宮格思考法的上方列，是用來思考「比分析對象還要大的空間・系統」的位置。套用於企業分析，便相當於企業的顧客、股東以及競爭對手等，也就是「企業所處的環境」。

　　中間列是用來思考「分析對象本身規模」的位置。這裡填入的是企業所提供的價值，同時也記錄了企業的事業活動及 MVV。

　　下方列是用來思考「比分析對象還要小的空間」的位置，在這裡我們填入了構成中間列內容的主要要素。

　　如此檢視之後，相信各位應能感受到這份筆記使用粒度一致的觀點，記錄了企業的「過去・現在・未來」。

企業筆記九宮格（例：NTT docomo）

環境（股東·顧客）⑤	需求（顧客·股東·競爭對手）②	環境（股東·顧客）⑦
• 國家（電電公社） • 企業＋一般消費者 • 企業	• NTT（最大股東） • 一般消費者 • （競爭對手）au、軟銀、第二類電信業者	• NTT（最大股東） • d point club會員7,800萬人 • 法人夥伴5,000家公司
提供的價值（起源、主力商品）④	提供的價值（主力商品）①	提供的價值（新創、MVV）⑧
• 日本電信電話公社 　➡ NTT行動通訊企劃（股） • 行動通訊事業（汽車電話、呼叫器）	• 行動電話服務 • 光纖等通訊事業 • 支付事業等	• 創造溝通文化新世界 • HEART • beyond宣言
要素、內容⑥	要素、內容③	要素、內容⑨
• 基地台（3G） • 電話號碼（呼叫器等） • i mode	• 基地台（4G） • 行動上網（SIM卡） • docomo shop	• 5G基地台1兆日圓 • IoT（穿戴式？） • 法人事業（支付？）

過去（沿革·前身）　　現在　　未來（計畫·投資）

時間軸

上層（環境·前提·背景）

企業整體（提供的價值）

下層（具體要素）

系統軸

WORK 製作屬於自己的企業筆記九宮格

練習題

請各位找一個自己感興趣的企業，依照前面的說明，用圖表5-39製作一份企業筆記。思考時需要注意的重點是：

(1) 首先依照標籤，填寫中間欄（企業的現狀）。通常在「投資人關係（IR）」公開的資料中都整理得非常完備。

(2) 接著對照中間欄，填寫左方欄（企業的過去）。企業官方網站上的「公司沿革」裡，通常都會載明草創時期的資訊。也可以搜尋在官方網站上看到的商品名稱，整理資料後做為補充。

(3) 最後根據左方欄→中間欄的內容進行推測，填入右方欄（企業的未來）（尤其是上方列）。和步驟(1)一樣，「投資人關係」會是值得參考的資料。中間列填寫企業提出的理念和使命。若企業有鉅額的投資計畫，也請別忘了寫在下方列。

圖表5-40～5-43的答案範例，是東京大學的學生實際製作的九宮格，倘若各位還無法完全掌握要領，歡迎參考。

圖表 5-39　企業分析練習題

　　以下是東京大學的學生在上完課之後實際製作的企業九宮格。

【分析對象：好菇道】

食用菇類的人	重視健康的消費者	想減重的人	環境・前提・背景
菇類	藥理效果的研究	具有減重效果的菇類	企業整體
增加真菌的技術	外銷通路 新品種的開發	找出菇類中具減重效果成分的技術	具體要素
過去（沿革・前身）	現在	未來（計畫・投資）	

圖表 5-40　「好菇道」企業筆記九宮格

【分析對象：任天堂】

一般消費者	● 一般消費者 ● 銀行	想確認國外是否也有股東	環境・前提・背景
遊戲、Switch DS、Wii	遊戲機 遊戲軟體	希望任天堂能發展遊戲以外的產品	企業整體
劇情 研發	遊戲軟體 網站（漫畫、雜誌）	確實需要程式設計與電子迴路設計技術	具體要素
過去（沿革・前身）	現在	未來（計畫・投資）	

圖表 5-41　「任天堂」企業筆記九宮格

【分析對象：Square Enix】

過去（沿革・前身）	現在	未來（計畫・投資）	
家用遊戲	家用遊戲	家用遊戲 遊戲硬體公司	提・背景　環境・前
遊戲軟體	遊戲 出版	無須硬體的遊戲	企業整體
劇情 研發	遊戲軟體 網站（漫畫、雜誌）	線上處理 伺服器	具體要素

過去（沿革・前身）　　　　現在　　　　未來（計畫・投資）

圖表 5-42　「Square Enix」企業筆記九宮格

【分析對象：旭化成】

過去（沿革・前身）	現在	未來（計畫・投資）	
● 一般家庭 ● 企業	● 一般家庭 ● 企業	● 企業 ● 國家	提・背景　環境・前
日本氮素肥料 →旭絹織股份有限公司 Saran Wrap、Ziploc	材料（燒鹼等） 住宅（Hebel Haus等） 健康照護（骨質疏鬆症治療藥物）	● 發揮多元專業，發展各種新事業 ● 海外業務智財戰略 ● 致力防治舞弊	企業整體
野口遵在延岡市首度成功以卡薩雷法（Casale Process）合成氨肥	● 澈底落實法遵 ● 尊重員工特性 ● 與社會共生 ● 推動責任照顧	● 研發資金901億日圓 ● 產官學合作	具體要素

過去（沿革・前身）　　　　現在　　　　未來（計畫・投資）

圖表 5-43　「旭化成」企業筆記九宮格

　　為什麼要在企業筆記裡註明「環境」呢？接下來，我將說明在利用九宮格製作企業筆記時釐清「上層」的好處。

　　假設你是 X 公司的業務員，過去公司開會時，主題多是討論如何瓜分客群與公司重疊的業界龍頭 A 公司的市占率。

　　然而，最近會議的主軸，開始轉為討論如何瓜分客群與公司不同的業界第 2 名 B 公司的市占率，主管的言論也和過去的主張出現矛盾。遇到這種情況時，你會怎麼想呢？

　　「因為我們公司打不贏 A 公司，所以把目標轉向 B 公司？」
　　「公司正在準備轉型？」
　　「主管的判斷標準變了？」

　　那麼，接下來究竟應該將誰視為公司未來的競爭對手呢？要繼續鎖定 B 公司？還是回到之前的 A 公司？又或是會出現另一個 C 公司……？在這種情況下，即使想事先花點時間做一些（可以讓後續工作更輕鬆的）準備，大概也會不知該從何下手，連帶導致工作效率低落……。

　　不過，假如這時正好有機會跟主管輕鬆地喝酒聊天，私下得知「公司未來可能會與 A 公司合併」這種「屬於上層的背景」，就能理解主管的態度其實始終一貫，而短期內最重要的課題則是 B 公司。

　　上面的案例，各位是否於公於私都曾經歷過呢？只要掌握「上層」的資訊，就能瞬間讓視野變得更清晰。

　　想藉由企業筆記預測企業未來的發展，就必須釐清企業所處的環境。

【企業筆記九宮格　圖片出處】

- https://www.nttdocomo.co.jp/corporate/about/philosophy_vision/index.html
- https://www.nttdocomo.co.jp/corporate/about/philosophy_vision/strategy/

42 ｜ 空間九宮格、系統九宮格

善用九宮格如同加入保險，能保障未來

　　到這裡為止，我們已經看到許多範例，它們以不同的模式，利用「橫向三宮格」×「縱向三宮格」整理資訊。

　　上述方法最大的特徵，就是透過掌握自己所處的環境（超系統），預測未來可能的走向，再思考具體的解決方案。

　　正如第4章所述，縱向三宮格的共同點，就是「上方列的內容為較大的空間」、「下方列的內容為較小的空間」。

　　世上有許多不同種類的保險，包括壽險、產險、火災險等，而所有保險的基本原理都是相同的：**每個人都可能在人生中遇到無法預料的交通事故或疾病，但是只要有足夠的人數加入保險，就能做出較為準確的預測**。如此一來，保險公司便能設定合理的保費，穩定經營。

　　「讓許多人加入保險」與「設定一個較大的空間」，其實有個共同點：「設法包含更多要素」。事實上，設定的空間愈大，就能愈輕鬆地針對「以個人能力無法改變的大環境」進行預測。

　　例如，若將「整個地球」視為「地球上最大的空間」，則「地球24小時自轉一圈」可說是幾乎不會改變的事實。另外，某一特

定地點的風，可能會從東西南北各個方向吹來，但假如從日本上空俯瞰，便可發現在這個緯度吹的永遠都是「西風」，也就是「由西往東吹的風」。

在人們的生活中，因為「設定的空間愈大，預測就愈準確」而受惠的例子，就是「天氣預報」。

在預測明天的天氣時，若思考「一年前或兩年前的今天是晴天還是雨天」，雖然比毫無根據地亂猜要來得好一些，但頂多也只能做為參考。

真正的天氣預報，會觀測預報地區上空的狀況，例如高氣壓、低氣壓（颱風）的位置，來進行預測。

某個地點是否會下雨，會因為該地點位在山區或平地而有所不同，但低氣壓以及它帶來的鋒面會如何移動，則是可預測的。

我們行動範圍（中空間）裡的天氣預報（尤其是降雨機率），依據的就是上述的預測。

而我們會根據天氣預報，決定要不要在「身邊 1 公尺內」的狹小範圍（小空間）裡準備雨傘。

天氣預報九宮格

高氣壓	鋒面接近	低氣壓通過
晴天	陰天	下雨
降雨機率0%	降雨機率20%	降雨機率80%
不需要帶傘	不需要帶傘	需要帶傘

大空間

分析對象空間　系統軸

小空間

過去（早上）　　現在（中午）　　未來（晚上）

時間軸

43 ｜ 預測未來九宮格

九宮格思考法真正的價值是什麼？

介紹完 Part 2 的章節後，現在終於可以讓各位體會九宮格思考法真正的價值了。

九宮格思考法最能派上用場的時機，就是在「預測未來」的時候。事實上，各位如果在網路上搜尋「TRIZ 九宮格思考法」，結果應該幾乎都是「利用九宮格思考法預測未來」的例子。

藉由九宮格思考法預測未來的方法，相信今後也會愈來愈受重視。

加上「輔助線」來預測非線性變化

到目前為止，世上的變化絕大多數都是只與前一年度相差 5% 左右的「可順著直線來預測的變化（線性的變化）」。

若以圖來表示，只要像圖表 5-44 一樣有 2 個點，便幾乎可以確定未來的發展會趨近於②。

然而，近年來世上出現了許多「無法順著直線來預測的變化

（指數性的變化）」，震盪了整個社會，例如，指出「每個晶片
上可容納的電晶體數量，每隔一年半就會增加一倍」的「摩爾法
則」（Moore's law），以及「每週新冠肺炎感染人數呈倍數成長」
的疫情趨勢等。此外，近年梅雨季的豪雨成災，也是一個例子。

　　**在這種情況下，我們無法再以傳統方法進行預測，我們需要
的是「能幫助預測未來的輔助線」。**

　　儘管我們無法直接掌握分析對象所在範圍（系統）的變化，
但超系統和子系統的變化，卻可以輕鬆推測。

　　超系統正因為影響的範圍太大，沒有人能夠掌控，因此許多
部分都能藉由過去至現在的延長線進行預測。

　　例如人口的推移，雖然無法計算出精準的數值，但我們可以
確定日本的總人口數會繼續減少，高齡人口的比例會愈來愈高。

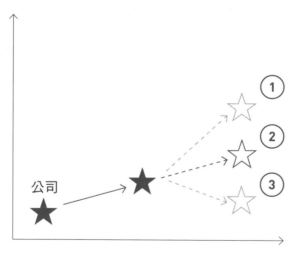

圖表 5-44　未來發展預測圖

預測未來九宮格

			系統軸
過去的 超系統	現在的 超系統	未來的 超系統	超系統（Why‧背景‧顧客）
過去的 系統	現在的 系統	未來的 系統	系統（What‧提供的價值）
過去的 子系統	現在的 子系統	未來的 子系統	子系統（How‧要素‧依據）
過去→已確定	現在（事中）	未來（事後）	

時間軸

子系統則由於影響的範圍小，而會一直保持「追求更高理想」的狀態。所謂的「追求更高理想」，就是「小一點比較好的事物，會以 0 為目標愈來愈小；大一點比較好的事物，會不斷變大」。

手機的零件愈小愈好，但「看得見的螢幕範圍（可視角）」則是愈大愈好，因此電視的螢幕愈來愈大，同時朝向結合 VR 技術發展。

這個發展方向原則上不會改變，因此零件會繼續變小，畫面會繼續變大，並且影像會更真實。

預測未來九宮格中最重要的調查和預測

該如何將預測的內容填入九宮格呢？

基本上有「調查」和「預測」2 種方法，我建議各位兩者同時採用。

在預測超系統的未來時，由於相關的因素太多，感覺上似乎很難正確推測。

不過，政府和民間研究機構的網站上都有許多公開的預測資料，所以第一步就從找資料開始吧！

大多數的狀況下，在思考超系統時非掌握不可的資訊，就是「人口動態」。近年來，媒體也經常報導年金制度的破產危機、全民醫療保險制度的存續等與社會保障相關的話題。

在 20 世紀中葉呈現漂亮低金字塔型的人口結構，隨著戰後嬰兒潮世代的年齡漸長，以及死亡率降低、少子化日益嚴重，逐漸形成「中寬型」。

到了 2025 年，戰後嬰兒潮世代成為「後期高齡者[*]」之後，便會逐漸形成「壺型」。

儘管有些細微的差異，在自古至今人口持續增加的前提下，日本的人口會朝「每年減少 1 個鳥取縣人口」的方向慢慢降低。但無論如何，「超系統」呈現的是日本即將面臨前所未有的嚴重事態，這點應該不會改變。

針對某個特定業界的專業分析報告，大部分需要付費，不過真正有意義的報告，公司的企劃部門應該都會購買才是。另外，一般的報告大部分都是免費公開的。

就像前面的練習，在進行預測時，我們必須思考的是左方欄與中間欄的延長（插入右方欄）。這時 PEST 分析（第 415 頁）便能幫上忙。

至於子系統，除了設法獲得各種資源所屬業界的報告，利用產品九宮格或發明九宮格分析這些要素，也是一種方法。

此外，在 TRIZ 的各種工具中，有一種名為「TRIZ-prediction」的工具，其中的「技術進化趨勢」更具體地說明了前述的「追求更高理想」，也值得參考。

填寫未來預測九宮格

未來預測九宮格原則上依前述順序填寫，口頭說明時則依照左方欄→中間欄→右方欄的順序。後續我也將利用九宮格呈現「具獨創性又淺顯易懂的自我介紹」的重要性。

---

[*] 指 75 歲以上的人。

▶ 利用左方欄說明過去

在 20 世紀，價值的主軸是擁有實體的「類比式產品」。由於當時網路尚未普及，消費者較無機會直接看到產品，因此往往根據「過去對該品牌的信賴（品牌形象）」以及「價格」來決定購買行為。

根據供需曲線及「日本製造」（made in Japan）的品牌形象，市場上有一種不成文規定，那就是「**最受歡迎的產品雖然品質最好，卻也最貴**」。當時開發中國家還需要花一段時間才能穩定大量生產，因此日本品牌獨霸全球。

▶ 利用中間欄思考現在有什麼改變

但是到了 21 世紀，IT 產業成為主角，價值的主軸轉移至數位內容。

加上結合了搜尋引擎＋廣告事業的谷歌崛起，許多數位內容都含有廣告，使用者基本上無須付費。

根據 IT 產業的特性，釋出的產品本來就並非完美。另外，知識勞動者的大量增加，也造成了「使用者回報的錯誤及要求愈多，產品就愈好」的現象。

於是，現在的狀況變成了「**最受歡迎的產品不但品質最好，同時也最便宜（免費）**」。

最懂得善用此現象的品牌就是 GAFA。尤其是谷歌和臉書，儘管免費，卻擁有最豐富的內容，並不斷嘗試各種新型態的服務，持續改善 UI。

在網路普及之前，扮演上述角色的是電視節目。相較於書籍和廣播，電視節目在單位時間裡提供的資訊量較多。透過廣告收益，電視節目得以製作比書籍還要豐富的內容。

▶ 利用右方欄預測未來

直到現在，谷歌搜尋結果的「第 2 頁以後」與第 1 頁相比，仍然幾乎等於不存在。

這種傾向並非暫時性，未來仍會繼續維持。此外，在疫情影響下，接觸數位內容的人大幅增加，提供者也能獲得更多回饋。

因此，未來的狀況很有可能演變為「**只要成為某個領域的第 1 名，周遭的一切都會變成夥伴（相反地，第 2 名將會受到冷落）**」。就像在 ICT 與 AI 領域一樣，成功的關鍵，就是讓自己的獨特與創意「成為別人心中值得認可的第 1 名」。

當然，若是在運動或學業等「人人都知道其價值的領域」裡成為第 1 名，必定能讓所有人心服口服。然而那畢竟是一道窄門，有勝者，也有敗者。

與其如此，自己創造一個還沒有太多人發現其價值（但其實非常有價值）的領域，並成為第 1 名，才比較實際。

事實上，許多頭腦聰明的大學教授從很久以前就一直在落實這件事，他們做的是「創設新學會」。以結果而言，各種學會陸續誕生，據說目前學會總數已經超過 1 萬個了。

▶ 提出預測後，試著採取行動

以上是對未來的預測。完成了預測之後，又該如何實行呢？

就算不像上述例子一樣創設學會，每個人也都能以個人的力量來實踐。以我而言，TRIZ 就是一種實踐。在我之前，已經有許多研究問題解決的前輩，但我藉由「以平易近人的範例，讓大家學會將發明原理應用在日常生活中」，成為了第 1 名。

在 TRIZ 領域中，比起發明原理，「九宮格思考法」的價值還沒有被太多人看見，因此我也希望能透過這本書，成為「九宮格

思考法」的第 1 名。

　　希望各位也能利用加了 Why 和 How 的「30 秒自我介紹九宮格」，創造一個「富有價值的新領域」，並成為第 1 名。

預測未來九宮格填寫步驟
①首先寫下分析主題

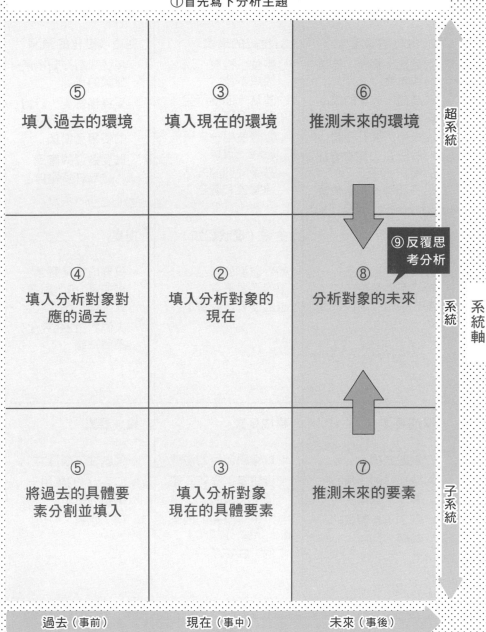

⑤ 填入過去的環境	③ 填入現在的環境	⑥ 推測未來的環境	超系統
④ 填入分析對象對應的過去	② 填入分析對象的現在	⑧ 分析對象的未來 ⑨反覆思考分析	系統
⑤ 將過去的具體要素分割並填入	③ 填入分析對象現在的具體要素	⑦ 推測未來的要素	子系統

系統軸

過去（事前）　　　現在（事中）　　　未來（事後）

時間軸

預測未來九宮格之舉例

20世紀的環境	21世紀的環境	對環境變化的預測	
• 類比＝複製·流通成本高 • 產品＝完美的成品 • 想擁有穩定生產的技術需要花時間 • 需要花大錢才能打響知名度 →品牌是判斷依據	• 數位＝複製·流通成本低 • 產品＝即使不完美也會釋出 • 實際使用→累積經驗→改良 • 最受歡迎的產品通常含有廣告	• AI替知識勞動提供無限的資源 • 受疫情影響，針對數位內容給予回饋的使用者增加 • 最受歡迎的產品「會有許多夥伴」	超系統
傳統 最受歡迎的產品雖然品質最好，卻也最貴	主張（現狀認知） 最受歡迎的產品不但品質最好，也最便宜（免費）	提案 • 只要成為某個領域的第1名，周遭就全都是夥伴 • 人們對第2名完全不屑一顧	系統 ／ 系統軸
構成要素 • 供需曲線 • 類比式的「精心製作」技術 • 例：日本製造的品牌	構成要素 • 以電視節目為濫觴 • 資訊量：書籍＜廣播＜＜電視 →單位時間的內容預算亦如此 • 例：GAFA	構成要素 • 獨創性、創造力 • ICT、AI的應用＋稱霸的戰略 • 例：學會、TRIZ	子系統
過去（事前）	現在（事中）	未來（事後）	

時間軸

44 ｜ 自我介紹九宮格

用 30 秒讓人對你留下深刻印象

本節介紹的「自我介紹九宮格」，能助各位完成一段令人印象深刻的自我介紹。這也是我們在第 3 章學習的「成就→贈與→目標」的「完整版」。

在第 3 章裡，我介紹了透過「成就→贈與→目標」的橫向三宮格，進行 30 秒自我介紹的方法。

在現代，我們可以輕易在網路上認識許多人，假如沒有特別到讓人「想搜尋看看」，未來雙方可能就不會再有交集。然而，要設計一段令人想更進一步認識的自我介紹，必須克服一個障礙。

那就是兼顧「獨創性」以及「淺顯易懂」。

想與其他人有所區別，讓對方記住你，就必須擁有特色，也就是獨創性。

但是另一方面，想讓大部分的人聽懂，內容就必須平易近人。

如何在擁有獨創性的狀態下，又維持平易近人呢？思考這一點，其實需要一些技巧。

這時，就輪到九宮格上場了。

只要將我們在第 3 章練習的「成就→贈與→目標」與第 4 章

的邏輯三宮格「Why ／ What ／ How」加以組合，便能完成具獨創性又淺顯易懂的自我介紹。

此外，自我介紹九宮格的每一欄幾乎都可以獨立思考，因此對於已經學會邏輯三宮格的人而言，非常適合用來練習熟悉3×3九宮格。

請利用本章的練習，創造一段令人印象深刻的30秒自我介紹，為自己和對方帶來一段愉快的時光。

設定一個能確實傳達的「目標」

30秒自我介紹的「成就→贈與→目標」3個項目當中，最重要的就是「目標」。

自我介紹是一種互相分享資訊的場合，有沒有先傳達「我想得到什麼樣的資訊」，將會左右後續時間的價值。

因此，在自我介紹中，最重要的就是將自己的「目標」傳達給對方。同樣地，在自我介紹九宮格裡，我們也會從右方欄的「目標」開始填寫，意指跟實際自我介紹時的順序相反，以「目標→贈與→成就」的順序來製作（見圖表5-45）。

首先，請將「未來的目標」填入中間列。

請寫下自己想達成的目標，尤其以想從對方身上獲得的資訊或建議為佳。所謂旁觀者清，自己最需要什麼，往往是旁人比較清楚。

以我為例，我的目標就是「每個人都能以對方喜歡的形式，與對方分享自己的問題解決方法」。

緊接著是上方列的「Why 目標」。請寫下你訂立這個目標的

理由。

倘若一時之間想不到，可以想像「當此目標達成時會露出笑容的人」，並將這種人填入。

以我為例，我填寫的是「所有的技術人員和日本的下一代」。

最後是下方列的「How 目標」，請填入你為了達成這個目標而付出的努力，或想收集的要素。如此一來，你的目標就會變得更具體。

而我填入的是如圖表 5-45 的 3 點。

進行到這裡之後，請重新瀏覽上、中、下 3 列的內容，將未來的目標整理成 40 字以內的短文。**40 字是人類可以一眼看完的文字量極限，也是大約 10 秒鐘可以講完的內容。**

我整理的內容如下：

> 打造常態性的學習空間，使每個人都能以下一代喜歡的形式，分享自己的問題解決方法。

加入「下一代」與「學習空間」等要素，便能增加獨創性，同時也兼顧淺顯易懂。

關於這一點，只要多看幾個具體的例子，就會比較容易掌握。另外，像下面的例子一樣，將「**Why（想達成目標的理由）**」和「How（具體性）」寫清楚，便更容易理解。以下是我的「30 秒自我介紹講座」的學員所寫的例子。

- **為了讓世界上更多人變得幸福**，我想深入研究統整日常生活中聲音環境的價值。
- 我想繼續學英文，並再多學一個外語。這樣**一方面比較不**

　　會膩，未來也可以教小孩。如果各位有推薦的外語，請
　　告訴我。

● **為了製作能讓玩家感到開心的遊戲**，我想成為<u>監製遊戲</u>
<u>畫面</u>的藝術總監。

成就	贈與	目標	
Why成就	Why贈與	Why目標 （想看見誰露出笑容） 所有的技術人員和日本的下一代	W h y
What成就	What贈與	What目標 每個人都能以對方喜歡的形式，分享自己的問題解決方法	W h a t
How成就	How贈與	How目標 （為達成目標而想收集的事物） ● 一起行動的夥伴 ● 更多的活動機會 ● 常態性的學習空間	H o w

圖表 5-45　自我介紹的目標

改良「贈與」讓人更懂你能做到的事

在贈與的項目，也可以利用 Why 和 How，讓內容更容易理解（見圖表 5-46）。

跟上一個步驟一樣，首先在中間列寫下自己可以贈與的事物。

以我為例，我寫的是「可以教大家提升創造力的方法」。

接著，思考上述贈與內容「為什麼有價值？」並填入上方列。

我寫的是「許多人想提升創造力，卻認為自己沒有才華、機會和時間」。

最後在下方列（How）裡填入你能如何具體地提供上述贈與內容。

將這些整理成約 40 字的短文，就會是：

　　　我可以教任何世代或學力的人，如何透過觀察身邊的發明提升創造力。

若能提出「**Why（對方會喜歡的前提‧理由）**」和「How（具體性）」，便能輕鬆地傳達贈與的內容。

- 我會畫插圖、修照片。**我喜歡聽人說話**，如果有人想要表達什麼，我可以聽他說，協助他表達。
- **我不會英文**，所以不擅長英文的人如果跟我一起學習，就能感到安心。
- 我有能力也很樂意**活用自己在各領域的知識**，跟遊戲製作團隊的夥伴整理自己的創意，並以圖畫方式呈現。

Why成就	Why贈與 許多人想提升創造力，卻認為自己沒有才華、機會和時間	Why目標 （想看見誰露出笑容） 所有的技術人員和日本的下一代	W h y
What成就	What贈與 可以教大家提升創造力的方法	What目標 每個人都能以對方喜歡的形式，分享自己的問題解決方法	W h a t
How成就	How贈與 ● 發現需要權衡的得失 ● 從專利中發現的發明共通要素 ● 觀察身邊的發明物	How目標 （為達成目標而想收集的事物） ● 一起行動的夥伴 ● 更多的活動機會 ● 常態性的學習空間	H o w
成就	贈與	目標	

圖表 5-46　自我介紹的贈與

用 Why 與 How 改良「成就」

最後，請以同樣方式改良「成就」（見圖表 5-47）。

與前面的步驟相同，先將「已經達成的事項」寫在中間列。

　　請從自己過去完成的事項當中，挑出能讓對方覺得「真厲害！」、「做得好！」的成果或行動，寫在中間列。

　　如果有和剛才填入（但在實際自我介紹時，會在本項目之後說出）的好處或自己所能提供的價值相關的成果，當然最理想，但比起關聯性，更應該注重能否讓對方留下印象。

　　接著是下方列。請將上述成果或行動成功背後的構成要素，列舉在下方列。

　　具體而言，可以填寫當時達成目標所需的物品，也可以列出能展現成果的數值（如：○次下載）或金額（○萬日圓）、排名（在○○獲得冠軍）。

　　最後在上方列填入達成這個目標的意義、當時的夥伴以及環境等。

　　各位會發現，達成的成就愈大，就有愈多自己以外的因素存在，幫助我們達成目標。

　　我所寫的內容如圖表 5-47。

　　正如第 3 章提及的，要去思考有助於某個成就實現的要素時，很容易想到「No. 1、資格、1,000」等要素。另外，透過提出 Why，便能幫助我們回想起當時協助過我們的人，也可以補充「在哪裡進行」。

　　參考上方列和下方列，思考應該傳達的內容，把中間列的內容整理成 40 字以內的短文。若從下方列挑出一個「讓人能具體感受到第 1 名的數字」，對方便會更容易理解。

　　我的 40 字短文是：

　　　　在東京大學和科學館，利用磁鐵和鐵球，教導 1,000 組以上的親子如何觀察身邊的發明。

達成	贈與	目標	
Why成就 • 舉辦暑期親子活動 • Sony、東京大學、科學館	Why贈與 許多人想提升創造力，卻認為自己沒有才華、機會和時間	Why目標 （想看見誰露出笑容）所有的技術人員和日本的下一代	Why
What成就 在東京大學和科學館，利用磁鐵和鐵球，教導1,000組以上的親子如何觀察身邊的發明	What贈與 可以教大家提升創造力的方法	What目標 每個人都能以對方喜歡的形式，分享自己的問題解決方法	What
How成就 • 磁鐵、鐵球、吸管 • 7個活動，10天 • #4非對稱性原理	How贈與 • 發現需要權衡的得失 • 從專利中發現的發明共通要素 • 觀察身邊的發明物	How目標 （為達成目標而想收集的事物） • 一起行動的夥伴 • 更多的活動機會 • 常態性的學習空間	How

圖表 5-47　自我介紹的成就

利用自我介紹九宮格詳細地表達自己

　　最後，我依照前述 3 段 40 字的段落，將內容統整成下頁的九宮格。事先準備好九宮格，當對方因為你的「30 秒自我介紹」對你產生興趣、向你攀談時，你便能和他進行更有深度的對話。

自我介紹九宮格

Why成就	Why贈與	Why目標 （想看見誰露出笑容）
• 舉辦暑期親子活動 • Sony、東京大學、科學館	許多人想提升創造力，卻認為自己沒有才華、機會和時間	所有的技術人員和日本的下一代
What成就	What贈與	What目標
在東京大學和科學館，利用磁鐵和鐵球，教導1,000組以上的親子如何觀察身邊的發明	可以教大家提升創造力的方法	每個人都能以對方喜歡的形式，分享自己的問題解決方法
How成就	How贈與	How目標 （為達成目標而想收集的事物）
• 磁鐵、鐵球、吸管 • 7個活動，10天 • #4非對稱性原理	• 發現需要權衡的得失 • 從專利中發現的發明共通要素 • 觀察身邊的發明物	• 一起行動的夥伴 • 更多的活動機會 • 常態性的學習空間

超系統（Why．背景．顧客）　系統（What．提供的價值）　子系統（How．要素．依據）

系統軸

成就　　　贈與　　　目標

時間軸

成功串聯「成就→贈與→目標」的範例

我們在第 3 章已經學到這個訣竅 ——「優勝、資格、100」等「成就」，兼具了 Why（為什麼了不起）以及 How（具體性），因此可以讓人留下深刻的印象。

假如以這種「令人佩服的成就」做為自我介紹的開場白，便能充分發揮「成就→贈與→目標」串聯起來的強大威力。以下介紹幾個範例。

例：

（**成就**）很久以前，我曾在「電話應對大賽」中拿到冠軍。因為這個緣故，我曾在 5 位學妹的婚禮上擔任司儀，也擔任了 3 年管樂隊演奏會的司儀。

（**贈與**）我能以幽默詼諧的方式介紹音樂，逗觀眾發笑，而且不會吃螺絲。

（**目標**）我會持續進行發聲訓練，希望能像古手川祐子小姐一樣，成為能讓在場所有人感到開心的主持人。

例：

（**成就**）我擁有二級建築師的資格，從事製作遊戲背景的工作 3 年後，現在是 3D 動畫師。我具備 2 種領域的專業知識，而且擅長繪畫。

（**贈與**）我有能力也很樂意活用自己在各領域的知識，跟遊戲製作團隊的夥伴一起整理自己的創意，並以圖畫方式呈現。

（**目標**）為了製作能讓玩家感到開心的遊戲，我想成為

監製遊戲畫面的藝術總監。

例：

（**成就**）這 10 年來，我至少玩了 100 款跟許多人面對面進行的桌遊。

（**贈與**）無論對方有沒有玩過桌遊，我都可以配合對方的喜好，挑選出適合對方的遊戲來推薦。

（**目標**）我想舉辦一場能讓許多人一起玩桌遊的活動，讓大家有機會跟陌生人交流，提供新想法誕生的契機。

例：

（**成就**）妻子幫我付了健身房的費用，做為訂婚戒指的回禮，因此我開始每週上 2 次健身房，並且戒除碳水化合物，瘦了 18 公斤。

（**贈與**）我可以免費告訴大家健身方法，以及某健身房的健康飲食菜單。

成就→贈與→目標正是 Why → How → What

其實，以上成功串聯「成就→贈與→目標」的範例，正是「Why → How → What」。

沒錯，這就是賽門・西奈克所提倡的「感召領導力」的順序。

- 成就＝這個人值得信賴的理由（Why）
- 贈與＝可以如何（How）利用這個人？

- 目標＝這個人想要成就什麼價值（What）？

　　各位覺得如何呢？以上就是 Part 2 第 5 章所介紹的 7 種九宮格
思考法。最後，讓我們以實踐練習做為總結。

45 ｜ 九宮格實踐練習

透過企業分析思考職涯規劃

現在，我們要練習第 3 度利用各種不同的九宮格來研究谷歌。

情境設定與第 3 章相同，請假設自己是正在思考個人的職涯規劃，並將谷歌列入跳槽選項的 A。只要將之前完成的橫向三宮格與縱向三宮格結合，擴充為九宮格，就能以更宏觀的視野來進行確實而具體的企業研究。

「歷史→現狀→將來」×「環境／企業／事業活動」企業九宮格

第一步是製作企業九宮格。

首先，請將我們在第 3 章實踐練習中思考的內容填入中間列，再把第 4 章實踐練習中思考的內容填入中間欄。如此一來，九宮格裡的 5 格便完成了。

過去我在搜尋谷歌的專利時，發現他們申請了許多有關汽車導航的專利，根據這一點，我們可以判斷「以自動駕駛為主軸的

行動服務」很可能會成為谷歌事業活動的要素，因此我將此內容事先填入右下角的格子裡。

另外還可填入谷歌未來可能推出的服務。我也為谷歌的投資概念裡最有名的「那個法則」準備了一個位置。

請依照自己的想法或參考搜尋到的資料，完成下頁表格。

谷歌企業九宮格

⑥當時的環境	④企業的環境	⑨將來的環境
股東（創辦人）： ＿＿＿＿＿＿ 競爭對手：＿＿＿＿ 顧客：＿＿使用者	股東：字母控股 競爭對手：蘋果公司、臉書、亞馬遜 顧客：安卓使用者等	股東：＿＿＿＿＿ 競爭對手：（G）AFA、＿＿＿＿ 顧客：＋＿＿使用者
①企業的歷史 （沿革） 「能幫使用者找出最想看的網頁」的搜尋引擎網站	②企業的現在 全球最大的廣告公司谷歌（字母控股）	③企業的將來 （MVV） 彙整全球資訊，供大眾使用，使人人受惠
⑦當時的事業活動 ● ● ●	⑤事業活動 ● 以搜尋為主軸發展的一系列服務 ● 數量龐大的伺服器與節能措施 ● 收集全世界的資料	⑧將來的事業活動 ● 以自動駕駛為主軸的行動服務（MaaS） ● ＿＿＿＿效率服務 ● ＿＿＿＿％法則

環境　企業　事業活動　系統軸

歷史　現狀　將來

時間軸

　　接下來讓我們一起思考適合填入的內容範例。

　　在開始之前，有一點我想請各位先放在心上：在目前的階段，很多人都會覺得③的文字中所含的「資訊」，只是網路上的資訊。

　　現在，請參考第326頁圖表，依序填滿九宮格。

　　在①～⑤皆完成的狀況下，比較容易填寫的是左方欄上方列的「⑥當時的環境」。請參考①和②，填入與④相對的內容。在這個階段，股東相當於創辦人，因此，可以把原本可寫在①的「賴利・佩奇、謝爾蓋・布林」移至上方列。競爭對手可填入當時的搜尋引擎，如「雅虎、Goo、Altavista」。顧客則與現在不同，我填入的是「電腦使用者」。

　　接著填寫左方欄下方列的「⑦當時的事業活動」。同上，參考①和②，填入與⑤相對的內容，如：「搜尋服務」、「網頁排名（PageRank）效能的提升」、「資料收集技術（Crawling）」等。

　　假如分析對象是像谷歌一樣的網路服務，在列舉3點時，若聚焦於「Input（資料）、處理、Output（呈現方式）」，便能均衡地挑出各種要素（若為網站設計人員，採用MVC模式〔Model、View、Controll〕的觀點也很適合）。

　　比較剛才寫完的⑦和⑤，同時參考中間列的①～③，填寫右方欄下方列的「⑧將來的事業活動」。這時首先浮現在腦海的，就是（根據專利資訊得知的）以自動駕駛為主軸的行動服務（Mobility as a Service, MaaS）。考慮到2030年電動車可望成為全球主流，谷歌或許會將既有的伺服器節能技術應用於電動車及其他機器上，幫助提升能源效率，故在此填寫「能源效率服務」。

　　谷歌所做的投資當中，最有名的就是「20％法則」（20％Time）。此制度至今依然存在，因此，可以預期在未來也會持續。

　　最後是「⑨將來的環境」。同樣地，參考上方列的⑥→④，

可推知股東應該會是字母控股。在競爭對手方面，除了 GAFA，最近中資企業 BAT（百度、阿里巴巴、騰訊）發展極為迅速，且三者皆為網路企業，因此很有機會成為競爭對手。根據前面填寫的⑧，汽車製造商可能會成為合作夥伴，也有可能成為競爭對手。至於顧客，可能會以汽車使用者為主。

填寫完①～⑨並再次瀏覽，各位有什麼感想呢？

相較於一開始的橫向三宮格，現在每一列的資訊粒度都相當一致，再加上依照時間軸爬梳，使得谷歌的歷史、現在、將來的環境及事業活動都更清楚地呈現。

在製作九宮格之前，③看起來總覺得像「網路上抓來的資訊」，但在填入了汽車等字眼後，現在同樣的文字，看起來是不是更像「真實世界的資訊」了呢？（⑩）

以③的狀態來思考谷歌，和以⑩為前提來思考谷歌，接收到的資訊會有所不同；而何者對求職比較有利，想必無需贅言。

我所列出的只是範例之一，各位的答案即使跟我不一樣，只要能清楚傳達給他人，就是正確答案。

例如⑧，也可以舉出谷歌文件和谷歌圖書等事業活動為例，推導出未來的主要獲益來源可能是「電子化服務」。

請發揮創意，製作出獨特的谷歌企業九宮格或其他企業的九宮格。

「Before → After →預測」×「使用者／發明物／發明要素」觀察・發明九宮格

請假設自己是「想要跳槽到谷歌的 A」，用更小的粒度來分

谷歌企業九宮格

⑥當時的環境	④企業的環境	⑨將來的環境
股東（創辦人）：賴利·佩奇、謝爾蓋·布林 競爭對手：雅虎、Goo、Altavista 顧客：電腦使用者	股東：字母控股 競爭對手：蘋果公司、臉書、亞馬遜 顧客：安卓使用者等	股東：字母控股？ 競爭對手：（G）AFA、BAT、汽車製造商？ 顧客：＋汽車使用者
①企業的歷史（沿革） 「能幫使用者找出最想看的網頁」的搜尋引擎網站	②企業的現在 全球最大的廣告公司谷歌（字母控股）	③企業的將來（MVV）⑩ 彙整全球資訊，供大眾使用，使人人受惠
⑦當時的事業活動 • 搜尋服務 • 網頁排名（PageRank）效能的提升 • 資料收集技術	⑤事業活動 • 以搜尋為主軸發展的一系列服務 • 數量龐大的伺服器與節能措施 • 收集全世界的資料	⑧將來的事業活動 • 以自動駕駛為主軸的行動服務（MaaS） • 能源效率服務 • 20%法則

環境　企業　事業活動 → 系統軸

歷史　現狀　將來 → 時間軸

析谷歌。

　　谷歌是一間以技術為本的公司，因此求職者若能以技術的觀點來分析，想必能提升印象分數。另外，不只谷歌，現在對各個企業來說「有迫切需要卻十分欠缺」的，就是富有創造力的員工。在這個時候，最能派上用場的就是「發明九宮格」的觀點。

　　接下來，請將第 4 章的「使用者／發明物／發明要素」縱向三宮格設為中間欄，進行思考。順序是先從左方欄 Before 開始填寫，接著參考中間欄的內容，預測右方列。

　　「④Before 發明物」的內容，會是將「②After 發明物」所提及的發明要素減去後的結果。在這個例子裡，將谷歌搜尋結果畫面中「將文字大小調整為非對稱」及「將內容加以分割」等要素減去之後，剩下的便是堪稱谷歌原型的「純文字狀態」，因此將它視為 Before（見第 328 頁圖表）。

　　如上所述，只要找出兩者之間的差，就可以預測未來。**因為正如前面在介紹發明九宮格時提到的，發明要素（發明原理）會不斷重複。因此，在「⑤預測發明物」中，可以填入「畫面裡含有更多非對稱性及分割」的「新谷歌搜尋結果」。**不過光是如此還不夠具體，故可預測更具體的內容，填滿九宮格，最後再填入「⑨預測發明要素」。

　　先從左方欄下方列的⑥開始填寫。假設正上方的內容是「原型」，若要在此填入與右側內容相對的項目，便可想到「僅搜尋網頁」、「純文字」、「無強調」等關鍵字。

　　接著思考上方列的「使用者」。可以想像，在純文字介面的原始型態谷歌甫問世時，有能力使用這項服務的使用者，應該是「熟悉 UNIX 系統並習慣思考的網路使用者」。

　　利用已經完成的上方列左方欄、中間欄，試著推想右方欄。

谷歌觀察・發明九宮格

⑦Before使用者	①After使用者 想藉由特定關鍵字獲得相關領域知識的人	⑧預測使用者
④Before發明物 谷歌原型 （無格式的純文字狀態）	②After發明物 谷歌搜尋結果畫面 （運用非對稱與分割）	⑤預測發明物 新谷歌搜尋結果 （畫面裡含有更多非對稱性及分割）
⑥Before發明要素 ● ● ●	③After發明要素 ● 區分類型（網頁／圖片／影片） ● 大小、色彩不同的文字 ● 局部強調（使用粗體或縮圖）	⑨預測發明要素 ● ● ●

使用者 發明物 發明要素　系統軸

Before　After　預測

時間軸

假如使用者的範圍愈來愈廣，便可想像未來的使用者可能是「想透過輸入關鍵字輕鬆得到答案的人」。請將上述內容填入上方列右方欄。

　　比較上述 8 格，再對照下方列的左方欄和中間欄，就可以預測「以子畫面呈現」、「一次呈現多種結果類型（畫面）」、「依照時間軸分割或強調」等（見第 330 頁圖表）。

　　右方欄「發明要素」中的前兩項，雖說是我的預測，但各位可能會懷疑那是事後諸葛，是因為我看見現在的谷歌「網頁搜尋結果中會呈現一部分圖像搜尋結果」，才這麼寫的。

　　然而，事實上這裡的「新谷歌搜尋結果」，是我在上一本著作《創意不足？用 TRIZ 40 則發明原理幫您解決！》出版時（2014年）就已經提出的預測。當時谷歌的搜尋結果畫面還沒有上述的設計，我自己製圖放在授課講義裡當作創意範例，不久之後，谷歌就真的推出了一樣的設計，證明了我的預測是準確的（現在想想覺得很可惜，當初想到時應該去申請專利才對（笑））。

　　話說回來，為什麼我可以做出準確的預測呢？關鍵就在於前述的「兩者之間的差」以及「發明要素（發明原理）會不斷重複」。觀察・發明九宮格的威力，就是能找出兩者之間的差，適切地引導「重複」發生。

「傳統→新創→推測」×「需求／熱銷商品／資源」商品企劃九宮格

　　接下來，請同樣假設自己是想跳槽到谷歌的 A，針對谷歌的「主力商品」進行更深入的分析。

谷歌觀察・發明九宮格

⑦Before使用者	①After使用者	⑧預測使用者
熟悉UNIX系統並習慣思考的網路使用者	想藉由特定關鍵字獲得相關領域知識的人	想透過輸入關鍵字輕鬆得到答案的人
④Before發明物	②After發明物	⑤預測發明物
谷歌原型 （無格式的純文字狀態）	谷歌搜尋結果畫面 （運用非對稱與分割）	新谷歌搜尋結果 （畫面裡含有更多非對稱性及分割）
⑥Before發明要素	③After發明要素	⑨預測發明要素
• 僅搜尋網頁 • 純文字 • 無強調	• 區分類型（網頁／圖片／影片） • 大小、色彩不同的文字 • 局部強調（使用粗體或縮圖）	• 以子畫面呈現 • 一次呈現多種結果類型（畫面） • 依照時間軸分割或強調

使用者　發明物　發明要素　系統軸

Before　After　預測

時間軸

在「產品」部分，請將使用者接觸谷歌的起點——「谷歌畫面」當作分析對象（中間列），開始思考九宮格。

首先，我將第4章實踐練習「產品三宮格」的內容填入左方欄。

中間我填入的是谷歌的新商品「YouTube 畫面」。

未來的資源可能是「深度學習技術」（TensorFlow），另外，根據專利搜尋結果所推測的資源，則是「自動駕駛技術」。

請參考前面的企業九宮格及發明九宮格，完成下頁九宮格。

就像填寫企業九宮格的創業者欄位時一樣，配合②和④的層級，填入⑤。保留兩者當中的「超級汽車導航」，將「自動駕駛技術」往下移到「⑨推測資源」。這種統一思考粒度的概念，就是九宮格思考法的威力來源。

接著利用①、②、④的資訊，左右對照，填寫「⑥新創需求」。

相較於「想知道答案或選項」的谷歌搜尋使用者，YouTube使用者最大的需求是「打發空閒時間」，故可以想像應該也會有「懶得自己動手選下一部影片」的需求。另外，從廣告頻繁出現的這一點來看，來自廣告業界的需求應該依然很大。

參考①～⑥，填寫⑦新創資源。

相對於網頁排名，根據「懶得自己動手選下一部影片」的需求，推測出新的資源可能是「利用觀看紀錄進行推測」的技術。

此外，結果呈現的演算法也在 YouTube 上不斷進化。

相對於原本以 AdSense 強制插入廣告的模式，令人感受到資源進化的部分，就是「廣告強制插入和跳過廣告的方法」。不久之前，每一支廣告都可以在 5 秒後跳過，但現在可能會強制使用者觀看 15 秒的廣告，或是連續播放 2 支廣告。

到這裡，左方欄與中間欄就完成了。而至於右方欄，我們可以透過查詢專利技術，推測出較為重要的資源。目前得知谷歌對

谷歌商品企劃九宮格

①傳統／需求	⑥新創需求	⑧推測需求	
• 想知道答案或選項 • 想將選項引導至對 　自己有利的方向 • 廣告業界	• • •	• • •	需求
②傳統／商品	④新創／商品	⑤推測商品	
谷歌搜尋引擎畫面	YouTube畫面	超級汽車導航	商品
③傳統資源	⑦新創資源	⑨推測資源（⑩）	
• 網頁排名 • 廣告顯示演算法 　（YouTube） • AdSense（強制插 　入廣告技術）	• • •	• • •	資源

系統軸

傳統　　　新創　　　推測

時間軸

深度學習及自動駕駛技術著力很深，故可將此填入⑨。

現在，我們要推測右方欄上方列的「⑧推測需求」。參考⑦的內容，並設法將粒度與同樣位在上方列的①和⑤統一，便可導出需求可能是「想前往他處」、「懶得開車」、「廣告、汽車業界等」。

如此一來，我們就可以想像谷歌未來的主力商品之一，很可能會是汽車導航畫面（包含自動駕駛導航）。不過，倘若想儘量減少「麻煩」，就必須跳脫「盯著畫面看」這一點，因此可以將原本的推測修改為「沒有畫面的汽車導航 UI」。

根據⑦記載的「強制廣告與跳過」技術，繼續延伸推測，便可導出⑧和⑨分別為「提醒駕駛人注意的時機和技術」以及「新資源技術」。（⑩）（見第 334 頁圖表）

如上所述，對九宮格思考法來說，「九個格子都填滿的狀態」並不是終點，反而應該說填滿之後，才是改良各個要素的出發點。

請試試看把這個商品企劃九宮格的上方列、下方列藏起來，只看中間列。

谷歌搜尋引擎畫面→ YouTube 畫面→超級汽車導航（沒有畫面）

「有畫面→有畫面→無畫面」是一種非連續性的推測，假如只看中間列，乍看之下可能會覺得有點突兀。不過，只要連九宮格的上方列、下方列一起看，再加上「麻煩」、「駕駛」等關鍵字，就能夠明白。

「假設的非連續性」及「容易傳達」這兩種要素，原是難以並存的，但九宮格思考法（尤其是商品企劃九宮格）的威力，就

谷歌商品企劃九宮格

①傳統／需求	⑥新創需求	⑧推測需求
<ul><li>想知道答案或選項</li><li>想將選項引導至對自己有利的方向</li><li>廣告業界</li></ul>	<ul><li>打發空閒時間</li><li>懶得自己動手選下一部影片</li><li>廣告業界</li></ul>	<ul><li>想前往他處</li><li>懶得開車</li><li>廣告、汽車業界等</li></ul>
②傳統／商品 谷歌搜尋引擎畫面	④新創／商品 YouTube畫面	⑤推測商品 超級汽車導航
③傳統資源	⑦新創資源	⑨推測資源（⑩）
<ul><li>網頁排名</li><li>廣告顯示演算法（YouTube）</li><li>AdSense（強制插入廣告技術）</li></ul>	<ul><li>利用觀看紀錄進行推測</li><li>畫面結構</li><li>強制廣告與跳過</li></ul>	<ul><li>深度學習</li><li>自動駕駛技術</li><li>提醒駕駛人注意的時機和技術</li></ul>

需求　商品　資源　系統軸

傳統　新創　推測

時間軸

是能夠兩者同時兼顧。

　　不只是正在求職的 A，一般的商品企劃或行銷業務，也都能應用。

「超系統／系統／子系統」×「過去→現在→未來」系統九宮格

　　以上，我們已經透過企業九宮格與商品九宮格，預測出谷歌未來的主力，將會是：谷歌搜尋引擎畫面→ YouTube 畫面→超級汽車導航。

　　到這裡為止，我們已經製作了許多可掌握事業全貌的九宮格。

　　接下來的練習或許稍具挑戰性：假如用我們在第 4 章學到的「系統觀點」來思考，又可以看見什麼樣的重點呢？利用這些不常聽見的字彙，與工程師談話也能更容易溝通。對於想進入谷歌工作的 A 來說，這想必也是最有效的自我推薦。

　　請將第 4 章的縱向三宮格（系統三宮格）設定為中間欄。

　　在中間列填入前面九宮格推測出的「谷歌搜尋→ YouTube →超級汽車導航」，做為系統的過去→現在→未來（①～⑤）。

　　根據上述內容，繼續填入剩下的⑥～⑨。

　　最後再次提醒，OS 是「Operation System」的簡稱。

　　以系統的觀點來思考以「超系統＞系統＞子系統」構成的九宮格，便可整理成第 336 頁圖表。

　　請按照之前的要領填寫⑥～⑨。

　　首先，對照著④、①，在「⑥過去的子系統」填入與③相對

谷歌系統九宮格

⑦過去的超系統	②現在的超系統	⑧未來的超系統
● ● ●	● 雲端系統 ● Android OS ● Chrome瀏覽器	● ● ●
④過去的系統 谷歌搜尋畫面（系統）	①現在的系統 YouTube畫面（系統）	⑤未來的系統 超級汽車導航系統
⑥過去的子系統	③現在的子系統	⑨未來的子系統
● ● ●	● 觀看紀錄系統 ● 伺服器的要求與回應系統 ● 顯示結果演算法	● ● ●

超系統 · 系統 · 子系統

系統軸

過去→已確定　　現在（事中）　　未來（事後）

時間軸

的內容。

　　相對於「觀看紀錄系統」的子系統，是根據搜尋紀錄自動預測關鍵字的「預測查詢字串系統」，而伺服器的要求與回應系統是 App 不可或缺的功能，因此無須變動；顯示結果的演算法也姑且視為必要。由於系統的粒度沒有太大的改變，因此子系統涵蓋的範圍也差不多。

　　在「⑦過去的超系統」，也同樣對照④、①，寫下與②相對的內容。

　　現在我們常說的雲端，過去會說「伺服器」（但說雲端也可以）。相當於 Android OS 的是 Windows OS（也可以填入 Mac OS 或是 UNIX）。不用詳細寫出瀏覽器名稱，直接以「網路瀏覽器」來表達亦可。

　　接著從「⑧未來的超系統」開始想像。參考①、⑤，寫下與左側②相對的內容。比（附有自動駕駛功能的）超級汽車導航的更大的系統，就是（谷歌的）雲端系統，以及 Android OS（的下一代）系統，再加上 GPS（Global Positioning System）以及智慧型運輸系統（Intelligent Transport Systems, ITS）。請填入上述內容。

　　最後填寫「⑨未來的子系統」。

　　參考①～⑧，再根據左側③的「觀看紀錄系統」，可以推測未來的子系統很可能會是「駕駛紀錄系統」。此外，伺服器的要求與回應功能，應該也會繼續留下來。在未來，相當於顯示結果演算法的，應該會是自動駕駛技術（見第 338 頁圖表）。

　　各位覺得如何呢？使用系統九宮格，是不是可以更輕鬆地將谷歌提供的服務分為不同階層，並清楚地呈現出來呢？這次我特地儘量使用比較好懂的「系統」一詞，但事實上，只要是（為了達到某個目標而）互相關聯的要素集合體，都是系統。

谷歌系統九宮格

⑦過去的超系統	②現在的超系統	⑧未來的超系統	
• 伺服器系統 • Windows OS • 網路瀏覽器	• 雲端系統 • Android OS • Chrome瀏覽器	• 雲端系統 • Android OS（的下一代） • GPS、ITS	超系統
④過去的系統 谷歌搜尋畫面（系統）	①現在的系統 YouTube畫面（系統）	⑤未來的系統 超級汽車導航系統	系統　系統軸
⑥過去的子系統	③現在的子系統	⑨未來的子系統	
• 預測查詢字串系統 • 伺服器的要求與回應系統 • 顯示結果演算法	• 觀看紀錄系統 • 伺服器的要求與回應系統 • 顯示結果演算法	• 駕駛紀錄系統 • 伺服器的要求與回應系統 • 自動駕駛系統	子系統

過去→已確定　　　現在（事中）　　　未來（事後）

時間軸

　　無論如何，在網路普及後，任何價值的產出都勢必得連接上
「可互相交換資料的系統」。不止範例中的 A，每個人都無法避免
接觸這種「以系統為名」的事物。

　　事先設定粒度，對於構思企劃案相當有幫助，也就是思考「為
了創造價值的集合（系統）」的單位是什麼？它的下一層是由什
麼子系統構成？它的上一層又是屬於怎樣的超系統的一部分？

　　**九宮格思考法的別稱是「系統方法」（Systems Approach），
可見它與系統理論的概念密不可分。**

　　閱讀完第 4 章有關系統的說明後，愈能掌握名為「系統」的
這個「為了創造某種價值而互有關聯的集合」，就愈能隨心所欲
地應用系統九宮格。

「事實→抽象化→具體化」×「Who ／ What ／ How」事業九宮格

　　透過各種九宮格思考法澈底分析谷歌之後，就等於已經為發
揮創意做好充足的準備了。

　　接著，我們就要利用「事實→抽象化→具體化」×「Who ／
What ／ How」組成的事業九宮格，來構思新事業。

　　「學習資源搜尋網站」在未來仍然有需求，各種相關服務也
已經陸續誕生。其中，「拒學孩童的教育資源」也是一個主題，
各種嘗試都還在錯誤中學習。

　　請將前面透過九宮格整理好的谷歌相關內容加以抽象化，再
加以具體化，轉用在「拒學孩童的教育資源媒合網站」上。

　　另外，在製作九宮格之前，若能先自己想像並寫下所謂「拒

谷歌事業九宮格

②Who／事實	⑥Who／抽象化	⑦Who／具體化
• 想在網路上搜尋網頁的人 • 想推銷自家商品的人	• •	• •
①What／事實	⑤What／抽象化	④What／具體化
谷歌搜尋	資訊提供者與需求者的媒合服務	拒學孩童的教育資源媒合網站
③How／事實	⑧How／抽象化	⑨How／具體化
• 搜尋畫面UI • 網頁排名（網頁之間連結與被連結關係的排名） • 網路爬蟲	• • •	• • •

Who　What　How　系統軸

事實　　抽象化　　具體化
時間軸

學孩童的教育資源媒合網站」可能包括哪些內容，相信各位更能體會九宮格思考法的效果。之所以如此建議各位，是因為我也在完成這個九宮格後，便想到了比原先更好的點子。

　　將透過 Who ／ What ／ How 觀點整理的谷歌相關內容（可參考第 4 章）置於左方欄，以此做為起點。

　　首先填寫中間列。這次我們要具體化的是「拒學孩童的教育資源媒合網站」，因此填入中間列右方欄（④）。以此為目標，將谷歌（搜尋）加以抽象化，便能在中間（⑤）填入「資訊提供者與需求者的媒合服務」（見第 340 頁圖表）。

　　請各位先自己想想看剩下的格子裡可以填入哪些內容。

　　現在請和我一起填寫⑥～⑨。

　　以中間列為軸心，首先將上方列的內容「抽象化→具體化」。

　　我參考與⑥鄰接的②和⑤（以及①），將內容加以抽象化，在⑥填入：

- 想獲得資訊的人（付出時間）
- 願意付費讓別人對自己提供的價值留下印象的人

接著同樣參考鄰接的④⑤⑥，將⑦具體化，想出：

- 仍有學習意願之拒學孩童的父母
- 願意付費獲得教學機會的人

後者是我在製作九宮格之前沒有想到的，也就是我個人的新發現。

利用上方列和中間列的內容，完成下方列抽象化→具體化。

參考①～⑥，將③的內容加以抽象化，便可以想到：

- （設計得當的）搜尋畫面 UI，可以提供使用者「愉快的搜尋體驗（UX）」
- 網頁排名是「以各網頁之間的評價關係為基礎的演算法」
- 網路爬蟲（web crawling）可以「機械式地確保最廣泛的選項」

因此我將這些內容填入⑧。

根據完成後的⑧，再參考①～⑦的內容，在⑨進行「How 的具體化」。我想到的點子如下：

- 讓人看見「笑容」的搜尋結果、同時呈現 Before ／ After 等

若只是單純呈現出媒合結果，還稱不上理想的使用者體驗。此時，或許可以善加運用谷歌搜尋的各種「呈現相關資訊的設計」，一併顯示相關資訊，例如，孩子在學習時的笑容，或孩子實際出現的變化等。

- 以使用者之間的評價（師徒）關係為基礎的演算法

不過，即使提供了相關資訊，假如真正重要的搜尋結果不夠盡善盡美，便等於本末倒置。因此在媒合時，除了會員提供的資訊外，也應該將會員對此服務的評價，以及師生間彼此的評價等資訊運用於演算法中。

谷歌事業九宮格

②Who／事實	⑥Who／抽象化	⑦Who／具體化
● 想在網路上搜尋網頁的人 ● 想推銷自家商品的人	● 想獲得資訊的人（付出時間） ● 願意付費讓別人對自己提供的價值留下印象的人	● 仍有學習意願之拒學孩童的父母 ● 願意付費獲得教學機會的人
①What／事實	⑤What／抽象化	④What／具體化
谷歌搜尋	資訊提供者與需求者的媒合服務	拒學孩童的教育資源媒合網站
③How／事實	⑧How／抽象化	⑨How／具體化
● 搜尋畫面UI ● 網頁排名（網頁之間連結與被連結關係的排名） ● 網路爬蟲	● 最愉快的搜尋體驗（UX） ● 以各網頁之間的評價關係為基礎的演算法 ● 機械式地確保最廣泛的選項	● 讓人看見「笑容」的搜尋結果、同時呈現Before／After等 ● 以使用者之間的評價（師徒）關係為基礎的演算法 ● 「找老師／找學生」之名單能自動擴充的機制、鼓勵評價

Who　What　How　系統軸

事實　　抽象化　　具體化

時間軸

- 「找老師／找學生」之名單能自動擴充的機制、鼓勵評價

最後，從「機械式地確保最廣泛的選項」這一點，可以發現「如何收集資料」也是一個必須花心思的重點，例如，除了設計自動提醒會員給予評價的機制，也可以請會員連結個人在社群網站的帳號，允許此服務存取其聯絡人資訊（見第 343 頁圖表）。

只要先將谷歌的資訊加以抽象化，便能立刻應用在其他的需求上。不只是求職，在一般的企劃會議中，也能派上用場。**若能將自己公司產品的價值先加以抽象化，便能針對顧客的需求提出具體的創意**。請各位務必將事業企劃九宮格融會貫通。

以上就是以谷歌為主題進行的九宮格練習。

九宮格思考法的填寫順序

由於篇幅有限，上述九宮格範例皆以第 4 章完成的縱向三宮格為基礎製作，不過我平常大多依照以下的順序填寫：

① 先填寫正中央的格子，再填寫其左側的格子。
② 以上述中間列的 2 格為起點，將與其相對的內容填入上方列與下方列。
③ 完成左方欄和中間欄的 6 格後，再填寫右方欄的 3 格。

其實九宮格思考法並沒有固定的填寫順序，請各位以自己覺得順手的順序填寫即可。

最後我想再次強調，我很喜歡現在的公司，至少目前並沒有

跳槽到谷歌的打算，請各位不要誤解了（笑）。不過我很有興趣到谷歌去參加研習。

在沒有時間也沒有準備的狀況下提供諮詢

各位覺得如何呢？跟在讀第 4 章之前相比，現在的你，是否已經擁有「站在谷歌這個巨人的肩膀上」的力量了？

只要熟練這些九宮格思考法，一旦在生活中看見成功的例子，就能將其價值製作成「可以贈與他人的共通格式」，也非常適合用於諮詢服務。

當對方表示：「最近○○公司（做為成功典範）很紅耶！」各位便可回應：「太棒了，要不要跟我一起分析○○？」並當場繪製前面學到的九宮格，這樣就能在沒有時間、也沒有準備的狀況下進行諮商。

如此一來，我們不但能在過程中得知對方的意見，又能幫助對方將知識視覺化，因而獲得對方的感謝。而我們也因為掌握了對方的既有知識範圍，在傳達創意時將會更順暢。

此外，由於最後的成果分成 9 格，哪些部分是「委託人獨家掌握的資訊」，哪些部分又是「根據公開資訊整理出的資料」，一目了然。只要刪除前者，再更新後者，就能成為一份對其他人也有幫助的資料。

請多多借助巨人的肩膀

巨人並非只有谷歌。GAFA 是目前的四巨頭，而微軟（MicroSoft）、網飛（Netflix）等，也是與之並駕齊驅的競爭對手。而中資企業BAT（百度、阿里巴巴、騰訊）也可能成為下一個巨人。

無論是什麼樣的巨人，只要利用九宮格思考法，我們就能「借助他們的肩膀」。

讀完 Part 2 後，只要能熟練任何一種九宮格思考法，就相當於拿到了黑帶，非常足夠。請使用自己擅長的九宮格，描繪一流企業或熱銷商品等「規模較大的創意」。

漸漸地，各位便也能描繪「自己構思的」規模較大的創意。

習慣用九宮格思考法描繪自己的創意後，不知不覺中，你就會發現自己已經學會「利用九宮格思考法發揮創意」了。

(1) 能擁有系統軸（超系統、子系統）的觀點
(2) 能創造屬於自己的原創九宮格（原創的標籤）
(3) 能教別人九宮格思考法

請以達到上述狀態為目標，反覆閱讀 Part 2。

在接下來的 Part 3 裡，我將介紹如何以更廣義的角度來思考九宮格思考法的兩軸，並搭配大家熟悉的主題進行說明。

Part **3**

利用九宮格思考法
進行溝通

第 **6** 章

九宮格思考法的
各種應用

46 ｜ Part 3 的預期收穫

　　在 Part 2 裡，我介紹了九宮格思考法的基本用法。請各位參考各範例，先熟練「對自己有所助益」的九宮格思考法。

　　不過，九宮格思考法除了獨自思考時可以使用，也很適合用來與他人進行「創造性溝通」。所謂的「他人」，也包括「過去的自己」及「未來的自己」。等各位覺得自己已經完全熟練，請試著將自己的創意傳達出去，或持續改良自己的創意。

　　Part 3 是「應用篇」，我希望各位能感受九宮格思考法的無限潛力，同時又能輕鬆應用。本單元第 7 章～第 9 章內容簡述如下：

第 7 章的主題是「傳達」。

　　在這一章裡，我會介紹如何將九宮格做為溝通前的筆記來使用，讓各位學會在日常生活中利用九宮格思考法來表達想法。

　　在說明了「外部因素」與「內部因素」之後，我會介紹用於報告‧聯絡‧商量的筆記，並繼續說明用於構思企劃的筆記。

第 8 章的主題是「創意的構思與改良」。

　　此章我將說明如何運用九宮格思考法來解決問題。

　　首先，我會讓各位明白 3C 分析、SWOT 分析等策略顧問常用的工具，其實都包含在九宮格思考法裡。

　　無論是在 Sony 集團內或外，都有許多人想了解「如何結合資源和需求」，因此，我也會介紹如何利用九宮格思考法進行創意發想。

第 9 章主要介紹我特選的九宮格範例。

　　在第 9 章裡，為了讓各位體會九宮格思考法的潛力，同時能夠輕鬆運用，我從自己至今完成的超過 3,000 張的九宮格裡，挑選出一些「特選九宮格範例」來介紹給各位。

　　看過 Part 3 裡各個九宮格使用的標籤後，慢慢地，各位讀者也能學會自己設定適合的標籤，並有能力教別人使用。屆時，各位便堪稱在九宮格思考法領域中「出師」了。

Part 3 的預期收穫

第7章的收穫	第8章的收穫	第9章的收穫	
在日常生活中運用九宮格思考法來表達	運用九宮格思考法來解決問題、構思創意	從九宮格思考法的實例中獲得應用的靈感	收穫
第7章的主題	第8章的主題	第9章的主題	
用於溝通的九宮格思考法	問題解決與九宮格思考法	自由九宮格	主題
第7章的課程內容	第8章的課程內容	第9章的課程內容	
• 外部因素與內部因素 • 報告・聯絡・商量九宮格 • 企劃九宮格 • 提案九宮格	• 3C分析、SWOT分析 • 安索夫矩陣、資源／需求結合、發明要素	各種九宮格	課程內容

系統軸

第7章　　第8章　　第9章

第 7 章

用於溝通的
九宮格思考法

溝通型態的轉變

在 2020 年新冠肺炎疫情爆發的影響下，變化最大的就是「人與人之間的溝通型態」。

在 2019 年以前，人們在談話時，可以自由決定對彼此而言最舒適的距離。隨著交通工具的進步，人們的移動變得更自由，通勤範圍逐漸擴大，進辦公室上班是每個人的日常。

在公司裡，大家可以面對面說話，除了透過聲音，也能用豐富的表情和肢體語言進行溝通。換言之，我們在溝通中獲得的資訊，比實際上看見、聽見的還要多。

我們可以當場拿出紙筆用圖解溝通，也可以和朋友一起去喝酒。在當時的環境裡，想傳達的內容即使當下說不完或無法讓對方理解，也都可以透過其他方式來輔助傳達。

然而，由於新冠肺炎疫情不斷蔓延，我們的生活環境徹底改變了。所謂的社交距離，絕對不是適合彼此好好談話的距離。人們的移動自由受到大幅的限制，同時必須避免到辦公室上班，遠距工作反而變成了日常。

在這樣的環境中，「線上溝通」變成了主流。

不同於以往面對面的實體溝通，我們很難看見對方臉上細微的表情，甚至很多時候只能用語音討論，而沒有影像。

大部分的線上會議，都是由一個人進行簡報，其他的人只是聆聽。除非所有與會者的電腦能力都很強，否則無法透過圖解來輔助說明。

由於環境產生了變化，我們不得不在這個充滿制約的狀態下進行溝通。**線上能夠傳達的資訊量比實體少，也很難在事後補充。若不是像簡報這種可以事先準備的狀況，往往會出現資訊無法順**

利傳達、開會效率低落的情形。

　　當然，無論有沒有新冠肺炎，在談生意或授課之前本來就應該做好充足的準備。**只是在這個以線上溝通為主流的時代，事先整理好想要傳達的內容，已成了必要條件。**就算是輕鬆的線上喝酒聚會，假如沒有事先設定好主題、每個人沒有先準備好照片，往往就無法炒熱氣氛。

　　在開口表達之前，我們該做些什麼準備呢？

　　正如我們在 Part 2 學到的，請養成時時考慮「過去／現在／未來」以及空間軸的「背景與具體實例」的習慣。此時，九宮格思考法正是我們的好幫手。

溝通型態的轉變

過去的環境	現在的環境	將來的環境
可以自由移動 適合談話的距離 在辦公室上班	儘量減少出門 保持社交距離 遠距工作	未來的溝通模式仍會受限
過去 面對面溝通	**現在（2021年）** 透過網路溝通	**未來** 傳達資訊前必須充分準備
方法・要素 ● 聲音和表情 ● 肢體語言／圖解 ● 一起去喝酒	**方法・要素** ● 只有語音 ● 主要採取簡報形式 ● 線上喝酒聚會	**方法・要素** ● 內容的筆記 ● 過去→現在→未來 ● 背景與具體實例

超系統《環境・前提・背景》

系統《主題》

子系統《具體要素》

系統軸

過去　　　現在　　　未來

時間軸

47 | 解決問題的第一步：區分內外因素

　　Part 3 有 2 個重要的關鍵字：「外部因素」和「內部因素」。為了幫助各位理解這個概念，我們先做一個練習。

WORK 請寫出遲到的原因和對策

　　假設你上班、上學或跟朋友有約時遲到了，請在圖表 7-1 寫出以下 2 項內容。

(1) 請寫出 3 個以上的「遲到原因」。
(2) 請針對每個原因寫下因應的方法。

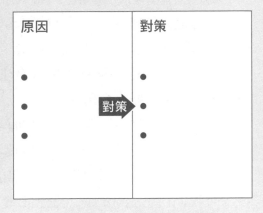

圖表 7-1　遲到因素分析

　　謝謝各位的配合。

　　我至今已經在無數場研習和課程中做過同樣的練習，而學員想到的「遲到原因」大致可分為 2 種，一種是「別人的責任比例較高」的狀況，另一種是「自己的責任比例較高」的狀況（見圖表 7-2）。

　　所謂「別人的責任比例較高」的原因，就是自己明明依照預定時間出發了，自己搭乘的大眾運輸工具卻出現異常狀況，例如「電車或公車誤點」等。

　　相反地，**所謂「自己的責任比例較高」的原因，大概就是「睡過頭」等，也就是因為自己的問題，導致太晚出發。**

　　本單元採用的「分析方法」（analytical approach），會將問題拆解成幾個不同的課題，再逐一解決。

　　在這個方法中，最重要的就是「將外部因素與內部因素分開思考」的觀點。

　　為什麼重要呢？因為這 2 種課題的解決方法截然不同。

　　外部因素是屬於自己以外的因素，也就是由別人造成的因素，自己能控制的範圍非常有限。因此，解決此類課題的基本概念，就是「預測」自己不樂見的現象發生的機率，同時預估可能受到的影響，事先做好「緩衝準備」。

　　以「電車誤點」這個外部因素而言，電車的運行牽涉到列車、車站、站務員、乘客等極為龐大的超系統，自己只是這個系統裡的一小部分，因此就算想改善，也無能為力。

　　而我們自己能做的，就是預設電車可能誤點，多抓一些時間提早出門，或是一開始就把開會時間訂晚一點。這些事前的「緩衝準備」，就是解決方案的基本概念。

　　即使是面對電梯故障等規模比較小的「系統」，只要是「自己能控制的範圍有限」的狀況，都必須做好緩衝準備。

　　相對地，所謂的「內部因素」，則是可以靠自己處理的因素，在解決課題時，自己能主動控制的餘地較大。例如：

- 睡過頭→多設幾個鬧鐘
- 換錯車→事先查好路線
- 鐘或錶慢了→事先對時

　　我們可以針對各個課題提出不同的解決方案。

　　區分內部因素與外部因素是極為重要的概念，也是解決課題的第一步。

原因		對策
• 電車大誤點 • 電梯故障 • 前一個會議超時	⇨	外部因素 自己能控制的範圍有限 預設電車可能會誤點，提早出門 （做好緩衝準備）
• 睡過頭 • 換錯車 • 鐘或錶慢了	⇨	內部因素 自己能控制的範圍較大 各種改善策略

圖表 7-2　遲到的原因與對策

48 ｜ 報告・聯絡・商量九宮格

整理好資訊再傳達，才會有效果

　　這一章，我們會聚焦在九宮格思考法的「傳達」部分，尤其是「傳達內容的結構化」。

　　我將以社會人士必備的基本觀念「報告・聯絡・商量」為主題，介紹結合了「過去→現在→未來」及「Why ／ What ／ How」的「狀況預測九宮格」。

　　在時間充裕、可以冷靜思考的狀況下，「報告」、「聯絡」、「商量」這 3 件事情或許很簡單。

　　然而當工作或學業過於繁忙時，想立刻區分上述三者，並將內容精準傳達給對方，其實並不如想像般容易。

　　此時便是狀況預測九宮格派上用場的時候了。

　　接下來，我會讓各位體驗如何整理「報告・聯絡・商量」中各自必須注意的地方，並根據整理好的內容構思電子郵件。

　　學會了狀況預測九宮格，相信各位一定能實際感受到自己「報告・聯絡・商量」的能力有所提升。

「報告」、「聯絡」、「商量」到底有什麼不同？

在進入主題之前，我們必須釐清「報告」、「聯絡」、「商量」的差異（見圖表 7-3）。

首先整理「報告」與「聯絡」的不同。

若各位在網路上搜尋，可以發現這兩者之間的界線非常模糊，不過大部分的解釋都有一個共同點，**那就是「報告」指的是「完成報告」或「進度報告」，也就是「和對方分享過去」的溝通。**由於事情都已經是過去式，因此在說明時不能擅自更動。此外，一般網站也會強調「報告必須用過去式撰寫」。

相對地，「聯絡」基本上則是「與對方分享現在」的溝通。

例如，假設你想在當下（現在）告訴對方：「我上班時搭的電車發生撞到人的意外，確定會遲到了」，這便是「聯絡」。然而，如果你是在隔天才告訴對方這件事，事情已經成為過去式，因此屬於「報告」。

只要站在對方的立場，思考為什麼要報告或聯絡（Why），就能發現報告與聯絡之間有著極大的差別。換言之，關鍵就在於「你是否期待（要求）對方採取什麼行動」。

在什麼狀況下，遇到電車誤點時必須當場聯絡對方呢？那就是當對方接到聯絡後，有必要採取某種行動（例如重新安排會議）的狀況。

而隔天再報告也無妨的狀況，就是當事者可以自己應付電車誤點所造成的影響，接到報告的人無須特別採取什麼行動的狀況。

近年因為個資保護意識提升的關係，以前學校裡的「聯絡網」似乎比較少見了。聯絡網的機制，就是將全班學生的名字和電話整理成一張表單，假如學生在學校發生了什麼事，便能立刻傳達

	歷史（眾所皆知・事實）	現狀（新創・變化）	未來（推測・提案）	
收件人的立場 想盡快完成確認	收件人的立場 想盡快對照自己的現狀，採取正確的行動	收件人的立場 想盡快做出「正確」的判斷與回應	超系統（Why・背景・收件人）
報告郵件的目的 希望對方掌握已完成的事項	聯絡郵件的目的 希望收件人對照自己的現狀，採取必要的行動	商量郵件的目的 希望藉由商量，讓未來的狀況更理想	系統（What・提供的價值・動詞）
具體要素 • 簡潔明瞭的結構	具體要素 • 提供「含有前提、背景」的事實，以利對方判斷 • 提供具體行動方案，如：參加費5萬日圓／人	具體方法 • 提供「含有前提、背景」的事實，以利對方判斷、分析 • 將事實（Before／After）與推測（＋提案）分開呈現 • 提及具體做法，如：將請款書交給會計部門	子系統（How・要素・依據・行動）

圖表 7-3　不同目的之商務電子郵件[*]

---

[*] 在商務場合中，超系統即是「共識」（關於在短時間內完成報告・聯絡・商量的方法，請參考《邏輯思考練習本——學習邏輯思考法與書寫法基本概念的 51 個問題（暫譯）》（照屋華子著／東洋經濟新報社）一書）。

資訊。

學生接到聯絡後，必須採取的行動就是「聯絡下一個人，傳達剛剛自己得知的資訊」。倘若這個機制的名稱是「報告網」，各位會不會覺得接到報告之後好像就結束了，什麼都不用做？

假如接到了「業務聯絡」，就會覺得自己好像必須採取什麼行動；如果接到的是「業務報告」，則會有種「只是告知我已經有人負責處理好了」的感覺。

若是接到「完成報告」，我們會覺得只要收下就好；但若是接到「完成聯絡」，各位是不是會覺得「自己必須根據接收到的資訊，採取某種行動」呢？

最後，來談談「報告・聯絡・商量」中最後的「商量」。相較於前面兩者，**「商量」主要是針對未來的溝通，因此基本的概念，就是針對目前已知的負面影響，和對方商量該如何處理。**

反過來說，「不打算改變未來的商量」（也就是所謂的純抱怨、發牢騷），在商務場合中可謂大忌。

本節的狀況設定

> ### 狀況設定
>
> 　　當事者立場：任職於 Z 公司，負責統籌即將在 4 月 1 日舉辦的活動。
>
> **狀況 1：**
>
> - 活動參加者共 80 人。
> - 活動手冊委託外部講師撰寫後，請印刷廠印製 100 份。原本預定發給 A 印刷廠印製，7 天交件，費用 5 萬日圓（約新台幣 1 萬 1,000 元），然而，由於撰稿者延遲交稿，改為發給 B 印刷廠印製，4 天交件，費用為 10 萬日圓。
> - Z 公司的會計年度至 3 月 31 日截止。請款書用 PDF 檔寄給會計部門。
>
> **情境 1：**向主管「報告」，並「聯絡」工作人員。
>
> - 3 月 31 日收到手冊。向主管「報告手冊已經送達」。
> - 「聯絡」工作人員，請他們將手冊先放在桌上，以利參加者在「隔天的活動」中使用（將手冊放在會場 3 人長桌的兩端，6:00 開始進行）。
>
> **狀況 2：**（承狀況 1）
>
> - 3 月 17 日收到撰稿者的原稿，預計在 3 月 21 日之前校稿完畢，並發給 A 印刷廠印製。
> - 考量印製需要 7 天，因此預計 3 月 28 日交件。然而，由於原稿有太多地方需要修改，導致進度落後，3 月 24 日還無法發印。

- 在 3 月 31 日交件當天收到請款書。

情境 2：跟主管「商量」該如何處理。

- 3 月 24 日發生準備工作進度延宕的狀況。和主管「商量」處理方式。
- 跟主管「商量」能否將印刷廠從 A 公司（7 天交件，5 萬日圓）換成 B 公司（4 天交件，10 萬日圓）。
- 活動結束後，要在 4 月 3 日的定期會議上報告。

　　本節設定的是在進行「報告」、「聯絡」、「商量」時可能遇到的狀況。請各位把自己當作任職於 Z 公司、負責統籌 4 月 1 日活動的員工。

　　上述的設定內容，是以報告・聯絡・商量的順序為優先考量，刻意打亂時間順序、把原因放在後面，又添加了一些細節而完成的說明。這樣的文章，想必很難懂吧？

　　接下來，讓我們依照「時間順序」，並且留意背景和具體要素的粒度，重新整理一次。

　　請各位試著自己畫出九宮格整理。

　　我實際整理好的內容，包括以下的文章，以及第 367 頁的九宮格。

整理後的狀況設定

　　在 3 月 17 日前，準備工作皆依照原訂計畫進行，預計在 3 月 21 日完成。因此，當時預定將活動手冊發給交期較久，但價格較便宜的 A 印刷廠印製。

　　然而到了 3 月 24 日，發現必須請外部撰稿者修改原稿，造成準備工作進度延宕。原稿預計 3 月 26 日完成，確定來不及印製，因此必須和主管「商量」能否更換印刷廠。

　　之後，手冊在 3 月 31 日送達，於是向主管「報告」已順利趕上，同時也「聯絡」了工作人員。

　　接下來，我們將依照「報告」、「聯絡」、「商量」的順序進行練習。

　　各位覺得如何呢？是否感受到利用九宮格來整理狀況，便能讓事情的全貌更清晰易懂呢？

　　接著，我們要依照上述的設定，分別針對「報告・聯絡・商量」，思考當傳達的對象不同時，該如何進行以下事項：

- 利用九宮格（或三宮格）整理內容
- 構思並撰寫電子郵件的內容

　　練習完報告・聯絡・商量九宮格之後，相信各位便能學會九宮格的思維，表達能力也能大幅提升。

報告‧聯絡‧商量的狀況設定

			系統軸
背景 準備工作預定在3月21日結束	**背景** 準備工作延宕，預計在3月26日結束，來不及印製手冊	**背景** 活動將於4月1日舉行 活動難以改期 工作人員已安排	超系統（Why‧背景‧收件人）
3月17日時 按計畫進行 （無須特別應對）	**3月24日時** 與主管「商量」，希望能更換印刷廠	**3月31日時** 手冊送達 向主管「報告」 「聯絡」工作人員	系統（What‧提供的價值‧動詞）
具體方法 • 預定發給A印刷廠印製 • 100份，需要7天，預計3月28日交件 • 5萬日圓	**具體方法** • 3月26日發印→4月2日交件 • 印刷廠A→B • 活動參加者80人，參加費5萬日圓／人	**具體方法** • 告訴主管如期趕上 • 將80人份的文件事先放在會場桌上 • 印刷費5萬日圓→10萬日圓；將請款書交給會計部門	子系統（How‧要素‧依據‧行動）

時間點①（3月17日） **時間點②（3月24日）** **時間點③（3月31日）**

時間軸

報告郵件：依對象選擇報告的重點

▶ 寫給熟人以簡潔扼要為第一優先！善用三宮格思考 Why

正如在 Part 2 第 4 章所練習的，在傳達想法時，如果能「刻意加上 Why 和 How」，便能大幅提升傳達的效果。

在報告郵件中，除了報告內容（What），一併說明「為什麼（Why）要報告這件事？」也非常重要。對自己（當事者）來說理所當然的資訊，對收件人來說卻不見得如此。

另外，配合 What 和 How 調整報告的粒度，也是必須留意的重點。**只要事先製作如圖表 7-4 的三宮格，就可以避免從太瑣碎的細節開始報告的狀況。**

假設我們必須向直屬主管報告「4 月 1 日活動上要用的 100 份手冊，在 3 月 31 日送到了，同時廠商也附上了（10 萬日圓的）請款單」。請將主題加以整理，填入圖表 7-4 的三宮格。

在這個情境中，一般人可能很容易直接表示「印刷廠把 100 份手冊送來了，費用是 10 萬日圓」。可是這些資訊真的足夠嗎？

如果只傳達上述資訊，收到信的人很可能會納悶：「為什麼要送 100 份手冊來？」

這時，請思考「為什麼要報告這件事」。如此一來，便能發現報告中應該加上「要使用這份手冊的活動即將在 4 月 1 日舉辦」這個訊息。

除此之外，我們也能知道「100 份」和「費用是 10 萬日圓」都是很細節的要素，這份報告中最重要的 What，應該是「4 月 1 日要用的手冊及時送到了」（見圖表 7-5）。

至於「印刷費是 10 萬日圓」這一點，假如收件人得知後不需

要特別採取什麼行動，便無須報告。

報告的背景（Why）
報告郵件的主題
具體要素（How）

報告的背景（Why） 要使用這份手冊的活動即將在 4月1日舉辦
報告郵件的主題 活動手冊已及時送達
具體要素（How） ● 布置會場 ● 向會計部門請款（10萬日圓）

圖表 7-4　「印製手冊」
三宮格練習題　　　　　　　　

圖表 7-5　「印製手冊」
三宮格參考答案

　　綜上所述，寄給熟識對象的郵件，只需包含以下郵件內文範例內容便足夠：

　　　　4 月 1 日要使用的 100 份手冊，在今天（3 月 31 日）已經送達。接下來會開始布置會場並向會計部門請款。

▶ 對距離較遠者報告時，要說明「過去」和「未來」

　　如果是向直屬主管這種平常往來較密切的對象報告，只須報告現狀，且內容愈簡潔愈好。

　　相反地，假如報告的對象與自己距離較遠，則在報告裡附上「過去」和「未來」，便是一種體貼的溝通。

　　根據前述的設定，各位覺得在這個例子裡應該說明哪些事項，

又該怎麼說才好呢？

這時能將內容整理清楚的，不是縱向三宮格，而是在前後分別加上過去與未來三宮格的九宮格（見圖表 7-6）。

第一步是整理過去的狀況（左方欄）。

狀況是：準備工作原本依照計畫進行，但因為發生延宕，而必須將印刷廠從 A 改為 B。

將具體內容整理在下方列，包括：變更發印廠商、印製份數、金額等。不過，若對方與這些事關係太遠，在報告時則應省略。

這封信想傳達的主題，與前述「向熟識的人報告」時一樣，因此填入相同的內容。

接著思考未來。在活動結束後，似乎必須做個統整，在下次的定期會議上報告。

如此一來，九宮格就完成了。接下來，請將這些內容整理成電子郵件的內文。整理時，請特別留意 What 和 Why，例如：

○○，您好！

今天來信是要向您報告有關 4 月 1 日活動的準備狀況。

關於活動手冊的印製，由於準備工作延宕，為了爭取時間，我將印刷廠從原本預定的 A 換成 B。

今天（3 月 31 日）B 印刷廠已經把印製好的手冊送來了。接下來我們就要布置會場，並向會計部門請款。活動結束之後，我會再做統整報告。

報告前的背景 （上次行動的理由）	報告的背景 （請對方採取行動的必要性） 活動在4月1日	聯絡後的背景 （業務完結的理由）	超系統（Why・背景・收件人）
之前的狀態 （對比、致謝）	報告郵件的主題 更換後的印刷廠將手冊送達後，立刻著手布置會場並處理請款事宜	下次報告的預告	系統（What・提供的價值・動詞）
具體要素	具體要素 ● B印刷廠在3月31日 10:00送到 ● 6:00開始將100份手冊放在會場3人長桌兩端的座位 ● 將請款單用PDF寄給會計部門	具體方法	子系統（How・要素・依據・行動）
過去（眾所皆知・事實）	現狀（新創・變化）	未來（推測・提案）	

圖表 7-6　報告內容的整理

報告內容的整理

報告前的背景 （上次行動的理由） 由於準備工作延宕，發現原本預定發印的印刷廠來不及交件	報告的背景 （請對方採取行動的必要性） 活動在4月1日舉辦	報告後的背景 （業務完結的理由） 活動在4月1日舉辦 下次定期會議安排在4月3日
之前的狀態 （對比、致謝） 按計畫進行 （無須特別應對）	報告郵件的主題 更換後的印刷廠將手冊送達後，立刻著手布置會場並處理請款事宜	下次報告的預告 活動結束後會進行統整報告
具體要素 ● A印刷廠→B印刷廠 ● 100份 ● 5萬日圓	具體要素 ● B印刷廠在3月31日10:00送到 ● 6:00開始將100份手冊放在會場3人長桌兩端的座位 ● 將請款單用PDF寄給會計部門	具體方法 ● 告訴主管手冊已即時趕上 ● 在會場先放好80人份的手冊 ● 印製費用5萬日圓→10萬日圓；將請款單寄給會計部門

超系統（Why・背景・收件人）

系統（What・提供的價值・動詞）

子系統（How・要素・依據・行動）

系統軸

過去（眾所皆知・事實）　　現狀（新創・變化）　　未來（推測・提案）

時間軸

聯絡郵件：表達明確的行動並可說明情況

▶ 請將「理由」和「詳細的行動」交代清楚

不同於「報告」，假如你可能需要拜託收件人採取某種行動，這封信便屬於「聯絡」。

根據設定，我們須在 3 月 31 日，亦即活動前一天緊急聯絡相關人員，請他們將手冊搬到會場、放在桌上，並處理請款事宜。

在拜託對方採取行動時，最重要的就是思考 Why ╱ What ╱ How。指出 Why 和 How，可以讓聯絡事項的結構呈現得更清楚。

Why　採取行動的理由和背景
What　告知目前狀況並請求對方採取行動
How　　具體的行動方法

現在我們就用 Why ╱ What ╱ How 縱向三宮格來進行整理（見圖表 7-7）。

聯絡的內容與報告幾乎相同，但是會針對具體 Why 和 How 的要素詳細說明。

在填入具體內容前，請用縱向三宮格思考聯絡郵件的目的。

聯絡郵件的目的，就是「希望收件人對照自己的現狀，採取必要的行動」。

一般而言，對方應該也會希望盡快對照自己的現狀，採取正確的行動，因此，必須提供含有前提・背景的事實，以利對方（站在收件人的立場）判斷，並提供具體的行動方案。

聯絡的背景（請對方採取行動的必要性） 活動將在4月1日舉辦 會計年度在3月31日截止	收件人的立場 希望盡快對照自己的現狀，採取正確的行動
聯絡郵件的主題 更換後的印刷廠將手冊送達後，立刻著手布置會場並處理請款事宜	聯絡郵件的目的 希望收件人對照自己的現狀，採取必要的行動
具體要素（How） ● B印刷廠在3月31日10:00送到 ● 6:00開始將100份手冊放在會場3人長桌兩端的座位 ● 將請款單用PDF寄給會計部門	具體方法 ● 提供「含有前提‧背景」的事實，以利對方判斷 ● 提供具體的行動方案

圖表 7-7　「印製手冊」聯絡工作人員

　　現在，請根據上述內容，思考聯絡郵件的主題。

　　我們想拜託對方採取的行動有 2 個：布置會場和整理請款單。

　　原因是活動的日子和會計年度結算的日子都迫在眉睫。

　　而完成這 2 件事的具體方法，就是收取文件後放在會場桌上，以及用 PDF 檔寄出請款單。

　　依照上述內容，可以整理出圖表 7-7 的三宮格，郵件內文則如下所示：

各位工作夥伴：

　　明天 4 月 1 日活動要用的手冊，印刷廠已經送來了。

　　麻煩各位 6:00 到會場，把手冊放在 3 人座長桌兩端座位的桌上。

　　另外，為了配合會計年度結算，麻煩請火速將請款單送至會計部門。

▶ 聯絡會計部門時，可視情況加入「過去」和「未來」

在撰寫聯絡用郵件時，必須根據對方與聯絡事項的關係，事先整理好「過去」和「未來」，並視情況寫在郵件中。

接下來，我們要思考聯絡會計人員（在工作崗位上與自己略有距離的人）時的內容。

根據上述設定，假設我們必須在 3 月 31 日拜託會計人員處理請款單。當時已經逼近會計結算的截止期限，因此，事先聯絡對方一下比較好。

尤其是會計人員早就要求公司同仁 3 月的帳款要提早申請，但我們卻拖到 3 月 31 日才聯絡，當中的原因更是必須說明清楚。

即使是這種狀況，只要用九宮格來整理，就不必擔心。現在，就讓我們按部就班地思考吧！

基本的內容與報告、聯絡時的九宮格無異。不過由於對方是會計部門的人，因此在處理請款單的 How 會有所不同（見圖表 7-8）。

聯絡前的背景 （上次行動的理由）	聯絡的背景 （請對方採取行動的必要性） 活動在4月1日	聯絡後的背景 （業務完結的理由）	超系統（Why・背景・收件人）
之前的狀態 （對比、致謝）	聯絡郵件的主題 更換後的印刷廠將手冊送達後，立刻著手布置會場並處理請款事宜	下次聯絡的預告	系統（What・提供的價值・動詞）
具體要素	具體要素 • B印刷廠在3月31日10:00送到 • 6:00開始將100份手冊放在會場3人長桌兩端的座位 • 將請款單用PDF寄給會計部門	具體方法	子系統（How・要素・依據・行動）
過去（眾所皆知・事實）	現狀（新創・變化）	未來（推測・提案）	

圖表 7-8　聯絡內容的整理

　　因為會計結算期限已經迫在眉睫，此時的做法應該會是先將請款單的 PDF 檔傳送給會計人員，之後再將正本郵寄給對方。而之所以這麼晚才提出申請，是因為臨時更換了印刷廠，導致請款單較晚收到。

　　我們可以稍微修改前面完成的九宮格，將上述內容整理成第 378 頁九宮格的狀態。請留意過去和未來的資訊，試著撰寫聯絡用郵件，如：

會計同仁您好！

　　感謝您平時的照顧。

　　為了彌補作業時程的延宕，我們把印刷廠從原本預定的 A 換成了請款單上記載的 B，但印製的手冊和請款單都在 3 月 31 日才送達。

　　因此，我先把請款單掃描成 PDF 檔寄給您，麻煩您先處理，正本我之後會再郵寄給您。

報告・聯絡・商量時必區分外部因素和內部因素

　　正如第 357 頁的說明，當情況產生變化時，因應方法會隨著「外部因素」或「內部因素」而異。因此，在撰寫報告・聯絡・商量九宮格的過程中，也必須留意外部因素和內部因素。

　　事情發生的原因比較接近外部因素或內部因素，會隨著當下的狀況而有所不同，因此必須視情況做出判斷。

　　以這個例子而言，如果 Z 公司是一間上市的股份有限公司，則「會計年度結算的截止日期是 3 月 31 日」，這件事除了公司員

聯絡內容的整理

聯絡前的背景 （上次行動的理由） 由於準備工作延宕，發現原本預定發印的印刷廠來不及交件	聯絡的背景 （請對方採取行動的必要性） 活動在4月1日舉辦	聯絡後的背景 （業務完結的理由） 活動在4月1日舉辦 下次定期會議安排在4月3日	超系統（Why‧背景‧收件人）
之前的狀態 （對比、致謝） 準備工作延宕，因此更換印刷廠	聯絡郵件的主題 更換後的印刷廠將手冊送達後，立刻著手布置會場並處理請款事宜	下次聯絡的預告 活動結束後會進行統整報告	系統（What‧提供的價值‧動詞）
具體要素 • A印刷廠→B印刷廠 • 100份 • 費用　5萬日圓 　→10萬日圓	具體要素 • B印刷廠在3月31日10:00送到 • 6:00開始將100份手冊放在會場3人長桌兩端的座位 • 將請款單用PDF寄給會計部門	具體方法 • 之後會郵寄請款單正本	子系統（How‧要素‧依據‧行動）

系統軸

過去（眾所皆知‧事實）　　現狀（新創‧變化）　　未來（推測‧提案）

時間軸

工，也會關係到股東以及買賣股票的相關人員等眾多外部人員，除非有什麼特殊緣由，否則這無疑是不可變動的外部因素。

相對地，要委託哪一間印刷廠來印製活動手冊，大部分的狀況都是可以自己決定的內部因素。當然，假如公司隸屬於企業集團，或是每年都委託同一間印刷廠印製，原稿已經在印刷廠那裡了，則也可能成為不可變動的外部因素。

「活動的日期是 4 月 1 日」這一點，在開放報名之前，是屬於根據內部協調狀況而有機會延期的內部因素，然而，一旦牽涉的部門或報名人數愈來愈多，日程幾乎不可能變動，就會成為外部因素。

即使參加人員尚未確定，但若是像「入社式*」之類，遵循「社會常識」決定的「4 月 1 日」這個日期，亦屬於外部因素。

不過，外部因素其實是相對的。例如 2020 年遇上「新冠肺炎疫情爆發」這個牽涉範圍更廣大的外部因素，就有可能變動。

如上所述，儘管這種層次感是相對的概念，但隨時掌握狀況究竟是：

- 可以因應的「內部因素」？
- 難以改變的「外部因素」？

正是在問題發生時能否立刻處理的關鍵所在。

在報告或商量時，只要站在對方（老師、主管等）的立場思考，就能理解在傳達一件事情時，只要留意外部因素／內部因素，就是一種體貼對方的傳達方式。

---

* 指日本大型公司通常會為全體新進員工舉辦的就職典禮。

其實前面提到的「報告」和「聯絡」也一樣，當我們思考
Why 的時候，自然會將外部因素過濾出來。在接下來的「商量郵
件」中，我們會更加強調外部因素／內部因素，一起整理內容、
構思郵件內文。

商量郵件：「過去→現在→未來」影響商量結果

在報告及聯絡時，「過去」和「未來」這 2 個欄位皆只用於
輔助說明，但在商量的時候，則必須使用整個九宮格。

在商務場合中，假如出現「只有報告和聯絡還不夠，必須和
別人商量」的狀況，往往代表「發生了某個問題」。

若以過去→現在→未來的時間軸來說明，就是：**在無須商量
的過去背景下，現在發生了某個問題，因此希望藉由商量減少未
來可能發生的問題。**

另外，遇到在商務上需要商量的狀況時，假如是新進人員倒
還情有可原，但若是一個負責人沒有對未來進行任何規劃，就貿
然提出商量，則絕對算不上稱職。

在商量的時候，若能先用九宮格將狀況釐清，會非常有幫助。

- 關於過去的事實
- 現在發生的狀況
- 關於未來的提案

請依照前面的練習，一面思考外部因素／內部因素，一面製
作九宮格，以撰寫商量郵件。

▶ **商量郵件九宮格 (1)：將現在的變化整理成三宮格**

接下來，我們要實際逐一填寫商量郵件九宮格（見圖表7-9）。

首先在中間欄填入關於「發生問題的現在」的狀況。

在這個範例中，商量的緣由是「由於外部撰稿者的原稿需要修改，造成準備工作延遲至 3 月 26 日才能完成」。

準備工作的延宕肇因於外部撰稿者，屬於「無法控制的外部因素」，因此填入中間欄上方列。

因為上述狀況而必須與收件人商量的問題要點，則是「若維持原印刷廠，便來不及在活動前將手冊印製完成」。請把這一點寫在中間欄中間列。

具體而言，究竟是如何來不及？請將詳細的具體要素填入中間欄下方列。

在這個範例當中，如果 3 月 26 日發印，A 印刷廠要到 4 月 2 日才能交件。我們可以用具體的數字來表達這件事情帶來的影響有多大，例如「參加活動的人數共有 80 人」、「參加費用為 5 萬日圓／人」等。

過去的背景 （上次行動的理由）	背景 （產生變化的部分） 外部撰稿者的原稿需要修改 準備工作延遲至3月26日才能完成	提案的背景、影響範圍	（Why・背景・收件人）　超系統
之前的狀態 （對比、致謝）	商量的主題 （課題） 若維持原印刷廠，便來不及在活動前將手冊印製完成	針對商量的提案・假設	（What・提供的價值・動詞）　系統
具體要素	具體要素 ● 3月26日發印→4月2日送達 ● 活動參加者80人 ● 參加費5萬日圓／人	具體方法	（How・要素・依據・行動）　子系統
過去（眾所皆知・事實）	現狀（新創・變化）	未來（推測・提案）	

圖表 7-9　商量郵件九宮格 (1)

▶ 商量郵件九宮格 (2)：整理無須商量的「過去」狀況

　　在商量的時候，必須一併說明「原本的狀況」，也就是不需要商量的過去。請將相關內容填入代表過去的左方欄（見圖表 7-10）。

　　將過去的狀況一併列出，問題就會變得更清楚，不但能讓對方更容易做出判斷，也能幫助自己構思解決方案。

　　在這個範例中，假如沒有對照過去，便無法讓對方感受「準備工作延遲至 3 月 26 日結束」有多麼嚴重。

　　這時，若在左方欄上方列填入之前的背景，也就是準備工作原本預定在 3 月 21 日結束，便能發現進度延宕了 5 天。如此一來，對方便能理解光是縮短各項工作的時程，已經無法挽救，必須在根本做出某些改變。

　　另一方面，在左方欄中間列，可以填入過去商量（或報告）過的狀態，做為對比。以這個範例而言，可以填入「在此之前一切都按照預定計畫進行」。

　　為了提出理想的解決方案，將過去的具體要素整理在左方欄下方列，也十分重要。

　　在這個例子裡，我們可以填入「委託 A 印刷廠」、「100 份手冊，印製需要 7 天」、「預計 3 月 28 日交件」、「費用為 5 萬日圓」等。

過去（眾所皆知·事實）	現狀（新創·變化）	未來（推測·提案）	
過去的背景 （上次行動的理由） 4月1日活動的準備工作，原本預定在3月21日結束	背景 （產生變化的部分） 外部撰稿者的原稿需要修改 準備工作延遲至3月26日才能完成	提案的背景、影響範圍	超系統 （Why·背景·收件人）
之前的狀態 （對比、致謝） 在此之前一切都按照預定計畫進行	商量的主題 （課題） 若維持原印刷廠，便來不及在活動前將手冊印製完成	針對商量的提案·假設	系統 （What·提供的價值·動詞）
具體要素 • A印刷廠 • 100份，印製需7天 • 3月28日交件 • 5萬日圓	具體要素 • 3月26日發印→4月2日送達 • 活動參加者80人 • 參加費5萬日圓／人	具體方法	子系統 （How·要素·依據·行動）

圖表 7-10　商量郵件九宮格 (2)

▶ 商量郵件九宮格 (3)：填寫想商量的「針對未來的提案」

填滿過去‧現在 2 欄後，請將針對未來的提案填入右方欄。

首先，在右方欄上方列寫下這個提案的背景狀況，尤其是難以改變的外部因素。

在這個範例中，可以舉出：「事到如今已經很難將活動日期延後」、「已安排工作人員」等。

如此一來，便能幫助我們在構思提案時意識到制約條件。請在考慮到上述制約條件的狀況下，將可能採取的具體對策列舉在右方欄下方列。

例如，在這個例子裡可能採取的對策及相關的具體數字，包括：「將印刷廠從 A 更換為 B」、「100 份手冊，印製需要 4 天」、「交件日為 3 月 30 日」、「費用為 10 萬日圓」等。

如上所述，填入制約條件（上方列）與具體對策（下方列）後，再將過去（左方欄）與現在（中間欄）的狀況加以整理，便可輕鬆判斷：「為了因應手冊完稿時程延宕，相較於將活動改期，選擇以成本稍高的方法加速手冊印製，才更符合實際。」

請將自己的判斷‧提案填入右方欄中間列（見圖表 7-11）。

重新瀏覽一次填寫完畢的九宮格，倘若發現內容還可以改良得更好，就請儘量修改。

大多數的狀況下，都可以提出更好的方案。

▶ 商量郵件九宮格 (4)：構思商量郵件的內文

九宮格全數完成，就等於做好了撰寫商量郵件內文的準備。

請參考圖表 7-11 的九宮格，將內容整理成文章。

過去的背景 （前提） 4月1日活動的準備工作，原本預定在3月21日結束	背景 （產生變化的部分） 外部撰稿者的原稿需要修改 準備工作延遲至3月26日才能完成	提案的背景、影響範圍 活動已無法延期 已安排工作人員	（Why・背景・收件人） 超系統
之前的狀態 （對比、致謝） 在此之前一切都按照預定計畫進行	商量的主題 （課題） 若維持原印刷廠，便來不及在活動前將手冊印製完成	針對商量的提案・假設 更換印刷廠，縮短印製時程，以配合原訂計畫	（What・提供的價值・動詞） 系統
具體要素 ● A印刷廠 ● 100份，印製需7天 ● 3月28日交件 ● 5萬日圓	具體要素 ● 3月26日發印→4月2日送達 ● 活動參加者80人 ● 參加費5萬日圓／人	具體方法 ● A印刷廠→B印刷廠 ● 100份，印製需4天 　3月30日交件 ● 印製費用5萬日圓→10萬日圓	（How・要素・依據・行動） 子系統
過去（眾所皆知・事實）	現狀（新創・變化）	未來（推測・提案）	

圖表 7-11　商量郵件九宮格 (3)

首先，請參考九宮格的上方列和中間列，挑出一些要點來破題，不需要拘泥於細節。

在這個例子裡，開頭只要寫到：

4 月 1 日活動的準備工作因故延宕，為了補救，我想換一家印刷廠，因此寫這封信跟您商量。

收件人便能有心理準備這是一封商量郵件。

接著撰寫詳細說明。

前面在填寫九宮格的內容時，順序是沒有規律的。然而在將這些內容傳達給他人時，基本上會從左方欄開始依照時間順序，並由上而下進行說明。

首先，請將左方欄的內容由上而下謄寫一次。具體要素裡的「5 萬日圓」，放在後面做為對比的效果較佳，故在此暫時略過不提。

4 月 1 日活動手冊的原稿，原本預定在 3 月 21 日完成，因此當時我們委託 A 印刷廠印製，預計在 3 月 28 日交件。

接著敘述產生變化的部分（課題），同樣依照上方列→中間列→下方列的順序。

然而由於外部撰稿者原稿需要修改，導致準備工作延遲，預計在 3 月 26 日完成。

因此，若委託原本的 A 印刷廠，將來不及在活動之前完成印製（預計在 4 月 2 日交件）。目前報名參加活動的人數有 80 人，參加費是每人 5 萬日圓。

　　最後，請針對這個課題提出解決方案。我們可將右方欄的內容整理成文章如下。

　　　　有鑑於參加者人數眾多，工作人員也已經安排了，倘若將活動延後，將會增加許多成本，執行上有困難。如果這次改為發給B印刷廠印製，雖然費用會增加5萬日圓，但可以在3月30日交件，趕上活動。所以我想跟您商量，能不能改為發給B印刷廠印製呢？

　　如上所述，只要把「商量的背景」和「具體要素」列出，收件人便能針對「為了因應手冊完稿時程延宕，相較於將活動改期，是否應選擇以成本稍高的方法加速手冊印製？」做出判斷及回饋。

　　以上就是使用九宮格思考法整理報告‧聯絡‧商量的方法。
　　即使資訊龐大繁雜，只要順著時間軸和系統（自己能掌控的環境）加以整理，便能清楚明瞭地傳達給對方。

商量九宮格

過去的背景 （前提） 4月1日活動的準備工作，原本預定在3月21日結束	背景 （產生變化的部分） 外部撰稿者的原稿需要修改 準備工作延遲至3月26日才能完成	提案的背景、影響範圍 活動已無法延期 已安排工作人員
之前的狀態 （對比、致謝） 在此之前一切都按照預定計畫進行	商量的主題 （課題） 若維持原印刷廠，便來不及在活動前將手冊印製完成	針對商量的提案‧假設 更換印刷廠，縮短印製時程，以配合原訂計畫
具體要素 • A印刷廠 • 100份，印製需7天 • 3月28日交件 • 5萬日圓	具體要素 • 3月26日發印→4月2日送達 • 活動參加者80人 • 參加費5萬日圓／人	具體方法 • 將A印刷廠更換為B印刷廠 • 100份，印製需4天 3月30日交件 • 印製費用5萬日圓→10萬日圓

超系統（Why‧背景‧收件人）
系統（What‧提供的價值‧動詞）
子系統（How‧要素‧依據‧行動）

系統軸

過去（眾所皆知‧事實）　現狀（新創‧變化）　未來（推測‧提案）

時間軸

49 ｜ 企劃九宮格

綜合應用多個九宮格完成企劃

　　在 2010 年代風靡一時的商務模型圖（Business Model Canvas, BMC），也是利用 9 個格子思考的框架，它具有固定的格式與標籤，較為容易思考。

　　然而，其實商務模型圖真正的價值，在於藉由固定的格式，可以反覆書寫 BMC，並與他人進行比較・共創。

　　這些優點，在九宮格思考法上也看得到。首先，九宮格思考法使用 3×3 的格子組成，自然而然能幫助思考。其次，熟悉格式之後，隨著陸續製作第 2 張、第 3 張……，便愈來愈能發揮真正的價值，也可以與他人進行比較和共創。

　　不過，九宮格思考法還有一個特徵，是 BMC 所沒有的。到這裡為止，我已經介紹了使用各種縱軸、橫軸的九宮格，正如我們在 Part 2 結尾所進行的練習，只要更換不同的標籤，便能「運用不同的觀點，針對同一個主題進行分析」──這就是九宮格思考法的獨特之處。

　　在本節裡，我會依照下列 3 個步驟，介紹綜合應用多種九宮格思考法的範例。

步驟❶：利用企劃九宮格構思企劃
步驟❷：變更橫軸，調整企劃內容
步驟❸：再次製作企劃九宮格，思考下一步

步驟❶：利用企劃九宮格構思企劃

接下來，我們要運用「事業企劃九宮格」來企劃一個新的事業。請各位參考第 394 頁的九宮格，共同模擬構思企劃。

首先，請從身邊成功的事業當中，挑選出適合做為「事實」的題材（①左方欄中間列）。

我挑選的是「站著吃的蕎麥麵店」以及「牛丼店」。這兩種事業提供的，當然就是店名裡的「蕎麥麵」和「牛丼」。

上述事業的顧客（Who）又是什麼樣的對象呢？應該是趕時間的商務人士或商家（吉野家發跡於築地市場）吧。另外，站著吃的蕎麥麵店大部分開在車站前或車站的月台上，許多觀光客和學生也會在此消費（②左方欄上方列）。

在③左方欄下方列裡，請填入他們提供消費者「快速、便宜、美味」的牛丼或蕎麥麵的方法（How）有哪些特徵。

這樣一來，左方欄的「事實整理」就完成了。下一步，我們要將左方欄加以抽象化，並由上而下填入中間欄。

顧客（Who）之間的共同特徵，就是「忙到沒有時間好好坐下吃飯的人」。換句話說，也就是「想把本來用在吃飯的時間利用在其他地方的人」。請將這一點填入中間欄上方列（④）。

店家提供的價值又是什麼呢？一般人倘若真的沒時間，其實隨便買個麵包或飯糰果腹最省時（我在沒時間吃飯的時候也會這

麼做）。但是，會選擇站著吃的蕎麥麵店或牛丼店，就是因為「就算沒時間，也想吃點熱的東西」。而且，這些人重視速度，「快速→時間效率較高（包括之後的時間）」。

因此，「快速、便宜、溫熱又美味」，應該就是上述店家提供的價值（請填入中間欄中間列）。

如同填寫在中間欄下方列的 3 點一樣，將⑥提供價值的方法（How）也加以抽象化。

現在，我們要用前面完成的 6 個格子，將新的事業具體化。

首先，具體化之後的顧客（Who）會是什麼樣的對象呢？我設定的顧客，是過去在站著吃的蕎麥麵店和牛丼店裡比較少見的「忙著準備考國中的小學生」。例如，匯集各大補習班的練馬、澀谷、御茶水等車站，確實可能有市場。

店家可以為這些顧客提供哪些「快速、便宜、溫熱又美味」的價值呢？我的家人曾表示，小學時代最期待的就是補習班下課後，到車站站著吃碗麵。另外，鮪魚富含的 DHA 據說能活化大腦，非常受孩子歡迎。因此，我構思的是一家「只賣天婦羅蕎麥麵和鮪魚丼的站著吃餐廳」。

最後，請參考③、⑥，思考⑨具體化的 How。

第一，為了配合小學生的身高，可將店裡一半的桌面設計得低一些。不過，考慮到有的孩子個頭較高，或是可能會有父母帶著孩子來用餐，因此也必須設置一般高度或可調整高度的桌面。

可以想像顧客應該連點餐都不想花時間，因此，每天只推出一種品項，搭配蕎麥麵的天婦羅也要採用富含 DHA 的青背魚。鮪魚丼使用的鮪魚，要準備 DHA 含量較高的部位。念了一整天書的顧客想必消耗了許多腦力，或許可以準備葡萄糖當作小禮物。

付款極簡化。由於店家鎖定的客群是搭電車來補習的孩子，

因此，只接受大眾運輸電子票證 IC 卡感應支付。就算不設置餐券
自動販賣機，也可以使用平板電腦自助付款。畢竟餐點只有一種，
只要輕觸一下即可。付款後，聽到「叮鈴」一聲，便可取餐。

　　以上就是我利用企劃九宮格構思的第一個點子。各位覺得如
何呢？

企劃九宮格（步驟❶）

②忙碌的商務人士、商家 旅客、學生	④有更重要的事情而想節省吃飯時間的人	⑦在忙碌生活中想吃頓晚餐的（準備考國中的）小學生 @練馬、澀谷、御茶水
①站著吃的蕎麥麵店、牛丼店	⑤快速、便宜、溫熱又美味	⑧「補習班蕎麥麵／DHA丼」 專為上補習班的小學生設計的站著吃蕎麥麵或鮪魚丼
③具體要素 • 正常高度的桌面 • 出餐速度快的蕎麥麵／滷牛肉 • 餐券自動販賣機	⑥具體要素 • 不好坐的椅子 • 已調理完成的數種食材＋對顧客之後的活動有助益的要素 • 自助點餐與付款	⑨具體要素 • 配合小學生身高設置較低的桌面 • 已調理完成的高DHA餐點（竹莢魚天婦羅）、鮪魚挑選DHA含量較高的部位、贈送葡萄糖 • 大眾運輸IC卡感應支付（先付款）

顧客（Who） → What → 構成要素（How）

系統軸

事實　　　抽象化　　　具體化

時間軸

步驟❷：變更橫軸，調整企劃內容

　　Part 2 的第 5 章所介紹的縱軸與橫軸組合，並不是絕對的答案。**應該說，結合不同觀點的三宮格來觀察相同的內容，才能激盪出創意，也能將已經提出的創意內容修改得更理想。**

　　現在，我們要利用第 3 章學到的「傳統→新創→推測」橫向三宮格與前面的「Who ／ What ／ How（顧客／提供的價值／方法）」縱向三宮格，組合成九宮格，更深入地思考上述的「補習班蕎麥麵／ DHA 丼」事業。

　　首先，我將前述想到的內容複製貼在中間欄，做為「新創」（見第 397 頁圖表）。

　　把相對於「新創」的「傳統」寫在左方欄：

- 左方欄上方列：原本的 Who 不變
- 左方欄中間列：原本的 What 是「補習班便當」，也就是由家長準備的便當。提供的價值是「在補習班提供營養補充」，目的在於「可以讓孩子（在補習班）念書念到很晚」
- 左方欄下方列：相對於「新創 How」的內容，包括：補習班的桌子、普通的便當菜、不用付錢等

　　如上所示，只要統一粒度，就能幫助推測，也比較容易產生靈感。

　　最後填寫右方欄。

　　首先，上方列的 Who 不變。

　　至於中間列，在參考其他格的內容後，會發現在貿然投資炸天婦羅或煮麵用的廚房設備之前，如果先供應幾乎不用任何設備

就可以出餐的「鮪魚丼」，並且以便當的形式販售，似乎就可以測試「上補習班準備考國中的小學生」客群是否足夠。鮪魚丼需要的廚房設備，大概就像賣珍珠奶茶一樣。

接下來要繼續思考使其實現的 How。除了設置讓小學生方便買了就走的外帶窗口，或許也可以準備一些實用的考試技巧小卡來發給顧客。

瀏覽著已經填入的內容，我忽然想到「有沒有可能做到不用現場付款？」接著發現「跟補習班的費用一起收」這個點子，或許值得一試。

現在，能夠供應小孩念私立中學的家庭，大部分是雙薪家庭，在選擇學校時，「有沒有營養午餐或學生餐廳」也是考慮的重點。其實「補習班便當」對我們家來說，也是個頭痛的問題。幸好我的岳父、岳母可以幫孩子準備便當，但我也經常聽到當媽媽的同事為了孩子上補習班時的便當而煩惱。

假如可以跟補習班合作，推出「附便當的補習班課程」，不但可以確保營業額，補習班也可以創造除了價錢以外的差異化，可說是一個雙贏的局面。（反過來說，為什麼一直以來都沒有這種服務呢？）

要提出這樣的創意，我想只有「能讓粒度一致，又能某種程度一目了然地呈現大量資訊」的九宮格才做得到。

企劃九宮格（步驟❷）

準備考國中的小學生 @練馬、澀谷、御茶水	在忙碌生活中想吃頓晚餐的（準備考國中的）小學生 @練馬、澀谷、御茶水	忙碌的（準備考國中的）小學生 @練馬、澀谷、御茶水
補習班便當 在補習班提供營養補充，如此可以念書念到很晚	「補習班蕎麥麵／DHA丼」 專為上補習班的小學生設計的站著吃蕎麥麵和鮪魚丼	「補習班鮪魚丼」 測試提供的價值有多少需求
具體要素 ● 補習班的桌子 ● 普通的便當菜 ● 不用付錢	具體要素 ● 配合小學生身高設置較低的桌面 ● 已調理完成的高DHA餐點（竹莢魚天婦羅）、鮪魚挑選DHA含量較高的部位、贈送葡萄糖 ● 大眾運輸IC卡感應支付（先付款）	具體要素 ● 配合小學生設計的外帶窗口 ● 富含DHA的鮪魚丼＋葡萄糖＋考試技巧小卡 ● 可在補習班付款（合作方案）

顧客（Who）

What

構成要素（How）

系統軸

傳統　　　　新創　　　　推測

時間軸

步驟❸：再次製作企劃九宮格，思考下一步

　　為了讓已經提出的點子更加完美，可以再製作一份「事業企劃九宮格」。如此一來，便能針對新的一面思考。

　　首先，把剛才想到的點子填入左方欄（①②③），接著將中間列的價值加以抽象化（見第 400 頁圖表）。

　　九宮格思考法可以隨心所欲地應用，現在就讓我們稍微改變一下方式，往橫向思考吧！

　　將①事實 Who 加以抽象化之後，再將「晚餐時間」變得更抽象（①→④），便會成為「想在考試之前儘量將有限的時間運用在準備考試、提升實力上的人」。

　　將上述內容加以具體化（④→⑤），便可確認預設客群是「正在準備考國中，為了在有限的時間裡儘量提升實力，而想兼顧吃晚餐和吸收知識的小學生」。地點仍是補習班林立的練馬、澀谷、御茶水。

　　將提供給上述顧客的價值加以抽象化（②→⑥），可以推知假如提供「用餐時間並不會犧牲念書，反而能幫助提升實力」的價值，顧客應該會感到高興。

　　若要將這個概念具體地呈現在店名上，我想到的店名是「東大講師的育腦食堂」（⑦）。

　　接著請利用下方列思考 How（⑦→⑧→⑨）。

　　將提供的價值加以抽象化為「能在短時間內幫助學習的桌面」（⑧），就能想出更具體的方案（⑨），例如，在桌上設置平板電腦，反覆播放新聞或可以體驗科學樂趣的影片（不過為了避免顧客在店裡久留，設定每 10 分鐘左右循環一輪）。

　　除此之外，或許也能讓東京大學的學生在這裡愉快地打工。

　　話雖如此，站在家長的立場，當然還是希望孩子能趕快回家，因此禁止顧客和店員聊天。不過，假如東京大學的工讀生能寫下一些話，例如「今天餐點中使用的食材對大腦有哪些幫助？」、「我在東京大學過著多麼快樂的大學生活？」等，印成傳單發給顧客（讓他們可以在回家的電車上閱讀），或許也不錯。另外，也可以透過 LINE 設置 Q&A 專區，讓孩子利用上下學的時間與東京大學的工讀生互動。

　　東京大學有許多學生很樂意為社會和孩子貢獻，因此只要確立品牌形象，將提供的價值設定為「拋開填鴨式教育，幫助孩子快樂學習的場所」，相信東京大學的學生一定會自動自發，以合理的成本用心經營，甚至連企劃都包辦（曾在東京大學合作社擔任學生委員的我，可以如此斷言）。

　　至於付款方式，只要把目標概念加以抽象化（⑧），便能發現答案就是：點餐和付款的自動化。如果再更進一步簡化流程，或許可以考慮推出「包月制」的方案。例如，每週來用餐 4 次，每個月就是 16 次，每次用餐的價格是 500 日圓（約新台幣 110 元）一口價，一個月就是 8,000 日圓（約新台幣 1,760 元）。由於比較的對象是補習班的費用，因此感覺起來會非常划算。

　　各位覺得如何呢？先不論這個創意是否可行，只要讓 9 個零件形成模組，統一問題的粒度，就可以接二連三地發揮創意。這就是九宮格思考法的魅力所在。

企劃九宮格（步驟❸）

①（準備考國中的）小學生	④想充分利用考試前有限的時間提升實力，因此希望連用餐時間都對升學有幫助	⑤在忙碌生活中想兼顧吃晚餐和吸收知識的（準備考國中的）小學生 @練馬、澀谷、御茶水
②「補習班蕎麥麵／DHA丼」 專為上補習班的小學生設計的站著吃蕎麥麵和鮪魚丼	⑥用餐時間並不會犧牲念書，反而能幫助提升實力	⑦「東大講師的育腦食堂」 專為上補習班的小學生設計的站著吃蕎麥麵或鮪魚丼
③具體要素 • 配合小學生身高設置較低的桌面 • 已調理完成的高DHA餐點（竹莢魚天婦羅）、鮪魚挑選DHA含量較高的部位、贈送葡萄糖 • 大眾運輸IC卡感應支付（先付款）	⑧具體要素 • 能在短時間內學習的桌面 • 已調理完成的數種食材＋對顧客之後的活動有所助益的要素 • 點餐與付款的自動化、簡化	⑨具體要素 • 設置循環播放新聞的平板電腦／提供東京大學學生愉快的工讀機會 • 已調理完成、富含DHA的餐點 • 包月制

顧客（Who）
What
構成要素（How）

系統軸

事實　　　　抽象化　　　　具體化
時間軸

50 ｜ 提案九宮格

好的提案都有完整的分析架構

接下來，我將介紹在釐清現狀與提出主張時，利用九宮格思考法確立基本架構的範例（參考第 404 頁圖表）。

在思考未來的時候，必須以「在某方面成為第一」為目標。

❶首先，在左方欄填入對方能夠認同的「傳統想法」

在 20 世紀，擁有實體的類比式產品是主要的價值。當時還沒有網際網路，資訊的傳達成本相當高，開發中國家必須花很長一段時間，才能達到穩定生產的狀態，產品的供應者也必須花大錢才能讓資訊擴散。

消費者缺乏親自接觸實體商品的機會，只能憑「過去對該品牌的信賴（品牌形象）」與「價格」來做選擇。而購買後的維修也相當麻煩，因此，消費者會期待產品是完美且值得信賴的。

上述狀況形成了供需曲線，市場上也出現了一種不成文規定：**「最受歡迎的產品雖然品質最好，卻也最貴。」**

於是，擁有類比式「精心製作」技術的日本廠商獨霸全球，

標榜「日本製造」的品牌席捲世界。

❷ 接著在中間欄填入顛覆對方現有認知的主張

　　到了21世紀，IT產業成為主角，價值的主軸轉移至數位內容。由於IT產業的複製‧流通成本低廉，即使產品已售出，也可以持續改善，釋出的「產品並非完美」成為常態。這時，結合了搜尋引擎＋廣告事業的谷歌崛起，許多數位內容都含有廣告，使用者基本上無須付費。

　　此外，隨著知識勞動者急速增加，以及使用者回報的錯誤與要求愈多，產品就愈能頻繁地進行改良。這種現象，造成了與過去恰恰相反的狀況：**「最受歡迎的產品不但品質最好，同時也最便宜（免費）。」**

　　其實在網路普及之前，也有類似的例子，那就是「電視節目」。相較於書籍和廣播節目，電視節目在單位時間內提供的資訊量更大，製作成本也更高。然而因為廣告的關係，電視可以免費提供視聽大眾比書籍和廣播節目更豐富的內容。

　　充分利用上述特性的企業，就是GAFA。尤其是谷歌和臉書，儘管讓使用者免費使用，卻能透過廣告獲得龐大的收益，擁有最豐富的內容，同時不斷嘗試各種新型態的服務。

❸ 在右方欄填入自己的「提案」

　　這種傾向並不是一時的風潮。此外，在新冠肺炎疫情影響下，接觸數位內容的人大幅增加，提供者也能獲得更多回饋。而上述情況，促成了**「只要成為某個領域的第1名，周遭的一切都會變**

成夥伴（相反地，第 2 名將會受到冷落）」的現象。

　　如此一來，正如在 ICT 或 AI 應用領域一般，如何讓自己的獨特與創意「成為別人心中值得認可的第 1 名」，將成為關鍵。

　　當然，若是在運動或學業等「人人都知道其價值的領域」裡成為第 1 名，必定能讓所有人心服口服，然而那畢竟是一道窄門。

　　更實際的做法，應該是「**自己創造一個還沒有太多人發現其價值（但其實非常有價值）的領域，並成為第 1 名**」。

　　其實許多大學教授從很久以前就一直在落實這一點，那就是「創設新學會」。以結果而言，各種學會陸續誕生，據說目前學會總數已經超過 1 萬個了。

　　就算不是創設學會，每個人也都能以個人的力量實踐。以我而言，TRIZ 就是一個例子。在我之前，已經有無數研究問題解決方法的先達，但我在「以平易近人的範例，讓大家學會將發明原理應用在日常生活中」這個領域裡，成為了第 1 名。

　　在 TRIZ 領域中，比起發明原理，「九宮格思考法」的價值還沒有被太多人看見，因此我撰寫本書的目的，正是希望能成為「九宮格思考法」領域裡的第 1 名。

　　然而，愈是「價值還沒有被太多人看見」的事物，就愈難「讓人理解其價值所在」。但也正因如此，當別人「順利理解其價值」時，該事物所能發揮的力量也就更大。

　　請各位務必利用附加了 Why 和 How 的「30 秒自我介紹九宮格」，創造一個「富有價值的新領域」，並成為第 1 名。

提案九宮格

⑤20世紀的環境	④21世紀的環境	⑥對環境變化的預測
• 類比＝複製‧流通成本高 • 產品＝完美的成品 • 想擁有穩定生產的技術需要花時間 • 需要花大錢才能打響知名度 →品牌是判斷依據	• 數位＝複製‧流通成本低 • 產品＝即使不完美也會釋出 • 實際使用→累積經驗→改良 • 最受歡迎的產品通常含有廣告	• AI替知識勞動提供無限的資源 • 受疫情影響，針對數位內容給予回饋的使用者增加 • 最受歡迎的產品「會有許多夥伴」
②傳統 最受歡迎的產品雖然品質最好，卻也最貴	①主張（現狀認知） 最受歡迎的產品不但品質最好，也最便宜（免費）	③提案 • 只要成為某個領域的第1名，周遭就全都是夥伴 • 人們對第2名完全不屑一顧
要素 • 供需曲線 • 類比式的「精心製作」技術 • 例：日本製造的品牌	要素 • 以電視節目為濫觴 • 資訊量：書籍＜廣播＜＜電視 →單位時間的內容預算亦如此 • 例：GAFA	要素 • 獨創性、創造力 • ICT、AI的應用＋稱霸的戰略 • 例：學會、TRIZ

超系統（Why‧背景‧收件人）
系統（What‧提供的價值‧動詞）
子系統（How‧要素‧依據‧行動）

系統軸

過去　　　　　主張　　　　　提案

時間軸

第 **8** 章

策略顧問與
九宮格思考法

九宮格思考法是顧問諮詢的高階概念

　　我的公司裡，有幾位跟著我學習發明原理的後進，我和他們一起從事推動智慧財產權的活動，而這也成為了我撰寫本書的契機之一。

　　他們在學習發明原理一年後，對我說：**「我已經懂得如何利用發明原理來解決問題，不過同時也明白了，接下來需要學習的是如何設定問題。」**

　　於是我先教他們九宮格思考法，之後並沒有局限於 TRIZ，同時也教了他們商務模型圖、價值主張圖（Value Proposition Canvas）、心智圖，以及有簡易版 TRIZ 之稱的 USIT 等。

　　在這段過程中，我用我們的共通語言 —— 九宮格思考法來幫助他們理解，發現他們很快就能掌握要領。

　　將各種工具全部學完一輪之後，我們的結論是：「咦？結果從頭到尾都用九宮格思考法就可以了嘛。」

　　當時有名學生參與了公司的「有志團體」，他們正籌劃打造一個共創空間。他們第一次提案簡報時並沒有使用九宮格思考法，結果在集團副總經理那一關就被打了回票。後來他們利用九宮格思考法重新整理概念，再挑戰一次，便順利通過了這個預算高達數千萬日圓的企劃。

　　在和這位後進一起進行活動、體驗的過程中，我發現 TRIZ 九宮格思考法在「創意的發想‧整理」方面的優勢，同時也意識到九宮格思考法的潛力，其實遠遠超過傳統 TRIZ 界的認知。於是，我把九宮格思考法設成電子紙的預設格式，從此隨時使用九宮格思考法來思考。

　　養成了思考超系統的習慣之後，我才發現：「原來九宮格思

考法涵蓋了 3C 分析及 SWOT 分析等經典策略顧問工具的概念。」

　　在本章裡，我會說明這個見解。首先我會讓大家明白，3C 分析、SWOT 分析、安索夫矩陣，以及策略顧問公司常用的各種圖表，其概念都包含在九宮格思考法中。而我無論在公私場合都常被問到的問題 ——「如何結合資源與需求」，也可以透過九宮格思考法發揮創意，獲得解答。希望各位能親身感受到 TRIZ 九宮格思考法正是最強的萬能框架。

　　另外，前述那些推廣智財的學生們，之後也持續使用 TRIZ 發明原理和九宮格思考法。敝公司近來致力發展具備 AI 功能的影像感測器，而他們利用 TRIZ 在相關智財活動中量產許多專利，並在公司內部獲得表揚，可謂最令我感到驕傲的一群學生。

51 | 3C 分析的關鍵在於 「系統軸」＋「時間軸」

所謂的 3C 分析，就是站在 3 個 C —— Customer（顧客）、Competitor（競爭對手）、Company（公司）的觀點來思考的方法。

不過 3C 分析並非只分析現況，它的目的是為了思考「公司今後（未來）的戰略」而拓展視野。也就是說，它並不是「只站在現在的 Company（公司）立場思考未來的 Company」，而是連 Competitor（競爭對手）及 Customer（顧客）也一併考慮進去，透過如圖表 8-1 的 3 層結構，來思考更理想的「未來的 Company」。

其實，只要應用第 7 章提到的外部因素／內部因素概念，將狀況區分為外部因素／內部因素，就等於「先推測外部因素的未來，再仔細推敲公司（內部因素）的未來」（見圖表 8-2）。

這個概念，就是反過來利用「外部因素牽涉的範圍較廣，因此不易產生極端的變化」，以及「公司可以掌控的部分較少，因此只能先推測並提前做好準備」這兩點，構思更理想的策略。

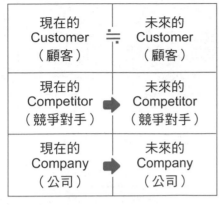

圖表 8-1　3C 分析的 3 層結構

圖表 8-2　運用內外因素來推測

　　實際進行 3C 分析時，一般會建議儘量依照 Customer →
Competitor → Company 的順序思考。

　　如此一來，我們便會自然而然地將 3 個 C 分為「內部因素」
和「外部因素」，而這正是 3C 分析最大的功效。

　　如 Part 2 所述，只要用系統軸的觀點重新整理 3C 分析，就能
完成圖表 8-3。

　　若將兩者加以結合，便可組成圖表 8-4 的六宮格。此外，若以
外部因素、內部因素的觀點來檢視 3C 分析的基本架構，則上方列
與中間列屬於外部因素，下方列則屬於內部因素。

　　後面提到的 SWOT 分析，基本概念也是「將狀況區分為外部
因素與內部因素」，先推測外部因素的未來，再仔細思考公司（內
部因素）的未來。

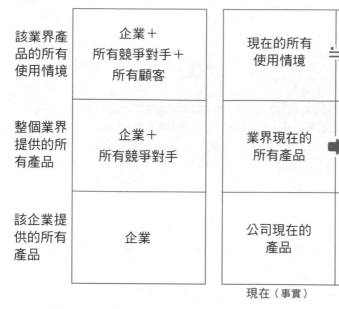

圖表 8-3　系統軸的 3C 分析　　　圖表 8-4　3C 分析的六宮格

52 | SWOT 分析也使用「系統軸」與「時間軸」

　　企業在思考未來策略時，經常使用的 SWOT 分析是根據以下 4 個項目進行分析：

S：公司・自身的優勢（Strength）
W：公司・自身的弱點（Weakness）
O：機會（Opportunity）
T：威脅（Threaten）

　　SWOT 的兩個軸為「外部因素／內部因素」與「正面要素／負面要素」，各項目分別是（見圖表 8-5）：

S：內部因素的正面要素
W：內部因素的負面要素
O：外部因素的正面要素
T：外部因素的負面要素

　　假如用「系統軸」以及現在→未來的「時間軸」觀點來看，便能理解其功效與結構。

S: Strength （優勢）	W: Weakness （弱點）	內部因素
O: Opportunity （機會）	T: Threaten （威脅）	外部因素
正面要素	負面要素	

圖表 8-5　SWOT 的四要素

　　如同第 4 章所言，外部因素是超系統，內部因素則屬於自己所在的系統。若加上表示「現在（事實）與未來（推測）」的時間軸，便可以圖表 8-6 的形式呈現。

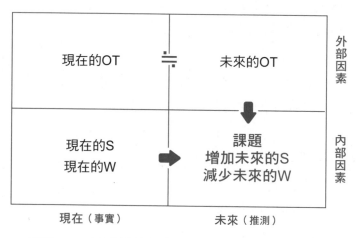

圖表 8-6　用系統軸與時間軸重新檢視 SWOT 分析

　　此時，找出某種能在自身所處的系統（公司）中增加未來的

優勢（S）、減少未來的弱點（W），使事業獲得更多利益的策略，便是 SWOT 分析的核心。

　　從這裡也可以看出將正面要素和負面要素區分為「外部因素（超系統）」與「內部因素（自身系統）」的優勢，**因為外部因素，也就是超系統內，存在著大量的要素，同時也包含了許多抵抗變化的勢力，因此，未來很難發生戲劇性的巨變，也比較容易推測。**此外，我們也能找到許多對於未來的共通預測，包括人口統計等官方資料，或民間研究機構的資料等，都很值得參考。

　　換言之，機會（O）·威脅（T）可以從較為接近「現在」的事實推測出「未來」。

　　而推測出屬於超系統的未來（機會 O ／威脅 T）後，該如何透過意志（will），利用現在的優勢（S）／弱點（W）來因應，便是 SWOT 分析的後半部。

　　SWOT 分析實用的關鍵，在於它擁有包含了自身系統與超系統的「系統軸」概念，同時結合過去→未來的「時間軸」。請親身體驗這兩種觀點結合之後的功效。

　　此外，若同樣以兩個軸來整理在 SWOT 分析後半部進行的 TOWS 矩陣，可呈現如圖表 8-7，請參考。

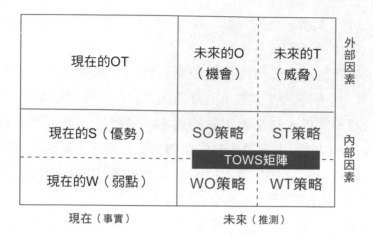

圖表 8-7　用系統軸與時間軸呈現 TOWS 矩陣

53 | PEST 分析有助思考外部因素（超系統）

　　如前所述，在思考事業策略時，最重要的關鍵就是掌握外部因素（超系統）。然而這兩個詞彙皆相當抽象，即使想在日常生活中自由運用，也可能難以跨出第一步。

　　接下來我要介紹的，是行銷界的第一把交椅菲利普‧科特勒（Philip Kotler）教授發明的 PEST 分析。

　　PEST 意指：

P：政治（Political）
E：經濟（Economic）
S：社會（Social）
T：科技（Technological）

　　而進行的方式，就是針對上述 4 個項目，將腦中浮現的內容一一列舉出來，再加以思考分析。**對於個人來說，政治、經濟、社會、科技都是自己能力範圍內「不太能改變的外部因素」。**

　　具體來說，包括：

Political：法規‧稅制、司法制度、政府相關團體的動向等

Economic：景氣、利息‧匯率、一般商業習慣等
Social：人口動態、世代結構、教育水準、宗教等
Technological：生產技術、技術革新、基礎建設等

比起思考抽象的「外部因素」，利用 PEST 的 4 個項目來思考，確實簡單多了。這也是策略顧問的工具之一。

例如，19 世紀（中葉以後）是如下所述的時代：

P：帝國主義（允許殖民，弱勢者幾乎等於沒有人權）

E：商人與國家勾結的政商時代，殖民地生產的物品以船隻運送至他處販售，主要產業為「黑金（煤炭）」，奉行「鐵血政策」

S：人口增加，呼籲民眾「增產報國」以擴充軍力，礦工人數眾多

T：基本技術為鐵的加工與進出口，軍事方面則是船艦、大砲主義

這些在現代遭到否定的事情，在當時卻被視為理所當然。
到了 20 世紀中葉，則轉變為：

P：自由主義經濟 vs. 共產主義、東西方冷戰、經濟制裁

E：股份有限公司與股市的時代，在產業方面「一滴石油等於一滴血」

S：製造業、上班族、家庭主婦的誕生，「消費者」的時代

T：電力、電子、半導體、核能技術

　　若利用 PEST 來分析屬於 21 世紀前葉的現在，又會有什麼結果呢？請各位想想看。

　　順帶一提，在我自己使用的九宮格裡，上方列的「超系統」標籤一直是 PEST 這 4 個字。

　　我記錄的內容如下：

P：美中冷戰、國家與跨國企業的拉鋸

E：人口減少、因超額流動性及社會保障費用增加而投資獎勵，
　　錢只能買到錢，在產業方面「數據是新黑金」

S：人口減少、所有先進國家都走向少子高齡化

T：網路、AI、IoT

54 ｜ 安索夫矩陣與九宮格思考法息息相關

　　知名的「策略管理之父」伊格爾・安索夫（Igor Ansoff）發明的「安索夫（成長）矩陣」，是策略顧問公司中人人必學的工具。

　　促進公司成長的策略，包括以「既有產品／新產品」及「既有市場／新市場」組成的 4 個象限，各象限的名稱如下：

A： 市場滲透策略（既有產品／既有市場）
B： 開發新產品策略（新產品／既有市場）
C： 開發新市場策略（既有產品／新市場）
D： 多角化策略（新產品／新市場）

　　其中，A → B、A → C 為中風險、中報酬；A → D 若成功則獲利極高，但成功率極低，必須避免（A → A 的風險很低，但報酬也很低，見圖表 8-8）。

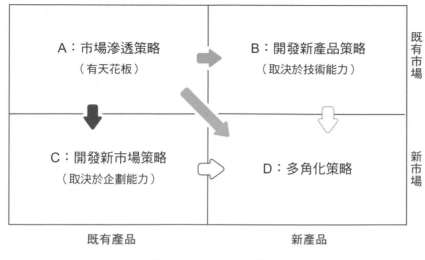

圖表 8-8　安索夫矩陣

　　成長矩陣是站在「公司」立場進行分析的概念，而站在牽涉許多人的「產品或服務」立場，思考「如何提升營業額」時，若透過提供的價值（What）與實現方法，也就是資源（How）的觀點，將內容區分為以既有要素（How 1）／新要素（How 2）和既有價值（What 1）／新價值（What 2）為 2 軸組成的 2×2 矩陣，便可整理出以下 4 種：

A：持續性的改善（既有要素〔How 1〕／既有價值〔What 1〕）
B：非連續性的改善（新要素〔How 2〕／既有價值〔What 1〕）
C：新價值的開拓（既有要素〔How 1〕／新價值〔What 2〕）
D：革命性的挑戰（新要素〔How 2〕／新價值〔What 2〕）

　　日本企業普遍重視 How，因此發展模式大多為 A → B。若用「提供的價值（What）／要素‧方法（How）」與時間軸「Before ／

After」將 A → B 分割為 2×2 的矩陣，便可整理成圖表 8-9。

　　不過在這個路線中，自己和競爭對手皆持續不斷改善，已經很難再有突破。

　　因此，養成隨時具備 A → C 的觀點，也就是「在儘量不改變要素的前提下創造新價值（當然多少會改變一些要素）」是非常重要的。

　　以富士軟片公司（FUJIFILM）為例，當同為相機底片業界龍頭（全球第 1 名）的柯達（Kodak）已宣布破產時，富士軟片卻能順利脫胎換骨，這件事包括哈佛經濟學院及《基業長青》（*Built to Last*）、《領導與破壞》（*Lead and Disrupt*）等知名商業書籍，皆有相關分析與討論。

		提供的價值（What）
既有價值	既有價值	
既有要素	新要素	要素‧方法（How）
Before	After	

圖表 8-9　矩陣融入 2 軸

既有價值 相機底片 （感光）	新價值 液晶保護貼 （透光）	提供的價值（What）
既有要素 光學 薄膜 光微粒擴散	既有要素 光學 薄膜 光微粒擴散	要素・方法（How）
Before	After	

圖表 8-10　富士軟片公司分析

　　富士軟片是一間以「電影底片國產化」為目標設立的公司，主力商品是傳統相機用的底片。

　　隨著數位相機的問世，相機底片的需求驟減，但富士軟片卻善加利用既有的技術，將觸角伸向各種不同的領域。

　　其中之一，就是全球市占率第一的「液晶保護貼」。

　　富士軟片利用既有的光學技術、薄膜技術，以及讓光微粒在薄膜中均勻擴散的技術要素，從「感光（記錄光）」的既有價值中，創造出「透光（控制光量）」的新價值（見圖表 8-10）。

　　之後，富士軟片仍不斷挑戰，以 A → C → D 的模式，成功展開多角化經營。其中最知名的就是保養品事業。

　　富士軟片同樣以既有技術要素為基礎，聚焦於「底片的主要原料為膠原蛋白」這一點，將原本用於防止照片褪色的抗氧化技

術、將粒子微小化的奈米技術，以及讓奈米粒子維持均勻穩定狀態的乳化技術等既有資源，運用在提升膚質的保養品上。

　　儘管名稱皆為「技術」，但富士軟片藉由添加了不同於經營底片事業時期的要素，成功創造了新的事業。

　　如上所述，只要區分「提供的價值（What）」和「要素（How）」上下2列，再利用「Before／After」依照時間順序排列橫向3欄，便可掌握許多資訊。

　　事實上，圖表8-11正是九宮格思考法下半部的六宮格。

既有價值 相機底片 （感光）	新價值 液晶保護貼 （透光）	新價值 保養品 （美容）	提供的價值（What）
既有要素 光學 薄膜 光微粒擴散	既有要素 光學 薄膜 光微粒擴散	新要素 膠原蛋白 抗氧化技術 乳化技術 奈米粒子技術	要素・方法（How）
1950年代	1970年代～	2000年代～	

圖表 8-11　富士軟片公司的新價值

　　假如將「What（價值）」與「How（要素）」從圖中取出，以「箭號圖示」來呈現安索夫成長矩陣中的策略名稱，就能完成一張策略顧問公司常用的圖（如第424頁）。各位是否能從這張

圖中清楚看見「九宮格思考法」呢？

　　九宮格思考法囊括了各種策略顧問手法的概念，只要學會九宮格思考法，就能為正在煩惱的人提供諮詢。反覆練習「整理→發想→傳達」，透過解決其他公司的課題來累積經驗，正是提升創造力的不二法門。

「箭號圖示」成長矩陣

市場滲透策略	開發新市場策略	多角化策略
既有價值	新價值	新價值
相機底片 （感光）	液晶保護貼 （透光）	保養品 （美容）
既有要素	既有要素	新要素
光學 薄膜 光微粒擴散	光學 薄膜 光微粒擴散	膠原蛋白 抗氧化技術 乳化技術 奈米粒子技術
1950年代	1970年代～	2000年代～

提供的價值（What）

要素・方法（How）

55 ｜ 用發現需求六宮格 提升創造力

　　前面曾經提到「與其發明新技術，不如創造新價值」，這個道理，許多管理階層似乎也都很清楚。

　　只不過有許多人縱使想創造新價值，卻苦無方法，因此來找我諮詢。

　　「從現有資源找出新的需求」，需要的正是創造力。有鑑於太多人為此找我諮詢，因此我發明了「發現需求六宮格」，讓參加工作坊的學員練習。在創意發想時，「先有量再有質」的確是事實，因此，許多思考需求的腦力激盪法，都會透過文字接龍等方式隨機收集大量單字，再加以隨意組合。在不需要什麼技術，主要以創意決勝負的玩具市場裡，這種方式確實有其效果。

　　然而，假如你原本就擁有「累積已久的成熟資源」，請試試看發現需求六宮格。看見一間公司原本在特定領域擁有高度技術，卻因為投資與自身資源毫無關聯的新產品而出現財務危機，實在令人不勝唏噓。**「回歸初心」是一件好事，必須時時刻刻放在心上，但假如連技術資源都「退回第一步」，若沒有專利的保護，競爭對手勢必會群起效尤，導致無法創造利益。**

　　上述特徵可以用發明六宮格呈現如圖表 8-12。

與既有資源的關聯性太隨機，難以創造差異化 投入市場的門檻低，但是較難獲利	較容易找出能運用資源優勢的需求，發展可獲利的產品	解決要點
用隨機的方式發現需求	發現需求六宮格	方法
想到什麼就先寫在便利貼上 將利用文字接龍想出的單字加以組合 把類似的便利貼聚集在一起	粒度一致的3層結構 與過去的成功範例連結 強調資源具備的特性	發明要素
傳統（解決前）	新創（解決後）	

圖表 8-12　發現需求六宮格

Column

「發明要素」一覽與《創意不足？用 TRIZ 40 則發明原理幫您解決！》

以下將列舉除了「非對稱性」，比較容易找到的「發明要素」。

發明物的 Before ／ After，基本上就是「若只看局部，則特徵呈相反狀態」。

而這些特徵具有「跨領域」的共通性。學英文時，懂得的英文單字愈多，就能閱讀愈多英文文章；同樣地，記得愈多「發明的共同要素」，「觀察發明」就會愈有樂趣。

有興趣詳細了解的讀者，請參考拙作《創意不足？用 TRIZ 40 則發明原理幫您解決！》。以下的內容，要特別送給已購買上述拙作的讀者。

我在上述拙作裡，提到了「發明原理是 TRIZ 的基礎用語」。也就是說，只要學習發明原理，就能理解 TRIZ 最基本的概念——「將發明抽象化」。

首先，九宮格思考法的整體概念，就是〈#1 分割原理〉的一種實踐。一般是將一個軸分成 3 格來思考，若增加為 2 個軸，便是〈#17 移至新次元原理〉。

在結合資源與需求的六宮格中，想找出資源裡的技術要素時，其實也運用了許多發明原理，例如：

- 旋轉→〈#14 曲面原理〉
- 振動→〈#18 機械振動原理〉
- 膨脹→〈#37 熱膨脹原理〉

● 彎折→〈#15 可變性原理〉

在無數的功能要素當中，與發明原理的關聯性愈強，就愈容
易聯想（見圖表 8-13）。

外表改變類	單數 複數類
● 直線⇔曲面 ● 對稱⇔非對稱 ● 無色透明⇔有色	● 直列⇔並列（平衡） ● 單一・不動⇔關節・可動 ● 專用・單純⇔泛用・混合
位置類	附加輔助類
● 內側⇔外側 ● 朝上⇔朝下 ● 平面⇔立體	● 有動力⇔無動力 ● 有媒介物⇔無媒介物 ● 有回饋⇔無回饋
重厚長大 輕薄短小類	順暢類
● 濃⇔淡 ● 粗⇔細 ● 硬⇔軟	● 有障礙⇔無障礙 ● 有週期性⇔無週期性 ● 迅速・短時間⇔緩慢・長時間

圖表 8-13　較容易找出的「發明要素」

56 | 結合資源與需求的好方法

發現需求六宮格的製作方法

接下來，我們要實際動腦，製作發現需求六宮格。
縱軸設定為：

- 上方列：消費者觀點。已經滿足的需求
- 中間列：分析對象
- 下方列：要素觀點‧資源

時間軸則設定為「過去→現在」。

左方欄請填入已經成為「日常」的「過去的發明」，右方欄
請填入自己現在想找出需求的系統。從右方欄中間列開始，以順
時針方向依序填寫①～⑥。

① 右方欄中間列：填入準備找出需求的對象
② 右方欄下方列：填入①的功能所含之要素。（關於功能要
　素，請參考前頁的專欄）

③ 左方欄下方列：填入與②的功能要素有共同點的生活用品
④ 左方欄中間列：填入含有③的要素的日用品
⑤ 左方欄上方列：填入④過去的發明「已經滿足的需求」
⑥ 右方欄上方列：從⑤（或其他格）聯想，構思新的需求

即使乍看之下荒唐無稽，但由於②和③的技術要素具有共同點，實現的可能性應該會比完全隨機的發想來得高。

思考智慧型手機的新功能

現在，讓我們一起實際利用這種六宮格來思考。

請從智慧型手機具備眾多功能中挑出一個要素，思考新功能。請在右方欄中間列的①思考的對象填入「智慧型手機」。

接著，隨意挑選一個智慧型手機的功能要素。例如，假如來諮詢的部門擁有關於「振動」的技術資源，就在右方欄下方列的②資源（要素）填入「振動」。

現在，請環視四周，觀察身邊有什麼會「振動」的日常用品，尤其是「現在已經成為日常的過去發明物」。我想到的例子是在運轉時會振動的洗衣機，因此，將它填入左方欄下方列③聯想到的資源。

使洗衣機振動的系統就是洗衣機本身，因此在左方欄中間列④聯想到的系統填入「洗衣機」。

到這裡為止是準備階段。

請將④聯想到的系統「洗衣機」（透過②的振動）所滿足的需求，填入⑤滿足的需求。洗衣機透過攪動水槽裡的水及振動所

滿足的需求，就是「讓衣服變乾淨」。

　　根據這個線索，在⑥可能滿足的需求填入「讓＿＿＿變乾淨」，並再度瀏覽此六宮格……（見第 432 頁圖表）。

　　看完①～⑥，各位腦中是否浮現了「利用振動讓手機螢幕變乾淨」的點子呢？

　　將原本用於「通知」的「振動」功能用來「讓手機變乾淨」——這個想法乍看之下雖然無稽，但如果把手機放進口袋，讓手機微幅振動，或許就能擦去手機螢幕上的指紋。

　　習慣這樣的思考方式後，便可以再繼續聯想下去。洗衣機會振動，是因為脫水的關係，因此，在⑤滿足的需求填入「讓衣服脫水」，同時直接在⑥可能滿足的需求填入「讓手機脫水」。仔細想想，假如刻意讓手機振動，或將手機的接縫設計成朝外傾斜的狀態，說不定就能利用振動來脫水。

　　另外，提到晃動，第一個想到的就是搖晃的公車或電車；坐在車上搖著搖著，人們很容易產生睡意。順著這個邏輯，提出「利用振動讓人想睡覺的手機」的點子，也並不荒誕。

　　而說到公車，西方人認為「Bath、Bus、Bed」是「容易激發靈感的 3B」（東方類似的說法是在騎馬時）。也就是說，提出「利用振動激發靈感的手機」，也不足為奇。

　　從公車的振動，可以繼續聯想到避震器。避震器透過名叫「彈簧」的振子，達到「讓機車穩定」的目的。由此可知未來或許會出現「利用振動而保持穩定的手機」的需求。這個點子聽起來似乎異想天開，但如果是灑落在平面上的水滴或粉末，確實可以「透過輕敲產生振動」，使其落在穩定的位置上，因此，這個創意發想的方向絕非毫無道理（見第 434 頁圖表）。

　　如上所述，只要使用六宮格，就可以對照「與資源有關的生

從資源聯想「發明功效」的發現需求六宮格

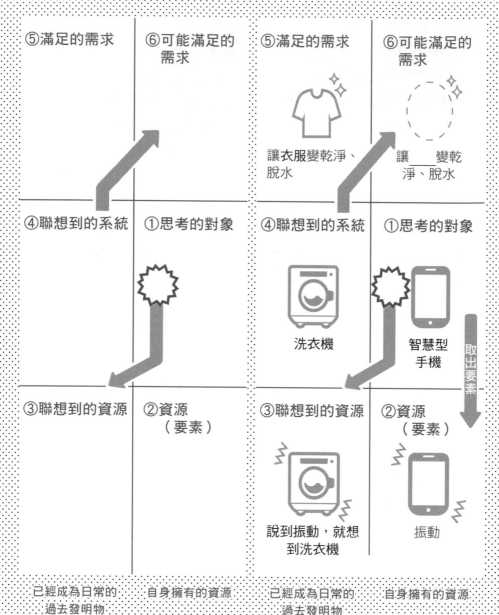

| ⑤滿足的需求 | ⑥可能滿足的需求 | ⑤滿足的需求 | ⑥可能滿足的需求 |

讓衣服變乾淨、脫水

讓＿＿變乾淨、脫水

| ④聯想到的系統 | ①思考的對象 | ④聯想到的系統 | ①思考的對象 |

洗衣機

智慧型手機

取出要素

| ③聯想到的資源 | ②資源（要素） | ③聯想到的資源 | ②資源（要素） |

說到振動，就想到洗衣機

振動

已經成為日常的過去發明物　　自身擁有的資源　　已經成為日常的過去發明物　　自身擁有的資源

活用品」並進行聯想。相較於漫無目標的隨機聯想，這種做法不
但更容易找到創意發想的方向，也能更歡樂地進行「發現需求腦
力激盪」。

從資源聯想「發明功效」的發現需求六宮格

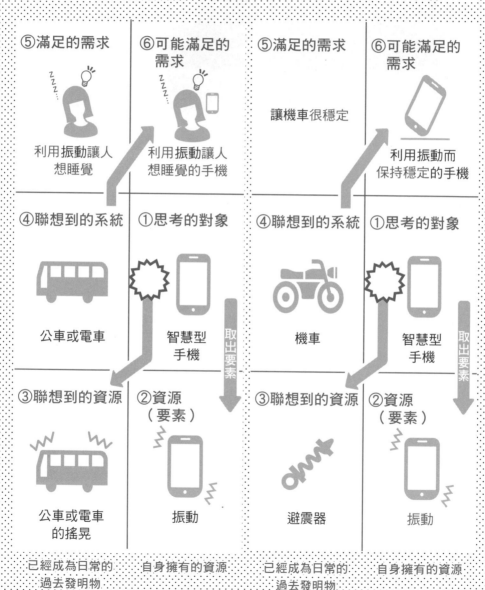

⑤滿足的需求	⑥可能滿足的需求	⑤滿足的需求	⑥可能滿足的需求
利用振動讓人想睡覺	利用振動讓人想睡覺的手機	讓機車很穩定	利用振動而保持穩定的手機
④聯想到的系統	①思考的對象	④聯想到的系統	①思考的對象
公車或電車	智慧型手機	機車	智慧型手機
③聯想到的資源	②資源（要素）	③聯想到的資源	②資源（要素）
公車或電車的搖晃	振動	避震器	振動

（取出要素）

已經成為日常的　　自身擁有的資源　　已經成為日常的　　自身擁有的資源
過去發明物　　　　　　　　　　　　過去發明物

57 | 教學九宮格能設定目標並改變行為

接受請託後，自然會思考目的

　　上述運用九宮格思考法練習的框架，基本上都是以過去或現在為基準，思考未來。

　　現在，我要介紹的是從目標（未來）開始思考的九宮格——用於「教學」的九宮格。

　　「教等於 3 倍的學。」

　　家父過去經常對我這麼說。在教學行為中，人們經常將學習者視為主體，但事實上，教學者本身學習或察覺到的收穫，或許比學習者更多。

　　教學者能學到很多的原因，可以大致分為以下 2 點：

(1) 一般而言，會遇到需要「教別人什麼」的狀況，往往是由於受到對方的請託。而接受別人的請託後，必然需要思考對方的目的，同時建立假設。

(2) 在課程結束的瞬間，便可當場驗證自己一開始提出的假設

是否正確。在教學過程中愈能意識到自己的假設，就能累積愈多智識與見解。

不過，想進行上述的假設驗證，就必須先了解「教學的技巧」。

倘若不知道技巧，課堂就會變成教師單方面的輸出，對學習者來說簡直痛苦萬分。

教學最重要的目的就是「讓學習者的行為產生改變」，然而這並不容易達成。

因此，接下來我將以自己舉辦的工作坊及課堂做為範例，利用九宮格為各位介紹教學所需的技巧，以及必須留意的重點。

教學是有技巧的

我有一段痛苦的回憶。那已經是 10 年前的事了，當時我有位在大學任教的同學，邀請我到他的班上進行演講。

當時我充滿熱情，一心只想「教」學生，因此在 90 分鐘的課程裡塞滿了我想傳達的內容，整堂課都是我一個人在滔滔不絕地講話。

課後學生沒有提出任何問題，我同學也表示「你講得很好，謝謝你」，然而隔年以後，他就再也沒邀請我去演講了。

之後也有其他同學邀請我去演講，但結果全都一樣……。

後來我透過同事的介紹，去學習了「教學方法」，這才知道原來我以前上課的方式讓學生多麼痛苦。

無論是研習或上課，本來都應該是一段能互相學習、充滿意義的時間，倘若上課變成一種「占據主業時間的麻煩事」，對雙

方來說都非常浪費時間。

　　我很幸運有機會能學習教學方法，但是對大部分的人來說，即使有機會「教學」，也不見得有機會「學習教學方法」。

教學必注意「整體設計」與「重要部分設計」

　　一堂理想的課程，必須能讓學習者在行為上產生改變。而想讓學習者的行為產生變化，有 2 個關鍵。

　　一個是「整體設計」，另一個是「重要部分設計」。**所謂的「重要部分」指的是課程的開場・中間（工作坊）・結尾等 3 個部分。**

　　首先，我會介紹設計整體課程的方法以及設計課程時的重點。

　　接著，我們會思考各種開場・中間（工作坊）・結尾該如何設計。

　　最後，我會透過「教別人使用九宮格」的例子，讓各位深入理解如何建立假設。

　　學會教學方法，不僅可以看見學員滿意的表情，更能感受到自身的成長。請務必參考本節的內容，進行更理想的課程。

　　在求職時，若能突顯自己有能力「將自己的專業和經驗傳授給別人」，便更容易找到「能活用專業和經驗的工作」，如此一來，也就可以更進一步提升自己的專業能力，對社會有所貢獻。

　　面對後進或屬下時也是一樣，假如能透過「教」而讓他們對自己的工作感到滿意，便能增加動機，使他們更積極主動，進而提升整個組織的成效。

　　請務必參考以下的範例，學會如何「教學」。

　　首先介紹的是第一個技巧 ——「整體設計」。

課程設計差，沒人想聽你上課

　　請各位回想看看，在你的求學過程中，學校裡的每一堂課你都喜歡嗎？很遺憾，我也不是每堂課都認真聽講的學生。

　　當我開始有機會站上講台對學生講課，經歷了上述那段痛苦的經驗之後，我才深深體會：對一名教師而言，課程設計有多麼重要。

　　後來我有幸學習了教學方法，加上反覆的實踐，現在我已經可以完成一堂獲得學員滿分評價的課程。

　　我在設計課程時，就算授課內容與九宮格無關，也會先製作第441頁所示的「整體設計九宮格」。

　　而設計課程時最重要的，就是必須設法讓學習者在聽完課後，在行為上產生變化。

掌握委託人和學習者的環境

　　首先，必須掌握的是委託人的目的。不過，有時可能連委託人自己都不太清楚目的為何。

　　這時我們可以透過口頭詢問或在網路上收集資料，掌握委託人或學習者的背景，再將這些資訊填入整體設計九宮格的上方列。

　　請將委託人希望達到的成效填入右上的格子（①）；將對方邀請自己來授課的背景，也就是「課題認知」填入左上的格子（②）；再根據上述2點，思考並填入希望透過這堂課改變的地方（③）。

針對預期的行為改變建立假設

倘若學習者在聽完課後行為仍沒有任何改變，課程就等於毫無意義。

因此，請根據學習者的環境（①～③）、自己能講授的內容（④），以及這些知識能具體應用在哪些地方，建立假設（⑤）。

同時，也請思考在這個狀況下，希望學習者在聽完課之後採取的行動（⑥），並配合這一點，列舉出課程的具體要素（⑦）。

透過對比幫助理解學習方式的差異

中間欄與右方欄完成後，繼續填寫左方欄，以讓學習者明確意識到「這堂課是有關什麼領域的內容？」、「這堂課可以解決我的哪些『不』？」

以呼應⑦的形式，在左下格裡填入傳統要素（⑧），再填入該狀態所代表的內容，也就是「傳統方法」（⑨）。

若課程結果與右方欄相符，則假設正確

現在我們已經填滿整體設計九宮格。**正如接下來在細部設計（開場）部分所述，我在上課時，會先發下右方欄空白的學習單，做為「學習九宮格」；等課程結束，再請學員填寫右方欄。**

假如學員填寫的內容符合自己的預期，就表示自己建立的假設是正確的；如果不符預期，就表示假設失敗。無論結果為何，

　　比起沒有建立假設就直接上課，教師都會有所成長，並且繼續設
計更容易幫助學習者達到目的之課程。

整體設計九宮格

②曾經符合的狀況 □ 愈來愈不耐煩 □ 沒有獨創性 □ 無法跨業界‧跨領域激發創意	③今天預期的改變 ● 有耐心地聽完20個人自我介紹 ● 讓人感受到獨創性 ● 與不同領域的人互相刺激	① Why（使用後的成效） ● 能認識其他成員，了解他們的專長 ● 能充分傳達視野和創造性 ● 能將自己的經驗貢獻社會
⑨傳統方法 □ 各自隨意進行自我介紹	④今天要學習的主題 TRIZ九宮格思考法～30秒自我介紹	⑤可具體應用的情境 ● 發表會／歡迎會 ● 異業交流會
⑧要素 □ 沒有實質上的時間限制 □ 沒有針對專門術語的說明 □ 沒有結構化	⑦要素 ● 30秒，限制120字 ● Why／What／How ● 成就→贈與→目標	⑥可採取的具體行動 ● 改良今天的自我介紹 ● 加入Why／How ● 參加以往不曾參加的聚會

背景（Why）　概要　要素（How）

系統軸

過去（已知‧事實）　現在（新創‧變化）　未來（推測‧提案）

時間軸

結尾九宮格

日本有句俗語說：「結果好，一切就好。」

同樣地，在課程中確實地做好「收尾」，也是非常重要的。因為好的收尾，可以提升學習者對這堂課的滿意度。接下來，我就要利用九宮格來介紹這個祕訣。這裡使用的關鍵字是「結婚典禮」（見第 444 頁圖表）。

祕訣❶：將內容與環境「結」合

這個祕訣也就是將當天的課程內容與學習者的環境結合。

請容我再重複一次，課程或工作坊的意義，在於「學習者上完課後行為的改變」。為了達到這個目的，我們必須讓學習者意識到「今天所學的內容，將會對自己所處的環境（職場、家庭、升學、求職等）有所助益」。

比較常見的方法，就是由講師介紹在與學習者相同狀況下的應用或成功範例。

不過，最理想的做法，應該是請學習者各自思考如何將當天學習的內容，應用於自己身處的環境。

以我為例，假如課程的主題就是「教別人九宮格」，課程中我必定會請學員製作九宮格，這樣一來他們就能意識到超系統（環境）與自己的關係。如果課程是其他主題，則可以請學員思考自己身處的環境。此外，如第 447 頁所述，也可以在一開始的破冰活動中，請學員製作「邏輯三宮格」，讓他們意識到「自己身處的環境」。

祕訣❷：是結束也是開始的「結婚」

祕訣❷ 也就是讓學習者意識到：「慶祝這一天的課程結束」的同時，也是一個「新的開始」。

最簡單的就是「鼓掌」。就算有點難為情，也請學員務必一起「全體鼓掌」，如此一來，課堂的氣氛就會變得更融洽。除此之外，講師也可以準備帶有慶祝意涵的投影片，像我就會在投影片裡放紅豆飯的照片，來示意慶祝。**同時請特別補充，課程的結束就彷彿結婚一般，「乍看之下是終點，但事實上是步入一個新的開始」。**

祕訣❸：具有固定格式的「結婚典禮」

在準備結婚的過程中，相較於其他環節，「結婚典禮」可謂格式最固定（有各種規範）的部分，因此（先不論花費）其實是最容易規劃的。同樣地，為了讓學員能夠輕鬆將今天所學的內容應用於未來的行動，講師也必須替學員準備可遵循的固定格式。

以我為例，我準備的格式就是「學習九宮格」。

最後還有一個獨立於前三者的祕訣，那就是「必須嚴守時間」。曾經有位前輩說過：「每遲 1 分鐘，學習者的滿意度就會下降 1 成；若遲了 5 分鐘，就會下降 5 成。」這其實已經是比較含蓄的講法了。請事先設定一個「開始收尾的時間」，這個時間一到，無論如何都必須進入結尾階段。倘若課程內容還有沒講完的地方，可以在表定時間結束之後，再另外替想了解的學員說明。

結尾九宮格

想像自己課後實際應用的情境，提高將所學付諸行動的意願	在課程結束時放鬆心情，同時意識到這也是一個新的開始	上完課後，可以知道想採取行動時，第一步該怎麼做	好處
將內容與學習者的環境「結」合 讓學習者意識到今天所學的內容可以應用在自己身處的環境裡	**結婚是終點， 也是起點** 讓學習者意識到這堂課既是終點也是起點	**像結婚典禮一樣具有固定格式** 用言語明確表達下一步的做法及這麼做的好處	學習主題
• 實際的應用範例 • 製作九宮格 • 對照課程內容與學習者的超系統（環境）	• 全體鼓掌 • 帶有歡慶氣氛的投影片 • 讓學習者意識到課程內容與自己的過去、現在、未來	• 完・理・接・好 • 學習九宮格 • 透過2人一組的練習，讓內容更抽象化	具體方法

系統軸

→ 過去　　現在　　未來
時間軸

開場九宮格

日本還有另一句俗語是：「開頭好，一切就好。」

為了讓結尾成功，開場也必須利用九宮格好好設計。

尤其是近年來線上課程成為主流，要讓學習意願低落的學習者重新燃起學習興趣，可謂難上加難，因此，我們必須更用心地設計開場（見第 447 頁圖表）。開場設計的祕訣包括：

❶告知課程目的

❷讓學習者獲得小小的成就感

❸呈現課程的整體輪廓

❶ 告知課程目的

開場中，最重要的就是讓所有參與者知道今天的目的。

倘若講師與學習者在「上課的理由」這一點沒有達成共識，接下來的課程會非常辛苦。

此時可以幫上忙的，就是以「傳統→新創→推測」× 系統軸（好處／學習主題／具體方法）構成的九宮格。

請將第 441 頁九宮格的右方欄改為空白欄，印出後發給學習者。請學習者勾選左方欄中符合自己想法的內容。

接下來，讓學習者明白「舊環境」已轉變為「新環境」。

請讓學習者認知「自己的不足之處」已經不同於以往，並帶領大家想像成功後的畫面。以我為例，我會告訴學員，正如在第 9 章透過「硬派九宮格」所預測的，「在深度學習的普及下，勞動的基本概念將會改變」、「創造力和表達能力將日益重要」，同

時也會說明學會這些能力後有什麼好處。

另外有一個比較細節的地方是：為了聚焦於課程目的，可以在課前將講師的詳細介紹發給學習者，課程當天則用30秒自我介紹即可。

待學習者掌握課程目的之後，接下來就是學習意願了。

❷ 讓學習者獲得小小的成就感

在行銷活動中，若能讓客群察覺到自己有什麼不足、不滿或不安等「不」，便能達到效果。

可是，倘若先讓學習者嘗到「不」的滋味，接下來想累積成就感，就會比較費力。我以前曾經實行過「讓學員察覺到不方便的練習」，上課時甚至帶著傲慢的態度，彷彿在說：「看吧，要是不會這個，就很不方便對吧？」

現在回想起來，學員可能覺得我在炫耀自己的能力，對於這一點我真是深感愧疚。在這種心情下，學員絕對不可能學得好。

現在，我在課程中會先請學習者進行「重點自我介紹」，或引導學員自己發現「非對稱的意義」，藉此累積成就感。**請各位也在課程中安排一些能讓學員立刻體驗課程效果的簡單練習，提高學員對這堂課和講師的期待。**

❸ 呈現課程的整體輪廓

讓學習者對課程和講師充滿期待之後，接下來就必須說明這堂課整體的輪廓。

這時，我會先拿過去的方法做為對比，說明這堂課學習的內

開場九宮格

利用九宮格思考法：製作具有獨創性又清晰易懂的主題介紹！

彼此自我介紹與三明治溝通法的重要性	更進一步的結構化 具獨創性又清晰易懂的重要性	實際進行自我介紹，體驗其功效，並思考如何改良	好處
學習主題① ● 說明的結構化 ● 用3層結構進行自我介紹	學習主題② ● 說明的結構化（3×3） ● 獨創性的普遍化	學習主題③ ● 分割＋結構化可增加普遍性，提升表達能力	學習主題
要素① ● 重點自我介紹 ● Why／What／How	要素② ● 目標／成就／贈與＋Why／What／How ● （應用）參數化	要素③ ● 分組實際進行30秒自我介紹 ● 成就→贈與→目標 ● （應用）發明原理	具體方法
過去	現在	未來	

系統軸

時間軸

容具有哪些優勢，再告訴學員課程的整體結構。當然也可以視情況先透露一些與課程內容相關的關鍵字。若覺得太繁雜，也可以依照課程的各部分依序說明即可。此時若能先製作學習九宮格，也很有幫助。

工作坊九宮格

單純聽課與參加工作坊，何者才能讓學習者感受到「自己也可以實際應用」呢？當然是後者對吧？不過，所謂「成功的工作坊」又是什麼呢？根據我過去舉辦的 100 多場、有超過 2,000 位親子參加的工作坊經驗，我發現關鍵就在於「製・說・帶」這 3 點，也就是：

- 能夠製作
- 能夠說明
- 能夠帶走

只要留心這 3 點，相信你的工作坊也會變得很棒。

❶「能夠製作」，就很愉快

動手製作是一件令人開心的事。講課和工作坊最大的差別，應該就是「有沒有動手做做看」吧。

最理想的情況就是製作出實體的物品。假如本來就是這種類型的工作坊，幾乎可以保證會成功。

但就算不是，也可以請學習者「利用今天學到的東西製作一個『計畫』」，這非常適合用來當作「結尾」。

另一個我經常推薦的方法，就是在一開始「構思自我介紹」。因為倘若對坐在隔壁的人一無所知，不知道對方的名字，也不曉得對方的背景，在這種狀態下很難融入課程。

一旦教室裡存在「講師和學習者」這兩種身分，學習者無論如何都會傾向被動。此時只要製造一些讓學習者採取主動的機會，就能幫助學習者維持學習動機。

❷「能夠說明」，就能整理思緒

接著，請準備讓學習者「說」的部分。

製作實體成品的工作坊，很容易做完就草草結束。但是透過說明，便能將自己察覺到的東西轉化成語言，加深印象。前述的「自我介紹」和「計畫」也都能透過口頭說明獲得新發現並加以改良。

可以在工作坊中適時安插幾次「2 人一組，各說 30 秒」的活動，效果很不錯。而在工作坊的最後，則可分成 4 ～ 6 人一組，互相說明，最後再請每一組推派一位代表出來，向全體說明。假如講師原本想說的內容「被學員搶先一步說出來了」，效果更好，因為這表示你的課程設計非常成功，也會為你帶來信心。

這些「說出口」的詞彙，也會成為日後口耳相傳的正面評價。請務必考慮在工作坊裡設計讓學習者「說話」的部分。

❸「能夠帶走」，效果就能持續

　　讓學習者可以「帶走」，也是設計工作坊的重點之一。若是實體的成品，學習者帶回家後，便可做為複習的依據。此外，若是暑期的親子工作坊，帶走的成品便會自動成為一種宣傳，吸引更多親子來參加。為了做到毫不心疼地發放，同時方便學員日後也能自己買到材料，我在工作坊上會儘量使用在百圓店就能買到的材料。有時我只會替大家準備比較難買到的材料。

　　另外，建議各位花點心思準備「用來裝東西的袋子」。在一般的專賣店，就可以用不到 1,000 日圓（約新台幣 220 元）買到 100 個彩色圖樣塑膠袋。光是拿到這樣的塑膠袋，孩子們就會欣喜若狂，請各位也務必一試。

　　前面介紹的 30 秒自我介紹和計畫，也都可以轉化為文章，讓學習者帶走。

　　下一頁的九宮格，是我針對一個名叫「高斯加速器（Gaussian Accelerator）TRIZ」的工作坊所作的介紹。

TRIZ 發明原理暑期工作坊「製 · 說 · 帶九宮格」

用簡單的材料製作高斯加速器（高斯槍）	體驗高斯加速器奇妙的動作，並能說明其原理	帶回家後可以再做一次實驗，也可以向朋友炫耀（帶來下一個客戶）	好處
能夠製作 能做出高斯加速器 能利用高斯加速器進行實驗	能夠說明 能說出高斯加速器的關鍵在於「磁力的非對稱性」	能夠帶走 可以把高斯加速器帶回家 還有彩色圖樣的筷子套、塑膠袋，充滿像是參加祭典的歡樂感	學習主題
要素 ● 製作方法說明書 ● 吸管、磁鐵、鐵球5顆 ● 訂書機、透明膠帶	要素 ● 發明原理#4非對稱性原理 ● 生活中非對稱的例子（照後鏡、易開罐、昆蟲的翅膀）	要素 ● 吸管、磁鐵在百圓店購買 ● 鐵球發給學員 ● 彩色圖樣的筷子套和塑膠袋	具體方法

系統軸

過去（定論）　　　現在（主張）　　　未來（感想）

時間軸

以上就是設計一堂理想課程的重點。

最後，我想分享應用了上述概念設計課程的實例，也就是我用來當作九宮格思考法入門的「30 秒自我介紹」工作坊的概要。

開場部分是使用邏輯三宮格進行重點自我介紹，課程的主要內容是製作 30 秒自我介紹的工作坊，最後的結尾則請學員填寫「學習九宮格」。

學員親自填寫九宮格，確認環境和目的

日本有一句諺語是：「就算有辦法把馬帶到水邊，也沒辦法逼牠喝水。」開場的目的，就是讓學員「產生學習的意願」，因此我會透過「百歲時代」的概念，和學員確認這堂課的目的。

我會發下第 441 頁的九宮格，請學員在左方欄的□裡勾選符合自己狀況的項目。這時，如果讓學員 2 人一組進行討論，效果會很棒。

另外，我會刻意將中間欄的文字以灰色字體印刷，讓學員照描一次，效果也很好。

利用邏輯三宮格讓學員獲得小小的成就感

接著使用邏輯三宮格（Why ／ What ／ How）請學員介紹自己目前熱衷的事物。這個練習的目的，是讓學員明白只要意識到 Why 和 How，就能更輕鬆地傳達自己的獨特性，不但能藉此獲得小小的成就感，也可以緩解學員緊張的心情。

構思滿足「製・說・帶」的自我介紹

課程的主題是「自我介紹九宮格」。我在課堂上會一邊說明，一邊請學員各自「製作」屬於自己的自我介紹。

接著，我會請學員「說」。一開始是 2 人一組，接著慢慢增加小組人數，最後請 2 人一組輪流上台向全體參加者自我介紹。最後，我會請學員把自己或之前參加過的學員所寫的自我介紹「帶走」。學員在課程中有大量的產出，課後也有許多感想能與親友分享，例如：「跟我同組的人很厲害耶！」

若有學員「成功將 3 欄 3 列結合，構思出理想的自我介紹」，便能讓其他學員也感受到九宮格的潛力。

透過反思踏出改變行為的第一步

在全體參加者做完自我介紹並一同鼓掌祝賀後，我會請所有人填寫「學習九宮格」的右方欄，做為收尾。**一般而言，比起別人要求我們達成的目標，我們更願意為自己訂的目標付出努力。**

在課程的尾聲填寫九宮格，學習者不但能結合自己身處的環境（＝找到付諸行動的理由），同時也能掌握價值及具體方法，成為採取行動的助力。

「學習九宮格」可以幫助驗證假設

課程結束後，我會瀏覽所有學員最後填寫的「學習九宮格」

右方欄。

　　有些學員寫的行動宣言正是我預想的內容，有些學員則否；有些學員無法充分理解課程內容，有些學員則能提出連我自己都沒想過的好點子。

　　「學習九宮格」不僅能讓講師反省自己的課程，同時也能帶來新的發現，是講師在準備下一堂課，或思考九宮格其他可能性的好幫手。

總結

　　各位辛苦了！同時也恭喜各位！

　　各位已經順利修畢了「TRIZ九宮格思考法」的文字課程。

　　非常感謝各位讀到這裡。

　　所謂的「教學」，其實不一定要真的站在講台上。

　　請容我再次重複，在求職的時候，愈是有能力「教別人自己的專業和經驗」，就愈能找到「可以發揮專長和經驗的工作」。

　　假如能透過教導同事某種知識，讓對方「對自己負責的工作感到滿意」，便能促進同事的工作熱忱，進而提升整體的業績。無論是何者，都能對社會有所貢獻。

　　希望各位也能學習教學方法，並持續鑽研。此時，若能藉由九宮格思考法構思一種固定格式，不但能重複運用，在回顧或反省時也相當有幫助。我每次在準備東京大學的課程時，都會製作好幾十張九宮格；由於過去寫的筆記也都以九宮格呈現，因此總是能馬上回想起當時思考的內容。

　　假如想在課堂上使用「學習九宮格」，就必須先說明九宮格

思考法，才能進行活動，因此在最後，我想介紹一種不用講解九宮格思考法，就能馬上使用的簡便方法——「完‧理‧接‧好」。

- 完：完成的事
- 理：理解的事
- 接：接下來要做的事
- 好：好處

請各位現在就試試看。先寫出上述 4 個關鍵字，再逐一寫出以下內容的答案：

- 「完：完成的各項練習當中，印象最深刻的部分」
- 「理：覺得自己確實理解的部分」
- 「接：接下來要做的事」
- 「好：好處」

倘若不知道「接下來要做的事」是什麼，請試著從「『總結』這一段落裡找出『結尾——結婚典禮』的 3 要素」！

除此之外，本書從頭到尾都包含「以九宮格思考法設計」的巧思，希望各位在每次閱讀時都能有新的發現。

期盼所有讀完這本書的讀者，都能產生「想利用九宮格思考法教學」或「想教別人九宮格思考法」的念頭。

接下來的第 9 章，將介紹更自由地應用九宮格思考法的範例。

在學習九宮格思考法及 TRIZ 的路上，我也仍在持續努力。

未來也請各位多多指教。

第 9 章

自由九宮格的
潛力無限

　　Part 3 的第 9 章，是本書的最末章。相對於前面以「學習九宮格」為目的之章節，本章目的則是「讓各位感受九宮格思考法的潛力」。各位可以在看完前一章後，就闔上這本書，實際動手試著製作九宮格，亦可直接跳到「後記」閱讀無妨。

　　本章的範例中，上方列會採取更宏觀的視野，下方列則會填入具體的要素，並依照時間順序排列 3 欄。在練習時，請依循上述基本原則，但無須過於拘束。我列出了許多自己過去製作的九宮格，希望能為各位帶來一些靈感。

　　其中包括我為了做筆記而隨手寫下的九宮格，也有我為了預測未來而認真思索的九宮格。

　　希望各位看完這些範例後，能在應用九宮格思考法時更輕鬆地想出適合的標籤。

58 | 美食話題九宮格

　　2020 年新冠肺炎疫情蔓延後，人與人之間的溝通方式頓時轉變為以線上為主流。據說在線上討論時，一開始如果先花 2 分鐘左右輕鬆閒聊，可以提升效率。

　　話雖如此，有時儘管想閒聊，卻苦無主題。這個時候，請善加利用「美食相關的話題」。

　　請利用「過去→現在→未來」的時間軸，先製作以下的橫向三宮格。

- 過去：小時候吃過的印象深刻的料理
- 現在：最近吃過的印象深刻的料理
- 未來：以後想吃吃看的料理

以我為例，我填入的分別是：

- 千枚漬[*]
- 蕎麥麵卷

---

* 將蕪菁切成薄片醃漬的醬菜。

● 佛跳牆

假如目的只是閒聊，其實只要把想到的東西隨意筆記下來便足夠。

然而，倘若光只有菜餚的名稱，其實並不容易理解。如果你想更仔細地傳達「令自己印象深刻的料理」，請更進一步將筆記「結構化」。這時就是九宮格思考法上場的時候了。

請針對每一種料理，在上方列填入「什麼時候？在哪裡？跟誰一起吃的？」在下方列填入「該料理中最具特徵的食材」。

如此一來，「美食話題九宮格」就完成了（可參考第462頁圖表）。

我寫的內容如下：

　　我小時候吃過的料理當中，令我印象最深刻的是我們家自己用聖護院蕪菁醃製的醬菜——千枚漬。我還記得40年前，我在京都的老家跟父母、祖父母和曾祖母一起吃過。千枚漬裡用了大量的利尻昆布，讓這道菜充滿甘甜滋味，口感滑順，令人上癮，直到現在我仍非常喜愛。

　　最近吃過的料理當中，令我印象最深刻的就是「蕎麥麵卷」。我大兒子生日的時候，我和妻子帶著雙方父母和孩子們，一起到我們家附近的蕎麥麵專賣店用餐；這個蕎麥麵卷，就是當時蕎麥懷石料理中的一道菜。它用玉子燒把鰻魚捲起來，而一般用白飯的部分則用了蕎麥麵來替代，真的非常罕見。

　　未來想要吃吃看的料理是佛跳牆。那是一道中華料理，一種加了乾鮑魚、魚翅等十幾種高級乾貨食材煮成的湯。據

說命名的由來是因為它實在太香了，就連在修行的和尚也抵擋不住而翻牆過來一探究竟。等我們的孩子大了，我想要跟我太太一起到中國去吃吃看道地的佛跳牆。

美食話題九宮格

② 什麼時候？在哪裡？和誰一起？	⑤ 什麼時候？在哪裡？和誰一起？	⑧ 什麼時候？在哪裡？和誰一起？	超系統（環境‧前提‧背景）
• 40年前 • 京都的老家 • 雙親／祖父母／曾祖母	• 最近（替長子慶生時） • 家附近的蕎麥麵專賣店 • 妻子／雙方父母／3個孩子	• 等孩子長大 • 中國 • 和太太一起？	
①自製千枚漬	④蕎麥麵卷	⑦佛跳牆	系統（主題）
③材料（要素） • 聖護院蕪菁 • 利尻昆布帶來的甘甜與滑順	⑥材料（要素） • 蕎麥麵 • 鰻魚 • 蛋（鰻魚蛋卷）	⑨材料（要素） • 乾鮑魚 • 魚翅 等高級乾貨	子系統（具體要素）

系統軸

小時候　　　　最近　　　　將來

時間軸

59 ｜ 學習九宮格

大家在生物課都學過「植生演替」（plant succession）。
若單純從文字來看，似乎較難理解：

蘚苔→一年生草本→多年生草本→陽性植物→耐陰性植物

此外，要分別記住每個時期的特徵，也很吃力。

不過，只要利用九宮格，便能將這些內容區分為「比較大的空間」與「局部的空間」。

再加上補充各空間對其他空間的影響程度，以及萌芽時的狀態，就可以感受到每個階段之間的連續性，有助於記憶。

我參考「森林·林業學習館」網站（https://www.shinrin-ringyou.com/shinrin_seitai/seni.php）的內容，將「植生演替」整理成如下 3 列。

- 中間列填入各階段的植生做為主題。
- 上方列填入的是環境：土壤狀況、日照角度、水源涵養
- 下方列填入的是在上述環境中發生的局部變化。

　　下頁範例的主題雖是生物，但在社會、歷史領域，也可以透過同樣的方式整理。

　　另外，若要完整呈現此範例的內容，將會構成 3 列 ×6 欄的表格。**九宮格思考法基本上雖是以 3 列 ×3 欄構成，但視情況往橫向延長也完全沒有問題（事實上，TRIZ 有個知名的手法，正是不斷擴充內容，畫出巨大的矩陣）。**

　　真正重要的是「切割、排列、比較」。

　　所謂的思考工具，其實只是一種「手段」。假如能達成「激發出更棒的創意」這個目的，就不必拘泥於手段。

　　各位在熟悉九宮格思考法之後，也請繼續前進，邁向「守破離*」的「破」。

---

* 「守破離」據說是出自學習劍道的不同階段，「守」為遵守傳統規範與基本功；「破」為突破規範的限制；「離」則為超越所有規範，開創新境界。

植生演替的學習九宮格

		更大的空間（周遭環境·整體）
• 一年生草本植物生長的土壤 • 陽光無法照射到一年生草本植物 • 水分增加	• 多年生草本植物生長的土壤（稍厚一些） • 陽光無法照射到初生的樹苗 • 樹木較耐旱	• 樹木生長的土壤（厚度足夠） • 陽性樹木長大後擋住陽光，地表幾乎沒有日照 • 地面不會乾燥
以多年生草本植物構成的草原 多年生草本植物（芒草、白茅）	以陽性植物為主的樹林 陽性植物（赤松、青栲櫟）	以耐陰性植物為主的樹林 耐陰性植物（栲樹、青剛櫟、欅木、杉樹、檜木）
• 即使地上部枯萎，仍有地下莖 • 促進岩石風化 • 形成適合樹木生長的土壤	• 從灌木林演變為以陽性植物為主的樹林 • 陽性樹木的樹苗無法生長 • 對耐陰性植物的樹苗較為有利	• 由混合林發展為極相群落 • 陽性樹木衰退 • 日本三大美林

基準空間（聚焦的對象）

局部空間（微觀的構成要素）

系統軸

～20年後　　20～200年後　　200年後～

時間軸

60 | 書籍介紹九宮格

　　本節說明的是一種用於介紹書籍的九宮格。以下將以《創意不足？用 TRIZ 40 則發明原理幫您解決！》做為範例。

　　在書籍介紹九宮格中，首先將「這本書的特徵」填入中間欄，接著在左方欄填入「比較的對象」。

　　之後，在右方欄填入「讀完這本書的人有什麼變化」。

　　接下來將從左方欄開始說明（見第 468 頁圖表）。

（左方欄）

　　「發明問題解決理論的 TRIZ（萃思）」在 1990 年代剛引進日本時，被稱為是一種能立刻創造發明的「魔杖」。

　　到了 2000 年代，TRIZ 成為一種用於搜尋專利文件的 IT工具，能幫助人們從龐大的專利資料中找出對自身業務有所助益的靈感。

　　儘管 TRIZ 效果卓著，卻因為較難學會，而導致有些人認為它不夠實際。

　　過去出版的 TRIZ 相關書籍，大部分是將 TRIZ 的全貌濃縮於其中，舉出的具體範例也多為工業產品，甚至有些書籍設計簡單、採黑白印刷。

（中間欄）

　　而這本書，是由高木先生所撰，他在任職的企業中獲得「發明數量最多獎」，光是研究 TRIZ 的發明原理就花了 2 年的時間。同時，這本書也在日本亞馬遜的發明專利類書籍暢銷排行榜上，蟬聯冠軍寶座長達半年以上。

　　這本書的目的並不是教讀者直接解決問題，而是幫助讀者學會從日常用品中找出「發明要素」，以及「說明問題解決方法所需的共同語言」。

　　具體而言，書中鎖定「發明原理」，列舉了巧克力、USB 等超過 240 個生活中的實例，搭配彩色圖片，容易閱讀。

（右方欄）

　　近年隨著 AI 技術的進步，問題解決能力與創造力備受矚目。閱讀本書之後，我便能運用發明原理，從日常用品中找出發明要素，非常有趣。

　　例如，我明白了「只要看見凹痕，就把它當作發明」、「非對稱設計的原因」、「夾在中間的事物皆有其意義」等概念。

此外，站在同為 TRIZ 界書籍作者的立場，我認為，假如讀者藉由發明原理掌握了「TRIZ 的基本概念」，便能輕鬆理解上述的傳統 TRIZ 相關書籍。對我而言，正因為有一些經典著作在背後的支持，我才能放心地撰寫入門書。

書籍介紹九宮格
(《創意不足？用 TRIZ 40 則發明原理幫您解決！》)

過去的前提／背景	本書的前提／背景	環境的變化／效果	
1990年代：能立刻創造發明的「魔杖」 2000年代：可搜尋龐大資料的昂貴IT工具	作者在任職的企業中獲得「發明數量最多獎」 光是研究發明原理就花了2年時間 榮登日本亞馬遜發明專利類書籍暢銷排行榜冠軍寶座	隨著AI的進步，問題解決能力與創造力備受矚目	超系統《環境・前提・背景》
定論／自身的認知	特徵、主張	自身的變化	
TRIZ雖效果卓著，卻因較難學會而被認為不夠實際	目的並非解決問題，而是幫助讀者學會從日常用品中找出「發明要素」，以及說明問題解決方法所需的「共同語言」	能藉由發明原理，從日常用品中找出「發明要素」	系統《主題》
要素	要素	要素	
● 濃縮TRIZ的全貌 ● 具體實例較偏向工業產品（如引擎的氣閥） ● 黑白印刷、設計簡單	● 鎖定發明原理 ● 日常生活中的具體實例（如巧克力、USB） ● 搭配彩色圖片	● 「只要看見凹痕，就把它當作發明」（分割原理） ● 「非對稱設計的原因」（非對稱性原理） ● 「夾在中間的事物皆有其意義」（仲介原理）	子系統《具體要素》

系統軸

過去　　　　　現在　　　　　未來

時間軸

61 | 硬派九宮格

知識的固態→液態→氣態

隨著 AI 的日益進步，學習「創造力」的需求也逐漸增加（見第 472 頁圖表）。

▶ 左方欄：製造與流通的時代

在工業革命之前，9 成以上的人類都以務農維生。隨著農機具和肥料的改良，農業生產的效率大幅提升，於是農業以外的產業便陸續誕生。

工業革命爆發後，為各地帶來了都市化，工廠開始進行工業生產。**所謂的工業生產，就是複製一個已經完成（正確答案）的作品，做為產品。**而所謂的勞動，則是購買原料、在工廠生產，再販售產品。這便是「勞動」最基本的樣貌。

當時的瓶頸是工廠的產能，而解決此問題所需要的是生產管理的能力，例如供應鏈管理、提升生產技術等。

然而，愈是遭遇瓶頸的部分，只要改善其效率，通常就能帶來愈多的利益，因此會不斷效率化。

▶ 中間欄：業務與 IT 的時代

工業生產的效率化帶動了 IT 革命，數位內容成為主要價值，大量生產（複製）變得簡單。

由於交通發達，移動範圍擴大，「銷售」成為了比「生產」更重要的關鍵。在這樣的背景下，大部分的「上班族」皆擔任業務員或行銷相關人員。

在這個時代裡，新的瓶頸就是：想找出世上各種產品「最理想的組合」時，可以考慮的選項太多，導致「人類的判斷力不足」。

為了找出正確答案，「設法結合需求與供給」，便成為基本工作。

廣義來說，程式設計或調整產品參數的工作，正是「尋找最能發揮產品效能的正確答案」。而引導人們找出正確答案的顧問諮詢工作，也逐漸增加。

此時，人們需要的能力包括溝通能力與 IT 能力。**而為了讓判斷變得簡略的品牌管理能力，也愈來愈受重視。**

目前兼具上述 3 點特徵，並且站在巔峰的就是 GAFA。

▶ 中間欄→右方欄：讓「找出正確答案」更有效率

當然，歷史會不斷重演。愈是遭遇瓶頸的部分，只要改善其效率，通常就能帶來愈多的利益，因此會不斷效率化。

在 AI 領域中，自從深度學習出現後，比對的效率便持續提升。在此同時，電腦的計算能力也呈現指數性的成長。

如今只要提供電腦大量的「正確答案範例（訓練集）」，電腦就能用比人類高出數十倍的效率進行判斷。

於是，瓶頸的所在已逐漸從人類的「判斷」，轉變為提供給深度學習的訓練集。

▶ 右方欄：創造與 AI 的時代

工作的價值，漸漸轉變為「創造新的正確答案（與錯誤）」。

首先，在感測技術的發展下，過去無法數位化的內容，現在皆可數位化。

能解決新問題的創造力價值倍受重視，拓展了過去必須做出取捨，以妥協做為解決問題手段的領域。

再加上最近愈來愈重視「如何增加 Well-being（福祉）的選項」，顯示未來需要探索不同於以往的新正確答案。

▶ 右下：未來可能需要的能力與九宮格

在這樣的背景下，我們可以推測未來需要的應是 AI 技術與數位化的能力。透過數位化，我們可以進行最有效率的處理。

但上述能力充其量只是技術。**要使用這些技術創造勞動機會，堪稱基礎能力的「創造力」更是不可或缺。愈是過去不曾見過的創意，價值就愈高。**

然而，愈是過去不曾見過的創意，當然就愈有可能無法使他人理解，因而被埋沒。因此，除了創造力，將自己的創意傳達給他人的「表達能力」，也應該會成為未來必備的能力之一。

例如「標籤能力」，也就是在面對未知的事物時，先為其命名的能力。除此之外，製作影片或撰文的能力，以及打造學習場域的能力，也都可以視為「表達能力」。

而我真心希望九宮格思考法能幫助各位培養上述能力（可參考第 473 頁圖表）。

硬派九宮格（知識的固態→液態→氣態）

製造與流通的時代	業務與IT的時代	創造與AI的時代	
• 農業生產效率化 ↓ • 中產階級擴大 ↓ • 工廠產能成為瓶頸	• 工業生產效率化 ＋ • 移動範圍擴大 ↓ • 人類的判斷力成為瓶頸	• 比對效率化 ＋ • 計算能力擴大 ↓ • 「正確／錯誤」資料的數量成為瓶頸	勞動的背景
工作＝複製「正確答案」 • 購買原料 • 製造產品 • 銷售商品	工作＝找出「正確答案」 • 行銷 • 程式設計／參數調整 • 顧問	工作＝創造「正確答案／錯誤」 • 創造數位內容（感測） • 無須再取捨 • Well-being	勞動的本質
• 供應鏈管理（SCM） • 生產技術（Skill） • 生產管理（Management）	• 溝通能力 • IT能力 • 品牌管理能力	• AI／感測技術 • 創造／探索能力（標籤能力） • 表達能力（影片、文章、學習）	必須具備的能力

（圖中箭頭文字：代替效果）

從成長邁向「新價值創造力」的時代

⑤20世紀的環境	④21世紀的環境	⑥環境變化預測	
工具＝本身提供價值、單向 • 工具創作者得到的回饋少且良莠不齊 • 花在解決上的工時較少 • 行銷能力決定能否形成差異化	IT服務＝透過雲端提供價值、雙向 • 能獲得許多使用者的回饋，根據回饋數量多寡依序解決即可 • 花在解決上的工時較多	• 深度學習的進步 • 網路的發達帶來大量數位內容的累積 • ○aaS（○ as a Service）模型的大獲成功	超系統《環境・前提・背景》
②傳統	①主張（現狀認知）	③提案	
工具的成長＜個人的成長 個人的熟練可彌補工具的不成熟	雲端服務的便利性一旦超過臨界點 服務的成長＞個人的成長	從成長邁向「新價值創造力」的時代	系統《主張》
↑的要素	↑的要素	↑的要素	
○○專家 • 知識分子（○○專家） • ○○專賣店 • 人脈廣的人	Saleforce＝業務aaS • GAFA的本質為 谷歌：知識aaS 亞馬遜：零售店aaS 臉書：人脈aaS	• 更進一步的○aaS（MaaS等） • AI與數據池（data pool） • 假設建立能力＋鳥居型人才	子系統《具體要素》

系統軸

過去　　　現在　　　　未來

62 | 實際九宮格

　　本書的主要目的是希望讀者能習慣 2 軸與 3×3 的結構，因此並沒有在九宮格裡使用太多插圖。

　　不過，在追求「兼顧創造力與表達能力」時，就算是簡單的概略圖示，也能發揮極大的功效。

　　畫圖還有另一個功效。各位在熟悉之後，可能會製作好幾十張、好幾百張的九宮格。這時，就算只加上一個圖示，也會有助於找到自己想要的九宮格（見圖表 9-1）。

　　為方便讀者理解，本書在說明九宮格的填寫方法時，敘述方式看起來就像每格是逐一完成的。**然而實際執行時，我會先在每個格子裡填入大約 3 個項目，接著就如同圖表 9-2 的 ①～⑭ 一般，在不同格子之間來回修改。**特別是相鄰的 2 個格子，來回修改的狀況更為顯著（例如下方列的 ③ ④、⑨ ⑩ ⑪，以及上方列的 ⑫～⑭）。重要的是，每填入一個項目，思考便會前進一步，各項目之間也會彼此產生影響。此外，填寫上方列時，順序大多是由下而上。感受思維漸漸變得抽象，視野慢慢開闊，是一件相當暢快的事。

主題：要不要學學看九宮格？

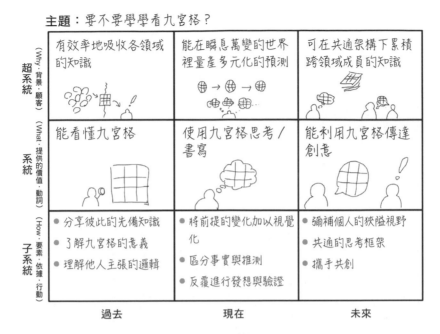

圖表 9-1　學學看九宮格

主題：九宮格思考法實錄！　　習慣之後，跨過這條線時，便已完成事實→抽象化→具體化

	過去	現在	未來	
超系統 (Why·背景·顧客)	⑬井字遊戲雖能練習互相推測，但仍屬小孩的遊戲 • 流傳已久的消磨時間遊戲 • 井字遊戲有正確答案（最好的一步）	⑫黑白棋連小孩也能玩，同時也具有促進思考的一面 ⑥黑白棋是一位醫藥行銷師（Medical Representative, MR）為了縮短與醫師下圍棋的時間而發明的 ⑤節目《東大王》的「艱澀漢字黑白棋」	⑭用黑白棋比喻，比用井字遊戲比喻更易傳達九宮格思考法的概念 ⑦九宮格思考法可以縮短深度思考的時間 「自由九宮格」裡的「硬派九宮格」	⑮雖是超系統，但粒度稍小，故寫在偏下方一些 上方列大多由下而上填寫 思維可以朝更寬廣的世界延伸，相當有趣
系統 (What·提供的價值·動詞)	⑧只要畫出井字遊戲的井字，就能開始進行九宮格思考法	②黑白棋	①九宮格思考法是「思考的黑白棋」	← 適度搭配示意圖，日後想查找也比較快
子系統 (How·要素·依據·行動)	⑨不會每走一步就對其他格子產生影響 • 共同點為用4條線構成3x3的格子	③每下一步棋，情勢就會逆轉，局面就會改變，就會受到其他棋子的影響 ⑩8x8，共64格開局時先放置4枚棋子	④每填滿一格一行思考便會前進一步，互相影響 ⑪還有5x5、7x7、3x5、7x3等形式，並非逐格走，一個格子裡可走3步 → 一開始先設定軸和標籤	← 在下方列舉出要素，便能有許多發現，充滿樂趣

圖表 9-2　九宮格思考法實錄

後記
九宮格思考法，打造更好的生活與社會

我不知道打造這樣的環境，
是不是公司應該做的事。

我的公司裡有一群後進，帶著滿腔熱血向副總經理提案，希望公司撥下 3,000 萬日圓（約新台幣 660 萬元）的預算，讓他們打造一個能進行「有志活動」的空間。他們做完簡報的隔天，收到了一封如上只有兩行內文的電子郵件，就這樣被打了回票。

那群後進當中，正好有我的學生。

他在簡報之後對我說：「高木前輩，我想利用九宮格思考法重新仔細檢視一次我們的企劃案。為了讓這個企劃實現，希望你可以指導我們。」

我當然一口答應，並且再次為他和他的團隊講解九宮格思考法的使用方法。

他們運用九宮格，不斷更新、改良自己的創意，一個月後，便再次挑戰簡報。

隔天早上，他們收到的同樣是只有兩行內文的電子郵件：

我明白你們的「志」了。
你們想在公司打造一個共創的空間對吧。

於是，這個「有志活動」便以專案的形式開始運作，隔年正式成立「COMI-CHIKA」。

＊　　　＊　　　＊

上述經過可說是本書出版背後最大的推手。這本書通過出版企劃已經 4 年，距離我的前一本著作已經 6 年半，現在終於能將 TRIZ 的第 2 本書呈現給各位。在這段期間裡，我製作的九宮格已經超過 3,000 張。

接下來，我想說明上一本書出版之後的狀況、九宮格思考法的變遷與活用，以及謝辭 ＊。

託各位的福，我的上一本作品《創意不足？用 TRIZ 40 則發明原理幫您解決！》成為發明專利類的暢銷書。

據說這本書在 Discover 21 出版社的亞馬遜銷售排行榜紀錄中排名前 5，而且上榜期間最長（2 年左右？）。

私底下，許多朋友表示他們看了我的書，也有剛認識的朋友表示：「我的同事有你的書！」甚至曾有名人對我說：「我女兒有你的書！」聽見這麼多回饋，著實讓我喜出望外。

而最令我高興的是，這本書的出版為我帶來了許多「教授 TRIZ」的機會。除了公司內部，我還在國立研究所、其他公司、東京大學、高中、托兒所、厚木市兒童科學館、科學技術館、圖書館等機構，一共舉辦了超過 100 場的工作坊，向總計超過 3,000 人次的參加者講授 TRIZ。在舉辦工作坊的過程中，有超過 200 人次的工作人員鼎力協助，與我一起揮汗完成，包括技術士會、東京大學工學部丁友會，以及 Sony 的同仁，我要藉此機會向他們表達謝意。

＊ 文中提及的人名皆省略原文的敬稱。

公司的後進得知「作者和自己任職於同一間公司」後，也紛紛來找我學習。負責經營一個「持續學習的場域」，正是本書誕生的契機。

本書的誕生，並不是我一個人的功勞，松崎、川嶋、奧池、米澤、朝原、渡邊、石河也都是幕後功臣，在此向各位致謝。

之後，除了對工程師有助益的九宮格思考法，我也開始摸索對工作、行銷或個人有幫助的九宮格思考法。

我第一個成功的行銷，是獲得了在「日經 Business Online」撰寫連載專欄的機會。

當初在提案時，我正是一邊畫九宮格，一邊說明「矛盾定義」的概念。

我和同為發明家的父親一起撰寫的專欄「發明煩惱諮詢室～問問看 TRIZ」，則是採隔週刊出的形式，共有 24 篇，前後連載大約 1 年左右。

另外，我在新事業中也兼顧了研究和行銷。

這項新事業裡，包含了一種全新的功能：「不透露個資的用藥紀錄通知功能」。我前往各藥廠，利用九宮格思考法，說明這個新概念不但更方便，同時也更符合未來社會的需求。

除此之外，我在公司內部創業，並在公司裡推銷「用研習產生的內部收益來買自己的工時」，曾有一段時間比例高達 50％。

在此特別感謝給我這個機會的福士、森井、石島、當時事業室的同仁、藥廠、相關政府單位的各位，以及集團的同仁。

感謝教我 TRIZ，並讓我在公司內部有機會教學的永瀨、池田、西本、石原、安達，也感謝告訴我 TRIZ 世界有多麼寬廣的三原、中川、前古，以及 TRIZ 協會的各位。

感謝東京大學的村上教授、石北教授，以及 Sony 集團人力資

源部及基礎技術研習相關同仁，讓我有機會透過研習或授課的形式教大家 TRIZ。

謝謝第一任編輯堀部，從上一本書開始便與我一同實踐九宮格思考法，更實際使用九宮格，讓出版提案在企劃會議上通過。謝謝後來接手的編輯牧野，讓原本被認為「不可能出版電子書」的上一本著作也順利發行了電子書。謝謝與我一同舉辦讀書會的伊東，以及與這本書相關的所有人員。

上一本書的第一任編輯，也是當時的社長干場，在這一年來利用各種形式訓練我的文筆，同時也對本書提出許多具體建議，在此致謝。

承蒙讀者的厚愛，上一本書廣受好評，我也因此獲得出版社徵詢下一本書的出版意願。老實說，我本來預設的主題是「TRIZ 的矛盾定義」或「TRIZ 的進化趨勢」，但最後竟然走向截然不同的方向。

本書在付梓之前經過 2 次大幅修改（圖文都增加了 2～3 倍）。至於礙於篇幅而無法收錄在第 9 章的範例，我也希望未來能有其他機會與各位分享。

此外，為了將九宮格思考法應用在國中入學考試，我舉辦了名為「用 TRIZ 寫讀後感」的工作坊。我同時也製作了影片，各位只要搜尋「TRIZ 読書感想文」便能找到。九宮格思考法亦可用於建立文章架構。

正如「發明九宮格」或「資源六宮格」所述，九宮格思考法和腦力激盪法一樣，只要搭配「示意圖」，便能提升創造力，同時更清晰易懂，請各位務必一試。

「發明九宮格」結合了九宮格思考法、TRIZ 發明原理與 TRIZ 進化趨勢。九宮格思考法也很適合搭配其他 TRIZ 工具使用，例如

「最終理想結果」（Ideal Final Result, IFR）或「Smart Little People（SLP）」等。利用九宮格思考法對未來進行預測時，若想添加一些獨特性，可以將上述工具當作右方欄，或是右方欄以外的第 4 欄使用。

想更詳細了解上述 TRIZ 工具的讀者，請參考「參考文獻九宮格」中間欄❶的《系統性創新手冊（暫譯）》一書。相信從這本書的厚度（日文版為 B5 尺寸，共 460 頁），各位便可體會 TRIZ 系統的龐大。

我原本以為「只要每兩年理解 TRIZ 的 1 成，20 年後應該就能熟練了吧」，沒想到光是走到下一步就花了 6 年。照這個情況看來，可能要花 60 年才能熟練了吧（苦笑）。

無論如何，我和各位都是「TRIZ 學習路上的夥伴」，希望能彼此切磋琢磨。若各位透過本書而有什麼新發現，也請不吝與我分享。

最後，我要感謝我的家人和同事。要維持一個養育 3 子的雙薪家庭，靠的是我的妻子、父母以及岳父母的支持。在我專心撰稿的期間，我的妹妹、妹夫、外甥、外甥女也都給我很大的幫助。謝謝你們長久以來的協助。

儘管沒有直接列出名字，但我之所以能夠花這麼多時間在「龐大而深入的知識活動」上，都是因為當我在日常的工作中出現疏漏時，有一群夥伴默默幫我完成。

衷心感謝每一位在我身邊的人，他們在我差點失誤時替我補救，以及在我根本沒發現的狀況下偷偷替我修正錯誤。相對地，我期盼自己的發明能讓這個國家、這個世界在未來的世世代代，都能過得更幸福，並以此報答大家。

謝謝各位讀到這裡。

　　比照 TRIZ 其他工具的做法，本書中所有九宮格思考法之圖表與軸的標籤，本人皆放棄著作權，開放公眾授權。

　　歡迎各位利用我設計的標籤做為基礎，創造更多能與他人共創的九宮格。

　　這個「只以 4 條線構成的九宮格」，具備了無比的創造力與表達能力，但願它能為你我帶來一個更美好的社會。

參考文獻

　　以下將透過九宮格思考法，簡單介紹我在撰寫本書時使用的參考文獻。第 487 頁的九宮格以 Who ／ What ／ How 為縱軸，以類似「過去→現在→未來」的概念為橫軸。

- Who 是預設的對象。
- What 是能提供給上述對象的價值。
- How 是具體的書籍或網站。

　　其中，How 的❶～❸基準如下：

❶ 非常建議一讀的參考文獻，不過對初學者而言難度稍高。
❷ 可以在❶之前先讀的參考文獻。
❸ 並非專業文獻，而是比較平易近人的網站。

　　左方欄的 Who，是為「對於與本書相關之傳統方法較感興趣」的讀者所整理的資訊，內容為值得參考的既有方法。
　　首先是照屋華子與岡田惠子合著的《邏輯思考的技術》系列叢書。其續集《邏輯思考練習本（暫譯）》提供「報告‧聯絡‧商量九宮格」許多參考。「30 秒自我介紹」則參考了吉野真由美的《帶來成功的表達方式七大黃金定律（暫譯）》（SB Creative 出版）。有關採用雙軸的功效，我參考的是高橋晉平的《先有爛點子，才有好點子》。

接著我要介紹 3 本和九宮格思考法一樣活用 3×3 格子的著作。

第 1 本是管理學博士川上昌直先生的《讓事業「獲利」的 9 個問題（暫譯）》，此書中介紹的「9 格框架」也是以 3×3 的 9 個格子構成，使用的雙軸分別是事業概念軸「Who ╱ What ╱ How」與事業要素軸「顧客價值／利益／程序」。

第 2 本是曾任職波士頓顧問公司（BCG）與麥肯錫公司（McKinsey & Company）的名和高司所著的《超越顧問的問題解決及價值創造方法（暫譯）》（Discover 21 出版）。在這本書裡，作者將 2×2 的安索夫矩陣擴充為 3×3，藉以思考其中的差異。

第 3 本是近藤哲朗的《圖解商業模式 2.0》，這本書裡也將要素配置於 3×3 的格子裡，探討彼此的關聯性（此外，據說九宮格思考法在 1984 年便已出現在 TRIZ 發明者阿奇舒勒的論文中）。

最後，有關 Why ╱ What ╱ How 的功效，在賽門・西奈克的 TED 演講《偉大的領導者如何鼓勵行動》（*How great leaders inspire action*）中說明得非常清楚。前述的高橋晉平先生也曾在 TED 演講，透過 TED 演講，我們可以學習到除了 TRIZ 以外的各種方法。

此外，在製作「企業九宮格」時，該企業的官方網站，尤其是「企業沿革」與「投資人關係」等資料，皆能帶來幫助。

現在移到中間欄。這裡介紹的是有關 TRIZ 的參考文獻，適合「看完本書後，想更進一步了解 TRIZ 手法」的讀者。

無論如何都必須介紹的書，就是我在上一本著作也曾提到的──達雷爾・曼恩的《系統性創新手冊（暫譯）》。據我所知，在本書出版之前，將「九宮格思考法」說明得最詳盡的，就是這本書。

　　不過，這本書對於剛接觸九宮格思考法的讀者來說較為艱澀，建議先閱讀拙作《創意不足？用 TRIZ 40 則發明原理幫您解決！》，或是參考各種介紹 TRIZ 的網站從中找出較適合自己的 TRIZ 相關書籍來閱讀，再挑戰上述著作。

　　最後是有關 TRIZ 資訊的網站。首先，建議各位可以先從「IDEA PLANT」的石井力重先生分享的投影片資料來掌握大概。對 TRIZ 的歷史有詳細介紹的網站是「TRIZ 塾」（http://www.trizstudy.com/）。日本也有一些翻譯自俄文、適合兒童的 TRIZ 入門書。

　　若想了解 TRIZ 實際上如何對事業有所助益，「IDEA」（https://www.idea-triz.com/）及「IDEATION JAPAN」（https://ideation.jp/）等公司的網站上都有範例。

　　將上述內容加以統整，堪稱 TRIZ 資訊總匯的網站，就是❶的監譯者中川徹先生經營的「TRIZ Home Page」（https://www.osaka-gu.ac.jp/php/nakagawa/TRIZ/TRIZintro.html）。網站上還有介紹國外的 TRIZ 發展狀況。

　　右方欄鎖定的對象，是「看完本書後，想利用九宮格思考法更進一步共創知識」的讀者。這些作者感覺上早已將高層次的思考融入日常生活之中。

- 小宮山宏《新願景 2050：白金社會》
- 山口揚平《讓你 1 天只須工作 3 小時就能安穩生活的思考法（暫譯）》
- 內田樹的研究室（http://blog.tatsuru.com）

　　在《新願景 2050》中，東京大學第 28 任校長小宮山先生闡述了他提出的「有所根據的樂觀願景」，也就是 2050 年日本有望成為一個資源・能源自給國。期待有興趣的讀者可以搭配九宮格，來挑戰這本讀起來耗時又牽涉專業技術的好書。

　　長尾達也的《學習小論文的寫法 —— 為了建構知識（暫譯）》不只是一本考試用書，書中也探討、說明了「何謂論述？」。書中第 59 頁與第 93 頁都有 3×3 矩陣，可以感受到思考的深度。

　　山口揚平先生的著作裡，有本書在第 45 頁提到的「T&S Canvas」。透過「T&S Canvas」可以先設定未來、再展開思考，推薦各位一讀。

　　內田樹先生的部落格，不但視野宏觀，內容也包括許多針對未來的預測，更討論到許多「不可能發生的未來」。若搭配九宮格思考法閱讀，相信一定能有豐碩收穫。

　　另外，可以線上輕鬆閱讀經典名作的「青空文庫」，我也相當推薦。我自己就在這裡看了好幾本寺田寅彥先生的著作。

對於與本書相關之傳統方法較感興趣的讀者	看完本書後，想更進一步了解TRIZ手法的讀者	看完本書後，想利用九宮格思考法更進一步共創知識的讀者	Who
本書所參考的傳統方法之相關資訊	有關TRIZ的資訊	熟悉高層次思考的作家之相關資訊	What
❶照屋華子・岡田惠子《邏輯思考的技術》 ❷吉野真由美《帶來成功的表達方式七大黃金定律（暫譯）》 ❸ Ted演講 鮑伯・派克（Bob Pike）《創意培訓技巧手冊（暫譯）》（*Creative Training Techniques Handbook*）	❶達雷爾・曼恩《系統性創新手冊（暫譯）》 ❷拙作《創意不足？用TRIZ 40則發明原理幫您解決！》 ❸各種介紹TRIZ的網站	❶小宮山宏《新願景2050》 ❷山口揚平《讓你1天只須工作3小時就能安穩生活的思考法（暫譯）》 ❸內田樹的研究室	How
過去	現在	未來	

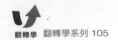
解決問題、創意湧現、高效表達的 3×3 系統思考法

日本跨國企業、東大、頂尖發明家⋯⋯都愛用的「TRIZ 九宮格」，
讓你工作和生活得心應手

トリーズの 9 画面法　問題解決・アイデア発想＆伝達のための [科学的] 思考支援ツール

作　　　者	高木芳德
譯　　　者	周若珍
封 面 設 計	張天薪
內 文 排 版	黃雅芬、許貴華
特 約 編 輯	陳怡潔
行 銷 企 劃	陳豫萱・陳可錞
出版二部總編輯	林俊安

出 　版 　者	采實文化事業股份有限公司
業 務 發 行	張世明・林踏欣・林坤蓉・王貞玉
國 際 版 權	鄒欣穎・施維真・王盈潔
印 務 採 購	曾玉霞・謝素琴
會 計 行 政	李韶婉・許俶瑀・張婕莛
法 律 顧 問	第一國際法律事務所　余淑杏律師
電 子 信 箱	acme@acmebook.com.tw
采 實 官 網	www.acmebook.com.tw
采 實 臉 書	www.facebook.com/acmebook01

I　S　B　N	978-626-349-122-9
定　　　價	550 元
初 版 一 刷	2023 年 2 月
劃 撥 帳 號	50148859
劃 撥 戶 名	采實文化事業股份有限公司
	104 台北市中山區南京東路二段 95 號 9 樓
	電話：(02)2511-9798　傳真：(02)2571-3298

國家圖書館出版品預行編目資料

解決問題、創意湧現、高效表達的3×3 系統思考法：日本跨國企業、東大、頂尖
發明家⋯⋯都愛用的「TRIZ 九宮格」，讓你工作和生活得心應手/ 高木芳德著；
周若珍譯. – 初版. – 台北市：采實文化, 2023.02
488 面；17×21.5 公分 . --（翻轉學系列；105）
譯自：トリーズの 9 画面法　問題解決・アイデア発想＆伝達のための「科
　　　学的」思考支援ツール
ISBN 978-626-349-122-9（平裝）

1.CST: 創造性思考　2.CST: 創意　3.CST: 問題導向學習

176.4　　　　　　　　　　　　　　　　　　　　　　　111019771